不忍细读的大唐史

谢国计 著

台海出版社

图书在版编目（CIP）数据

不忍细读的大唐史 / 谢国计著 . –– 北京：台海出
版社 , 2021.12（2023.10 重印）
ISBN 978-7-5168-3162-5

Ⅰ . ①不… Ⅱ . ①谢… Ⅲ . ①中国历史—唐代—通俗
读物 Ⅳ . ① K242.09

中国版本图书馆 CIP 数据核字（2021）第 199787 号

不忍细读的大唐史

著　　者：谢国计

出 版 人：蔡　旭　　　　　　责任编辑：戴　晨

出版发行：台海出版社
地　　址：北京市东城区景山东街 20 号　　　邮政编码：100009
电　　话：010-64041652（发行、邮购）
传　　真：010-84045799（总编室）
网　　址：www.taimeng.org.cn/thcbs/default.htm
E - mail：thcbs@126.com

经　　销：全国各地新华书店
印　　刷：天津鑫旭阳印刷有限公司
本书如有破损、缺页、装订错误，请与本社联系调换

开　　本：710 毫米 ×1000 毫米　1/16
字　　数：271 千字　　　　　　印　　张：19.5
版　　次：2022 年 4 月第 1 版　　印　　次：2023 年 10 月第 2 次印刷
书　　号：ISBN 978-7-5168-3162-5

定　　价：49.80 元

前　言

　　金戈铁马的嘶鸣、此起彼伏的争斗、惊心动魄的政变，二百八十余载的风云涌动，二十一位皇帝的悲喜人生，使唐史成为中国历史上的重要篇章。从李渊建制到朱温灭唐，这是中国历史上时间较长的一个朝代，也是对中华民族影响较深的一个朝代。唐朝统治时期政治的复杂多变，经济的繁荣昌盛，文化的光辉灿烂，都值得细细读来，读罢掩卷令人感慨万千。

　　唐朝的国号"唐"，是晋国的古名，泛指如今山西省的中心地域。大唐王室出身于关陇集团，先祖李虎在南北朝被封为唐国公，他的后代晋阳留守李渊，在隋末出兵入关夺取天下，开国建制，为李唐江山奠定了根基，以长安为首都，洛阳和太原为陪都。

　　唐朝的历史很漫长，大致可以分成前期与后期。其分界点就是安史之乱。安史之乱之前，唐朝国力强盛，经济繁荣，武将四处开疆拓土，文臣稳定朝政，是唐朝的鼎盛时期；安史之乱发生后，唐朝遭遇了许多问题，趋向衰退。

　　初唐时，在唐太宗李世民的治理下，国力逐渐强盛，击败了强敌突厥，李世民被尊为"天可汗"，铸就了一段盛世"贞观之治"；唐高宗李治时期，唐朝击败了高句丽等强敌，成就了"永徽之治"；武则天建立大周，女主政治达到巅峰；唐中宗李显因神龙革命而复辟，国力得以恢复；唐玄宗李隆基时进入盛唐，既是高峰也是转折，执政初期的李隆基革除前朝弊政，威服天下，成就了"开元盛世"，然而后期的统治混乱昏庸，酿成了"天宝危机"，最终引发了"安史之乱"，从此唐朝由盛转衰。"安史之乱"发生后，唐朝内忧外患，在外受到河朔三镇、吐蕃回鹘等少数民族的频扰，在内受到宦官专权和牛李党争的影响，其间虽有唐宪宗李纯的"元和中兴"、唐武宗李炎的"会昌中兴"、唐宣宗李忱的"大中暂治"，但都未能拯救大势已去的唐朝，全国性的藩镇割据，黑暗腐朽的政治统治，引发了接二连三的唐末农民战争，其中的黄巢之乱重重地打击了已经摇摇欲坠的大唐王朝，山崩地裂后，李氏江山最终落入了朱温手中。夕阳如血，曾经灿烂辉煌的唐朝，就这样在刀光剑影和血雨腥风中结束了。

唐朝的疆域变化比较频繁，曾经一度超越了隋朝极盛时的势力范围，是继秦、汉、隋朝以来，第一个实现了大一统，既不用隋长城也不自己修筑长城的王朝。唐朝在鼎盛时期，中亚绿洲地带都受到了唐朝的支配，那时唐朝的国土面积达到了一千多万平方公里，疆域范围一直向南到了罗伏州，也就是现在的越南；向北到达了括玄阙州，也就是现在的俄罗斯安加拉河流域；向西到达了安息州，也就是现在的乌兹别克斯坦；向东到达了临哥勿州，也就是现在的吉林省通化市。中唐后期，漠北、西域的领土相继失去。晚唐时期，当时的国土面积缩小了，但仍然拥有河套地区。

唐朝的人口在初唐时期是一千多万，到了鼎盛时期的天宝年间，当时的全国人口达到了八千万，大大超越了隋朝时期的人口峰值四千多万。在这个时期里，长安城市区的人口是一百万人，市辖区人口在两百万左右。

唐朝在政治、军事、经济、外交、文化、艺术、科技等方面都有极高的成就。当时的政治是三省六部制，前期的中央权力掌握在皇帝和宰相手中，到了后期就变成掌握在皇帝和宦官手中。军事方面，唐朝前期采用府兵制，兵力十分强盛，但是后期出现了藩镇割据。唐朝时的经济主要依靠华北、关中和江南的经济，后期时倚重于江南赋税，当时的赋税制度从均田制与租庸调制转变为两税制，增加了很多杂税。唐朝在鼎盛时期颇有大国风范，与突厥、高句丽、吐蕃、大食等争夺天下霸权，南诏、高昌、龟兹、粟特、吐蕃、新罗、渤海国和日本等国家，都吸收了当时唐朝的文化和政治体制。盛唐时期的文化兼容并包，在交流融合之下，形成了开放的国际文化。当时文学的发展达到了最高峰，诗歌这个载体最为繁盛，诗仙李白、诗圣杜甫等均出于唐朝。唐朝的壁画、雕刻、书法和音乐等艺术形式也十分发达，一度享誉海外。当时的科技也十分发达，大量的发明喷涌而出，四大发明之中的火药和雕版印刷术都诞生于唐朝。

唐朝留给我们的经验很多，留给我们的历史教训也很深刻，这是一个历史遗产极为丰富的王朝。回味历史，品读人生，以史为鉴，方明得失。

本书正说大唐帝国历史，全景再现了唐朝的兴衰和没落。一个激动人心的时代，一段壮阔恢弘的历史，讲述了大唐的盛世传奇。

不忍细读，看到了太多的杀戮与争斗；不忍细读，看到了太多的惊喜与无奈，但我们仍想走近唐朝，追溯那段盛世光华的大唐岁月。

目录

· 001 ·

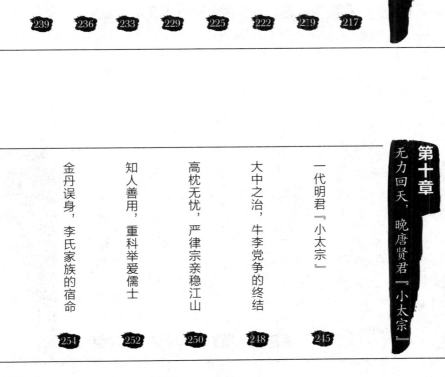

不忍细读的大唐史

第一章

逐鹿中原，天朝初建的历史博弈

古往今来，朝代的更迭就像是一场历史的博弈，在攻守进退间，是谋略也是战局。唐高祖李渊胆略超群、目光远大，在政治、经济、军事等方面都有所建树，为日后唐太宗李世民的"贞观之治"奠定了良好的基础。隋朝末年，天下大乱，李渊把握时机一扫群雄，开创了大唐的一代霸业，为李家天下奠基铺路，并使大唐王朝成为封建历史上一个极为辉煌和鼎盛的时代。

时逢乱世，好风凭借力

隋朝末年，可谓是多事之秋。由于隋炀帝的残暴统治，天下大乱，农民起义不断，各地群雄四起。农民造反，因为国君的暴政令他们难以承受；军官造反，因为野心如同星火，一旦滋长便可拥有燎原之势。对于躲在扬州不敢回关中的隋炀帝来说，这并不是很难醒悟。但是让他意想不到的是，尽管"十八路反王，六十四处烟尘，七十二家盗贼"揭竿而起，最终推翻隋朝的却是自己的亲表兄——唐国公李渊。

李渊的祖上是靠军功发迹的，后来通过和北周皇室以及隋朝的姻亲巩固家世。李渊的母亲和隋炀帝的母亲是亲姐妹，所以李渊和隋炀帝杨广是表兄弟关系。李渊的父亲在他年幼的时候便过世了，当时年仅七岁的李渊世袭父亲的公爵封号为唐国公。李渊的姨母独孤皇后很关心李渊的成长，把他接到宫中居住。李渊比杨广年长三岁，但那时的天下是杨家的，所以表兄弟二人的地位不可同日而语。

尽管李渊有时会因为寄人篱下而闷闷不乐，却也在宫廷环境的耳濡目染下成长为一名青年才俊。年仅十六岁的时候，李渊便被姨夫隋文帝杨坚赐予一柄御制宝刀，封为御前侍卫。尽管这个官职不大，但是得到提拔的机会很多，所以不失为一份好差事。李渊还借着护卫隋文帝上朝的机会，站在一旁，将隋文帝处理政务、与朝臣讨论国家大事的一举一动看在眼里、记在心上，暗暗学习治国之道。

　　李渊聪慧好学、直率豁达、谦虚仁厚的性格，不仅让他拥有了在宫廷中晋升的机会和极好的人缘，也为他带来了一段美好的姻缘。李渊的妻子窦氏也出生在一个贵族家庭，她的父亲是隋朝的定州总管，母亲是北周武帝的姐姐。窦氏自幼聪慧，喜爱读书，并且有过目不忘的本领。周武帝十分宠爱这个外甥女，自幼便让她在宫中生活。窦氏小小年纪就十分关心政事，并且有自己的独特见解。父亲窦毅听说了这件事，觉得自己的这个女儿才貌双全，不可以随便许配给凡夫俗子，应当为她求得一个贤夫。就这样，在亲人的呵护下，窦氏到了出阁的年龄，她的美貌和才情引得四方的青年前来求婚，李渊也慕名而来。窦毅在自家门口的屏风上画了两只孔雀，让前来求婚的人用箭射孔雀的眼睛，射中者才能入选，然而数十位求婚者没有一个人能够射中那只孔雀。轮到李渊的时候，只看他凝神拉弓，射中孔雀的两只眼睛。窦毅十分高兴，按照承诺将宝贝女儿许配给了李渊。

　　婚后，窦氏为李渊生下四个儿子：李建成、李世民、李玄霸、李元吉，还有一个聪颖的女儿，就是平阳公主。窦氏不仅在生活上悉心照料自己的夫君，当李渊在朝廷上遇到烦恼时，她就像一朵解语花，耐心地劝慰自己的夫君，帮他分析事情的是非得失，提出中肯的意见，可谓是难得的贤内助。

　　隋炀帝从小就性格骄纵，经常嘲弄自己的表兄。他曾当着群臣的面羞辱李渊，说他是"阿婆面"。李渊十分不悦，但是碍于君臣关系，敢怒不敢言，只好独自叹气。窦氏得知后，对这个称呼进行重新解读，令李渊振奋起来。在李渊之后的政治生涯中，窦氏也起到了非常重要的作用。尽管由于隋文帝夺走了自己舅舅宇文家的天下，窦氏十分痛恨杨家，但是理智告诉她，为了自己夫君的前程，绝对不能跟当时的国君隋炀帝对着干，她劝李渊迎合隋炀帝声色犬马的爱好，将搜集到的宝马良驹进奉给他，果然使李渊的职务得到了提升。

　　李渊在隋炀帝即位后，先后被任命为荥阳、楼烦两个郡的太守，后来又被任命为殿内少监、卫尉少卿等职位。大业九年（613年），隋炀帝征讨高句丽的时候，李渊在怀远镇督运粮草。同年农历六月，杨玄感利用民怨民愤举兵反隋，李渊奉隋炀帝之命镇守弘化郡。在这期间，李渊树立威信、广交各路英豪，力量得到了扩充。

随着隋炀帝越来越残暴不仁，他的猜疑心也越来越重。有一次，李渊因病没能去参加朝会，隋炀帝便问李渊的外甥女王氏："你的舅舅怎么迟迟没到？"王氏回答说舅舅患病在家，隋炀帝竟然说："他病了？病得快要死了吗？"这口气仿佛在盼望李渊赶快死掉。李渊听说后，内心十分恐惧。因为那段时间民间正在盛传"李氏应为天子"，受到嫉妒心的驱使，隋炀帝开始对李姓家族发难，朝中的一位李姓大将军因为这个原因受到怀疑被满门抄斩。李密也是因为这个原因走投无路被逼去瓦岗寨起义。李渊为了自保，开始收受贿赂、沉迷酒色，使隋炀帝逐渐放松了警惕。

大业十一年（615年），李渊调任山西，到达龙门时，遇上了农民起义。李渊率兵击败了农民起义军，收编了数万余人，军力大增。第二年（616年），他升为右骁卫将军，在突厥侵犯边塞时，隋炀帝让他和王仁恭一同守卫边塞。

对于李渊来说，他不仅拥有超越旁人的军事实力和经济基础，还控制着山西中部的很大一片区域。但是，在群雄逐鹿中原的混乱形势下，他却没有马上采取行动。其实，李渊是一个深谋远虑并且野心勃勃的人，他早就对隋炀帝的暴虐统治心怀不满。当他在山西的前几年里，也就是农民起义刚刚开始爆发的时候，就开始产生了取而代之的想法。但是当时他还没有自己控制的地区和军事力量，所以不得不对隋炀帝谦卑顺从。当他成为晋阳的留守，拥有了自己的领地后，就如同雄鹰迎来了一阵好风，于是展开丰满的羽翼，凭借风力，准备一飞冲天。

晋阳起兵，问鼎关中

大业十三年（617 年），起兵反隋的人越来越多。晋阳作为军事要塞，历来是兵家必争之地，因为这里兵力充足、粮饷丰沛。当时有一支人数多达十几万的农民起义军，队伍在晋阳的南部安营扎寨，使得上党、西河、京都的道路断绝，并多次打败隋军。

李渊恰好在那一年被任命为晋阳留守，为了树立自己的威信，他巧施妙计，最终打败了起义军。在这之后，晋阳一带的官僚地主、富商豪士，以及晋阳令刘文静、晋阳宫监裴寂、右勋卫长孙顺德、右勋侍刘弘基、左亲卫窦琮等人纷纷前来投靠李渊父子，使他们在晋阳的地位得到了进一步的巩固。

此时，隋炀帝所在的江都被孤立了，隋王朝的统治已经奄奄一息。李渊有四个儿子，次子李世民那年刚满十八岁，他是个很有想法的年轻人，一直都在积极地反对隋炀帝的暴政，平时很乐于和有才能的人结交，拥有很多朋友。晋阳令刘文静便是其中一个，他十分看重李世民的才干。刘文静跟李密是亲戚，在李密起义之后，隋炀帝便下令捉拿李密的亲友，刘文静受到牵连被革职关在监狱里。李世民前去探望时，刘文静语重心长地对他说："现在天下大乱，正是打天下的好时机，机不可失，时不再来啊。"李世民回到家后，想到大势已去的隋朝，又想了想刘文静的话，觉得很有道理，心里便有了起兵的计划。李世民很想如实告诉父亲，但是又有些担心他会反对。恰巧此时，突厥进攻马邑，李渊派兵抵抗，却屡屡败北，一旦此事被隋炀帝知道，李渊一定会被兴师问罪。李世民抓住这个机会，将自己起兵反隋的计划告诉了李渊。李渊听后大吃一惊，连连摇头，脸色苍白地说："你怎么敢这么想，这可是大逆不道啊！"李渊再三叮嘱儿子以后不要再说这样的话。

但是李世民并没有死心，他为了说服父亲，又去找另一个好朋友裴寂帮忙，一起商量应该如何行事。裴寂心生一计，他利用职务便利，在晋阳宫中挑选了几个美女，把李渊灌醉之后，让美女们陪李渊过夜。第二天，裴寂对李渊说："让宫女侍奉过夜已经触犯了宫中的律法，如果让隋炀帝知道的话一定会被杀头的，与其坐等被杀，不如下定决心起兵吧！"李渊左思右想，长叹了一声说道："罢了，罢了，事已至此，我别无选择。"最终答应了起兵。

李渊把晋阳令刘文静从监牢里面放了出来，让他协助李世民，一边招兵买马，一边假借隋炀帝的名义下了一道公文：晋阳、西河、马邑、雁门各地百姓，凡年龄在二十岁以上、五十岁以下者皆征发为兵，东征高丽。这道命令一下，百姓议论纷纷、怨声载道，反叛的火苗愈发高涨。

晋阳的两个副留守奉命调查招兵买马的情况，发现李渊派人把在河东带兵打仗的两个儿子李建成和李元吉叫了回来，而且隋炀帝命令李渊去讨伐刘武周，李渊却以手下的兵马需要训练作为借口，拖延出兵的时间。种种异常的举动，让这两位副留守不禁心中生疑，看出了李渊父子图谋发动叛乱，于是他们暗中拟定计划想要进行阻挠。恰逢这一年许久没有降雨，土地干旱、民怨沸腾，两位副留守事先埋伏好兵马，然后恳请李渊去拜神求雨，准备趁机杀掉他，夺取李渊的兵权。但是这件事不知怎么让晋阳乡长知道了，他急忙去通知李渊，让他小心这两个副留守。李渊因此躲过了一劫。差点成为刀下鬼的李渊自然不会轻易放过这两个设计害他的人，于是李渊以这两个人勾结突厥、里通卖国为由，把他们抓起来斩首示众。

铲除了这两个绊脚石之后，李渊又听从刘文静的计策，派手下准备了一份厚礼，前去突厥与那里的可汗讲和，让他与自己一同反隋。突厥可汗心中盘算了一番，觉得这样做对自己有很大的好处，于是很痛快地答应尽自己所能助李渊一臂之力。李渊有了突厥这一有力的帮手，准备正式起兵反隋。

李渊自封为大将军，让儿子李建成和李世民分别作为左右领军大都督，让刘文静做司马，手下的众多士兵统统称为义士。李渊一众人马离开了晋阳，开始向长安进军。一路上，他们继续招兵买马，模仿农民起义军的做法，将官仓打开把粮食分发给百姓，收买人心。当他们抵达霍邑的时候，发现这里的道路十分狭隘，再加上接连几天的暴雨，导致军粮中断，在这种危急的时刻，他们又遭遇了隋军的袭击，可谓是雪上加霜。李渊因此开始有些动摇，产生了想要撤兵回晋阳的想法。李世民和哥哥李建成一起劝慰父亲："我们现在已经将起义的事情召告天下了，如果现在就打退堂鼓，那些支持我们的人该怎么想？而且就算我们回晋阳，隋炀帝会轻易放过我们吗？我们已经没有回头路了。"李渊听完后反复权衡了利弊，改变了撤退的想法，决定继续带兵向前进发。

这天，当李渊的兵马来到了霍邑的城边时，李渊派李建成带领数十位骑兵到城下挑战，又让李世民领兵从南面的山头进行突击，把从城中冲出来反击的隋军人马逼得无路可逃，很快占领了城池。攻下霍邑之后，李渊一行人继续向西进军，渡过黄河，攻下长安。李渊向百姓指出了隋炀帝的昏庸无道，宣布把隋王朝的严苛法令一律废除。为了笼络人心，李渊还让隋炀帝的孙子杨侑做了皇帝，叫做恭帝，尊称隋炀帝为太上皇，但这些只是他的一时权衡之计，杨侑只是个提线木偶。

公元 618 年的夏天，江都传来了隋炀帝被杀的消息，李渊废了恭帝，在长安即位称帝，改国号为唐，年号武德。

一代巾帼平阳公主

在山西平定县与河北井陉县的交界处，屹立着一座巍峨的雄关，像是一只翱翔于山峦中的雄鹰，这里是出入山西的咽喉之地，也是历代兵

第一章
逐鹿中原，天朝初建的历史博弈
• • • • • •

家的必争之地。尽管这座雄关恢弘壮丽，却有一个十分温柔的名字"娘子关"。据史书记载，这里曾经叫做苇泽关，在隋末唐初的时候，平阳公主曾带兵驻守在此，由于当时平阳公主的军队被称作"娘子军"，所以有了后来的这个名字。

平阳公主是唐高祖李渊的爱女，排行老三，她与大哥李建成、二哥李世民和弟弟李元吉都是窦氏所生。史书中的平阳公主是一位有胆有识的巾帼英雄，但她的名字和生日却没有记载，后人称她为李三娘、李平阳等。

尽管平阳公主是家中唯一的女孩，但是父母对她却没有丝毫的娇宠溺爱，使她从小就养成了坚毅的性格。平阳公主的几个兄弟从小就聪敏过人，骑射征战、文韬武略无不精通。平阳公主从小就跟着他们一起舞刀弄枪、骑马射箭，丝毫没有贵族千金娇气羸弱的性格。在父亲研究排兵布阵的时候，她也常常发表自己的看法。

时光如白驹过隙，平阳公主已经从天真无邪的小女孩成长为一位妙龄少女。长安城中的贵公子们纷纷前来求亲。当年窦毅为窦氏选择夫婿的时候，花了很多心思。现在李渊为自己花容月貌、能文能武的宝贝女儿择婿，自然也用心竭力。他与夫人权衡再三，选中了晋州临汾的青年才俊柴绍。柴绍也是出身于贵族之家，习得一身好武功，嫉恶如仇，为百姓打抱不平的美名传遍了整个关中地带，年纪轻轻就当了太子的贴身侍卫，他的父亲是隋朝的太子右内率，正可谓门当户对、郎才女貌。

婚后，柴绍携爱妻定居长安城。隋大业十三年（617 年），李渊在晋阳起兵。当时李渊自觉胜出的机会并不大，因为他的地盘在遥远的晋阳边境，远离首都长安和东都洛阳，手下的兵马也不足，只有数万人，而且那时突厥不断进犯。由于形势危急，平阳公主和丈夫柴绍准备立刻前往晋阳与父亲汇合，以便助他一臂之力。柴绍分析了当时的情况，对妻子说："现在的情况比较特殊，如果我们一起去怕会被旁人猜疑，一旦事情败露我们都会被朝廷捉住。"平阳公主听后决定让丈夫先走，自己留在后方将各种事宜妥善安排，把最大的危险留给了自己。

平阳公主动身回到鄠县，换上了丈夫的男装，自称李公子，变卖当地的产业，将换来的钱用来赈济灾民、招募军队。没过多长时间，她就招收了一支数百人的队伍。等到李渊开始举兵反隋的消息传来，她开始为父亲招募更多的军队。她到处联络反隋的起义军，以自己过人的胆略和才能，在短短三个多月的时间里，将四五支具有相当规模的起义军收入麾下，实力大增。

平阳公主懂得如何在乱世之中打造一支得民心的军队，她的队伍中不乏兵痞流氓和杀人越货者，甚至有地方一霸和混世魔王，这些人杀人不眨眼。但是平阳公主赏罚分明、军纪严明、处事公道，再加上她很善于处理各方利益和冲突，所以始终牢牢掌握着军队的大权，让整支军队都对她肃然起敬。

为了给父亲有力的支持，平阳公主率军迎战隋军，隋朝名将屈突通就曾是她的手下败将。屈突通在与她交战前，根本没有把这个小小年纪的美丽女子放在眼里。不料，平阳公主带领手中的兵马越战越勇，逐渐发展成为一支七万多人的军队。屈突通在和她的接连几场战斗中都惨败而归。

平阳公主攻占了长安周边的户县、周至、武功、始平等地，当地的老百姓都很拥护这位女中豪杰，称她为"李娘子"，称她的军队为"娘子军"，她的威名在长安城内也迅速传扬开来。此时，李渊率领自己的队伍攻破了临汾、绛郡，避开了蒲州、风陵渡一带，从西北龙门山下直逼河西韩城、颌阳。

当年的九月，李渊进军黄河，来到关中。平阳公主、李神通以及在蓝田起义的高密公主和夫君段纶，都派出了使节前去迎接李渊。他看到自己的三女儿已经为他在关中打下了一大片地盘，不禁喜由心生。他马上派柴绍率领数百名骑兵前往南山去迎接平阳公主。平阳公主与丈夫久别重逢，两个人都欣喜异常。柴绍拉着妻子的手说："从我们分别到相聚只有短短的几个月时间，你竟从一个小女子成长为了一个女丈夫，真是令人刮目相看。"

接下来，平阳公主精心挑选了一万多名精兵与李世民在渭河北岸会师，一起攻打长安。柴绍和妻子平阳公主各领一军，很快就攻克了长安。攻克长安之后，平阳公主再次为大唐的江山立下了汗马功劳。当时李渊虽然拿下了长安，但是他只控制了半个关中，四周都是敌人。长安稳定后，李渊立刻掉头对付占据陇西之地的薛举和凉州的李轨，李世民奉命进行征讨，大约用了两年的时间，这些势力才逐渐被荡平。

奠定李唐天下的重要一役就是铲除王世充。这一役唐军围城打援，把前来援救王世充的窦建德一起消灭。这几场仗，柴绍和平阳公主都曾参与。

唐王朝建立后，李渊封女儿为平阳公主。武德六年（623 年）二月，平阳公主因病去世。她的葬礼"前后部羽葆鼓吹、大辂、麾幢、班剑四十人、虎贲甲卒"。宫廷太常提意见说："按照礼法，女人下葬不应该用鼓吹。"李渊不以为然地说："鼓吹是军中的音乐，当年公主亲临战阵、参谋军务，用鼓吹有何不可？"并且按照"明德有功"的谥法，谥平阳公主为"昭"。于是她成为中国封建历史上第一个也是唯一的一个以军礼下葬的女子。

金戈铁马，天下尽归唐

李渊称帝之后，疆土只限于关中和河东一带，还没有完全统治全国。当时，刘武周占据代北，薛举、薛仁杲父子占据陇右，王世充在洛阳称帝，窦建德在河北建号大夏，杜伏威在江淮为王，萧铣偏霸两湖。李渊面对的是一个群雄割据的复杂形势。因此，李渊派遣儿子李世民、李建成、李元吉出征，组织了消灭割据势力的统一战争，并着手镇压农民起义。李渊父子从武德元年（618 年）开始攻打薛举，一直到武德七年

（624年）征讨山东徐圆朗，历经了七年的征战，扫荡群雄，统一了全国。

武德元年，唐高祖李渊任命儿子李世民为元帅，攻打割据陇西地区的薛仁杲。李世民并没有直接进攻薛仁杲的城池，而是坚守在自己的大营里，任由薛仁杲手下的大将轮番挑战，他仍然没有出兵。李世民手下的将士们都疑惑不解，甚至有些人以为自己的元帅是因为胆小不敢应战，纷纷请求出战。李世民为了安定军心，出面解释说："我并没有畏惧敌人，而是想趁着敌人开始放松警惕时，我们再一战攻克他们。"就这样，双方僵持了几十天。薛仁杲的粮草所剩无几，很多将领前来投降于唐军。李世民见对方军心涣散，便派手下将领引诱敌军，等到敌人中计，耗尽水源时，他就率领兵马突袭，敌人仓皇应战，但是因为几天没喝水了，士兵们个个都疲惫不堪，很快就溃不成军，被唐军斩杀了几千人。李世民见现在势如破竹，便一举进攻薛仁杲的城池。唐军很快就包围了这里，守城士兵十分惧怕，纷纷爬出城墙投降，李世民得到了一万多的精兵，势力大增。薛仁杲见兵将们已经离他而去，伤心欲绝，也走出城门投降。

李渊在兼并了割地称雄的一些隋朝贵族后，又把矛头指向了农民起义军。其中，李密领导的瓦岗军是当时最强大的一支农民起义军队伍。武德元年（618年）十月，李渊热情地接纳了前来长安投奔自己的李密，以兄弟相称，并将自己的表妹嫁给了他。但是李密归顺大唐之后并不满足，觉得唐高祖李渊给自己的官职太小，于是打算去河南寻找以前的部队，想重新发动兵变。李渊知道后派人寻找李密，李密知道大事不好，想要偷偷溜出城，却被李渊先发制人，派唐军将其围歼。

为了消灭在河西五郡之地自称天子的凉王李轨，唐高祖李渊暗中派遣安修仁兄弟入凉作为卧底，当上左右卫大将军，以便获取敌人情报，里应外合。武德二年（619年）五月，安修仁兄弟一起擒拿凉王李轨，颠覆了李轨的政权，凉亡。河西五郡并入唐朝国境。李渊传喻到各个郡县，发布政令，通过政治手段招纳了很多隋朝的官员归附大唐，巩固了自己在关中的根据地。

第一章
逐鹿中原，天朝初建的历史博弈

武德二年（619年），李渊派李世民率精兵三万进攻盘踞在马邑地区的刘武周。刘武周是李渊的劲敌之一。刘武周原是马邑的校尉。大业十三年（617年）的时候，他聚集了数万兵马，自称太守。他还通过依附于突厥，攻占了楼烦、雁门、定襄等郡县，受封为定杨可汗。没过多久，刘武周便自称皇帝，年号天兴。武德二年（619年）四月，刘武周勾结突厥，南侵并州，进逼太原，攻陷了李元吉留守的晋阳，李元吉逃回了长安，李渊震怒，立刻命李世民率兵去攻打刘武周。到了第二年的二月，李世民打败了刘武周手下的大将宋金刚，没有了左膀右臂的刘武周仓皇逃亡到突厥，后被突厥杀死。就这样，晋阳的政权得到了稳固，河东地区也解除了关中左右两翼的威胁，唐朝中心地区变得愈加稳固。

武德三年（620年），李世民在此挂帅，率领五万兵马直驱河南，进攻躲在洛阳的王世充。李世民发动了攻坚战一举夺下了东都的主要据点，又派手下兵将对东都进行包围，断绝粮道，使得王世充陷于孤立无援的境地。但是洛阳的守军仍然有相当强的实力，进行着顽强的抵抗，直到因为长期被围困，城中的粮食也耗尽了，士兵们很多都饿死了。李世民看时机成熟，准备攻下洛阳城。但是事情忽然发生了骤变，夏王窦建德与王世充的弟弟带兵前来营救。武德四年（621年）初，唐军在虎牢关打败了窦建德，并将其俘获。王世充见救援无望，就穿着白衣，带着太子和文武群臣开城投降。然而没过多久，窦建德的旧部又死灰复燃，在大将刘黑闼的领导下，不到半年时间，就完全收复了大夏政权的旧地。李渊又先后派李世民、李建成攻打刘黑闼，平定河北。

武德四年（621年）十月，李渊命李孝恭和李靖，从四川出兵，进攻占据在江陵地区的萧铣。萧铣于武德元年（618年）在巴陵称帝，后又迁都江陵，出兵夺取唐巴、蜀地。萧铣被李孝恭、李靖的大军围困在江陵，由于没有援兵，只好投降于大唐。就这样，李渊控制了长江中下游地区。

武德四年（621年），唐高祖次子秦王李世民围攻洛阳，王世充向窦建德求助，窦建德准备南下援救，徐圆朗闻讯后，起兵叛唐，依附于窦建德，跟随他进攻虎牢关。虎牢大战中，窦建德被生擒，王世充被迫投降，徐圆朗为了保存自己的实力，又一次投降于大唐。唐高祖不计前嫌，封他为鲁郡公。窦建德旧部刘黑闼等人在漳南起兵反唐，徐圆朗扣留唐将盛彦师，割据兖州，起兵响应刘黑闼。之后，徐圆朗自称鲁王，并发兵围攻虞城，以此牵制唐军。武德六年（623年）二月，徐圆朗攻陷泗州，李建成诛杀刘黑闼，徐圆朗闻得刘黑闼死讯，弃城而逃，途中为村民所杀。

武德六年（623年），杜伏威入朝，留下辅公祏守卫丹阳，他命王雄诞掌握军队帮助辅公祏。杜伏威走后，左游仙劝说辅公祏反叛，辅公祏夺取了王雄诞的兵权，杀死王雄诞，假称杜伏威送信命令他起兵。同年八月，辅公祏称帝，国号宋。然而好景不长，唐朝派赵郡王李孝恭、岭南道大使李靖等率领大军讨伐辅公祏，辅公祏抵抗唐军，被击溃数次，他心中恐惧，带兵逃跑。辅公祏逃到武康时，当地的农民把他抓住送到了丹阳。李孝恭将辅公祏斩首。至此，江淮地区全部平定。

李渊基本完成了自秦汉以来的又一次真正的统一大业，奠基了唐王朝，被称为"拨乱之主"。

兔死狗烹，开国功臣命归西

刘文静是李渊建唐过程中的一位功绩卓著的人物，他作为反隋建唐起义的发起人之一，可以说是开国功臣。刘文静，字肇仁，彭城人，后移居到武功县，他胸怀大志，拥有独到的政治见解，是秦王府集团的重要人物。

在晋阳起兵前，刘文静就和李世民成为好友，两个人来往甚密。大业末年，那时的刘文静还是晋阳令，裴寂是他的好友。因为他与李密有亲戚关系，所以受到连坐。李世民认为他是个人才，便暗中与他来往。从这之后，刘文静逐渐成为了李世民的心腹，而他的朋友裴寂也成了李渊身边的重要人物。裴寂，字玄真，蒲州桑泉人。大业年间担任晋阳宫的副监，李渊任留守的时候，两个人感情十分密切。李渊建唐后，裴寂在武德年间一直是他的亲信。

隋朝末年，天下大乱。刘文静参加了李渊晋阳起兵反隋的秘密计划。后来李渊把他与李世民、裴寂列为第一等功臣。晋阳起兵之后，刘文静担任李渊的大将军府司马，奉命出使突厥，出色地完成了联络突厥的使命。此后，刘文静又担当了对付河东隋将屈突通的重任，保证了李渊向关中顺利进军。刘文静在隋末唐初是一位风云人物，为李渊反隋建唐立下了汗马功劳。

李渊刚刚登基称帝的时候，喜欢和朝臣们坐在一起吃饭，没有君臣之分，十分平易近人。刘文静见状，劝谏唐高祖李渊应该注意君臣之礼，他觉得如果皇帝和大臣在座位上没有分别，早晚会出大事。但是李渊却不以为然，觉得刘文静有些小题大做，还用汉光武帝与严子陵同睡一张床的事情举例。李渊说：“这些大臣都是开国元勋，而且德高望重，不同于一般人，当年的友情怎么能随随便便就忘记呢？你多虑了。”刘文静只好自讨没趣地退下了。刘文静刚正不阿的性格使他无法融入李渊的关系圈，再加上裴寂此时与刘文静有了隔阂，经常在李渊面前说刘文静的坏话，使得李渊越来越不喜欢他。

其实，刘文静与裴寂之间的矛盾在唐朝建立之初就已经出现了。这两个人同样是开国功臣，但是受到的待遇却不可同日而语。当时刘文静被唐高祖封为纳言，而裴寂则被任命为尚书右仆射，他们两人都官至宰相。李渊非常宠信裴寂，当时的满朝文武没有人能比得上他。每次上朝都会让裴寂与自己同座，还让他进卧室，对他无话不谈，称呼他为裴监而不叫他的名字。裴寂在讨伐刘武周的时候，曾经惨败，丢掉了晋州以北。然而李渊不仅没有处罚裴寂，还劝慰他不要太难过，让他镇守河东。

当刘文静在攻打薛举遭遇惨败时，却被李渊处以"除名"的惩罚。刘文静在刚起兵的时候和裴寂的名望相同，但是他认为自己在多年的征战中，无论是才干还是军功都在裴寂之上，可现在虽然都是宰相，待遇却远在裴寂之下。他见李渊的奖赏如此不公平，心中十分不悦，但也不敢说出来，只能闷闷不乐。

有一次，刘文静和弟弟刘文起在家喝酒谈心，酒过三巡，他想起自己和裴寂的不同境遇，觉得心里十分委屈，就借着酒劲儿跟弟弟发牢骚，情绪激动到无法控制，拔出身上的佩刀砍在屋里的柱子上，喊道："我迟早要杀了裴寂一解心头之恨！"过了一段时间，刘文静遇到了几件怪事，便怀疑是家中闹鬼，于是找来巫师神婆来施法驱邪。这两件反常的事情被刘文静的小妾看到了，正好那时她因为争风吃醋失宠于刘文静，心中十分不满，就把看到的一切告诉了自己的哥哥，她的哥哥觉得刘文静可能要造反，怕自己被连累，急忙向朝廷告发此事。

李渊得到这个消息后，立刻派裴寂和萧瑀调查此事。刘文静对李渊说："起义刚开始的时候，我是司马，和裴寂的地位差不多，但是如今裴寂成了仆射，居于宰相位置，我追随您东征西讨，受封却如此不同，确实心中有些失望和不满，但是要杀裴寂真的只是酒后的胡话，还请皇上宽恕。"萧瑀与大臣李纲也极力证实，刘文静只是一时酒后失言并没有谋反之心，向唐高祖求情。李渊看完奏章后，对此不以为然，没有丝毫怜悯。他对群臣说："刘文静此言，显然是要谋反，绝对不能姑息。"

李世民看到情况不妙，为刘文静开脱，他说："以前在晋阳起兵的时候，是刘文静最先提出反隋决策，然后才告知裴寂，占领京城以后，父皇对二人受封的待遇悬殊，刘文静的确有不满之心，但这种情绪是人之常情，他也只不过是抱怨了一下，绝对不会谋反的，儿臣担保刘文静不是叛臣，希望父皇能饶恕他。"但是裴寂想借机消除政敌，维护自己的地位和权力，私下向唐高祖进言说："刘文静确实才略过人，但是性情十分狡猾奸诈，他忿恨皇上许久，喝完酒说的那些都是心里话，如今天下未定，若是饶了他，日后必定是后患无穷。"裴寂的话说到了唐高祖的心里，有了宠臣的支持，他最终还是给刘文静扣上了谋反的罪名，并下令将刘文静和刘文起处死，抄没家产。刘文静在临刑前悲愤地说："高鸟逝、良弓藏，此言不虚。"这位身经百战、驰骋疆场的智者，万万没有想到自己会被定为谋反之罪。

刘文静被杀，这件事绝非偶然，李渊深谋远虑、处事慎重，他对裴寂和刘文静二人的不同态度，绝不只是简单的奖赏不公，而是另有隐情的。唐高祖李渊在起兵反隋之前遇到过一次兵谏事件。当时，在晋阳郊外的兴国寺，刘文静招募的兵马驻扎在此地，李渊也经常在这里和手下议事。突厥可汗听说李渊要起兵，就对大臣说："如果李渊自立为中原天子，臣服于突厥，那他愿意出动兵马全力支持他打天下。"刘文静知道后劝李渊和突厥结交，这样既能免除突厥的威胁，又可以利用突厥的兵马，何乐而不为。但是李渊不愿臣服于突厥，犹豫良久后不打算答应。这时，兴国寺内外的兵士发生了骚乱，议论纷纷："如果唐公不接受突厥的支持，以我们目前的兵力很难成大事，岂不是白白送命。"刘文静也再次劝谏李渊，希望他能答应突厥提出的条件。为了能够成功发动兵变，李渊被迫接受了包括向突厥称臣的条件。因为兴国寺驻扎的兵士们绝大多数是刘文静招募而来，所以李渊断定士兵们受到了刘文静的教唆，因此开始对他产生了猜忌之心。

更重要的是，刘文静是李世民的心腹。李世民长期带兵四处征战，大肆笼络人才，发展自己的力量。自从武德元年李建成被立为太子后，李氏集团内部便开始分化，形成了以太子为首的太子集团和李世民为首的秦王集团，这两个集团争夺权力，势必会造成兄弟之间的相互残杀。李渊深知刘文静十分有才能，如果他一直帮助李世民，日后一定会对太子构成莫大的威胁。如果太子之位不稳，天下的政局也会因此不稳。为了维护太子的储君之位，削弱李世民的势力，李渊必须杀死刘文静，使李世民失去一条臂膀，阻止他对太子之位的觊觎。

百废待举，改府兵稳基业

任何一个新王朝在建立后，都必然要经历国家制度的重建以及内部关系理顺的过程。李渊称帝后，面对百废待举的局面，他一面组织力量进行统一全国的战争，一面注意加强政权建设。在李渊心中，重建国家制度丝毫不比在战场上与敌人厮杀来得轻松，因为确定统治的新秩序是一个王朝能否顺利运转下去的关键因素。

唐高祖李渊当上皇帝的时候已经五十多岁了，他作为曾经隋朝官僚贵族统治集团中的一员，对隋朝的那一套制度体系已经十分熟悉了，在晋阳起兵时，他又打着帮助隋朝平定国难的旗号，所以不会在隋朝的传统体制之外做出太多创新之举，唐朝初期的国家制度建设只是在隋朝制度的基础上进行简单的增增补补。但是李渊本人曾经经历过隋炀帝的暴政，感受过当时的政治黑暗和百姓疾苦，对隋炀帝的亡国教训认识得比较清楚，所以他吸取了经验和教训，在进行国家制度重建时，还是采取了补弊起废、拨乱反正等积极的举措，为唐朝的巩固和发展奠定根基。

唐朝的官僚体系和政治体制方面，概括来讲就是三省六部二十四司。李渊依据隋朝旧制进行制定，做了一些改动，比如把隋朝的中枢五省改成六省，将门下省的长官纳言改为侍中，将内史省改为中书省，其长官也从内史令更名为中书令，其下属给事郎改名给事中。三省分为尚书省、中书省和门下省。尚书省掌管全国政令，是命令的执行机关；下属一共有六部，即吏、户、礼、兵、刑、工；中书省负责给皇帝起草诏书，是当时的决策机关；门下省则负责审核中书省起草的诏书，如果发现有不合适的内容就予以驳回。唐朝的监察机关是御史台，负责监督、弹劾文武百官。此外，李渊还建立了一整套的地方官体系，地方分州、县两级，州设刺史，为一州之长。州刺史负责维护社会秩序，考核官吏，劝课农桑，发现并推荐人才，每年要到所属的县巡察一次，"观风俗，问百年，录囚徒，恤鳏寡，阅丁口，务知百姓之疾苦"。州以下就是县，县设县令，负责地方的行政、刑狱等日常事务。

任何一个封建政权，都会通过赋役手段剥削劳动者。但如何把这种剥削与奴役控制在合理的范围内，李渊也颇费了一番心思。他要制定出一种既能让统治阶级有利可图，又能让劳动者可以承受，不至于产生反抗的念头。武德二年（619 年），李渊初步制定出了租庸调法，其中规定："每丁租二石，绢二丈，绵三两。自兹之外，不得横有调敛。"武德七年（624 年）他又颁布了更为详细的赋役制度。新的赋役法规定："每丁岁入租粟二石，调则随乡土所产，绫、绢各二丈，布加五分之一，凡丁，岁役二旬，若不役，则收其佣，每日三尺，有事而加役者，旬有五日免其调，三旬则租调俱免，通正役，并不过五十日。"也就是说，如果农民不负担徭役，每天要向国家缴纳三尺绢，如果农民负担徭役超过十五天就可以免调，超过三十天可以租调全免，农民在服徭役期间，全年不超过五十天。

军事力量在国家政权中的决定性意义几乎是每个皇帝都懂得的道理，军人出身的李渊自然更加明白军事力量的重要性。李渊在军事制度上采取府兵制，这是一种职业兵制，创始于西魏时期，经过北周、隋朝，沿用至唐朝，府兵制建立在均田制的基础上，是兵农合一的制度，士兵们平时在家干农活儿，有战争的时候再出征，府兵将军的任务由"督耕战"到"劝课农桑"，意味着府兵的性质已经发生了变化。

唐朝的货币也发生了很大的变化，因为伪造的五铢钱泛滥，李渊下令改铸开元通宝，这种钱币大小适中，上面的文字使用八分、篆、隶三种字体，是唐朝的第一种货币，也是发行量最大，沿用时间最长的货币。由于开元通宝的质量很好，通货控制得当，钱币做工十分精美，所以深受百姓的喜爱。开元通宝的流通，具有划时代的意义，与过去的秦半两钱、汉五铢钱比较，改变了以重量为货币名的传统，在这之后历朝的钱币都不再用重量命名，而是称为"通宝""元宝"。

隋朝灭亡后，李渊承袭了隋朝传下来的人才选拔制度，做了进一步的完善，科举制度逐渐完备起来。他在京师设置国子学、太学和四门学，在州、县及乡也设立学校，由于李渊推崇儒学，所以儒家的经书是教学的重要内容，如《周易》《左传》《礼记》《尚书》等。作为一个爱书之人，李渊下令花重金购买收集散落在民间的书籍，找人用楷书重新誊写，这种大规模的搜集、整理、购买、誊写前代的书籍，对保存、利用历史文化遗产功不可没。他还下诏编撰了《艺文类聚》，此书分类按目编次，故事在前，注释在后，分为四十六部，每部下又列了子目七百余个，全书约百万字，所引诗文，都注明了时代，并按照不同的文体，用"诗""赋""赞""箴"等标明类别。《艺文类聚》和其他类书相比，在辑存文献的方法上有一个与众不同的特色，就是把"事"和"文"两条线合并成了一条线，变更了类书的常规体制。这种做法的最大好处就是大量地保存了从汉代到隋代的词章名篇。

唐朝的政治、军事、经济、文化制度，在李渊时期基本上初具规模，为后来的唐太宗时期贞观之治打下了坚实的基础。很显然，如果把唐朝的兴盛都归功于李世民的贞观时期是不太恰当的，因为唐高祖李渊所做的一切努力，让唐王朝迈出了走向繁荣富强的第一步。

广纳贤才，海纳百川为己用

一个人就算再有谋略和才能，如果没有其他人的协助和帮衬，又能发挥多大的光和热呢？因此，各个朝代的皇帝一旦登基，第一件事就是要搜罗各种人才，为己所用，这是为了维护自己的天下江山，巩固自己的统治。李渊设置了一整套完备的官制，把各种不同类型、不同背景的人才都吸纳到自己的朝廷中来，给他们发挥才能的机会，也能让他们名正言顺地得到俸禄，这样做既能在统治集团内部建立上下一致、左右和谐的关系，也不容易激化统治集团与广大人民之间的矛盾。

李渊的众多臣子有很多曾在隋朝或者之前的朝廷中做过官当过差，比如隋朝的旧官吏、北周、北齐官吏的子孙以及其他各朝代朝臣的后裔。在唐高祖时期的十二名宰相中，有八个人都和隋朝和唐朝王室有姻亲的关系，其他处于高层的文武百官也有很多是他在晋阳时的部下。李渊采用和自己的出身类似的人才辅佐自己，不仅显示出自己能够容纳百家朝臣的广阔胸怀，这种方式组成的官僚体制也更容易加强李氏家族的统治，消除不同人士心中的疑虑，促进唐王朝的统一，也为贞观年间"君礼臣忠"的和谐君臣关系创造了条件。

要说唐高祖李渊任用的贤才和朝臣，不得不提的就是裴寂，他是北周贵族的后裔，曾在隋炀帝手下担任过很多职务，一直做到了晋阳宫的副监。裴寂曾利用自己的职务之便，用宫中的宫女设了个善意的圈套，协助李世民让李渊接受自己的起兵反隋计划，这才有了后来的李渊晋阳起兵、登基称帝、统一全国等一系列事情。作为开国功臣，裴寂深受李渊的宠爱，被待以厚礼、视为至交，李渊还让自己的第六个儿子娶了裴寂的女儿，成为了姻亲。

唐高祖时期另一位执掌大权的人物就是萧瑀，他是南朝梁明帝萧岿的第七个儿子。萧瑀从小就善于学习和书写，为人刚正不阿。西梁灭亡后跟随姐姐萧皇后进入长安。萧瑀的妻子是独孤皇后的娘家侄女，李渊是独孤皇后的亲外甥，所以李渊和萧瑀之妻是姑舅表兄妹。当年两人同在隋朝做官时交情也很好。在李世民带兵进攻薛举的时候，萧瑀和妻子独孤氏设了家宴款待他。席间，李世民恭敬地对萧瑀说："姑姑、姑父，侄儿这里有我父王写的一封信，他想请姑姑和姑父一起去商议朝政。"萧瑀看完信对李世民说："表兄这么信任我，我怎敢违命。"所以家宴一结束，他就写信派人骑着快马送往长安，说自己随后就到，接着立刻收拾好行囊，启程去见李渊。李渊见到萧瑀夫妇十分高兴，设宴款待，封萧瑀为光禄大夫。武德三年（620年），唐高祖拟了一份政令交给萧瑀承办，但是萧瑀看完之后发现其中有几处考虑不周，就暂压了下来没有发布。按朝中的规定：皇帝下达的命令在执行过程中，如果发现有不妥之处，臣子应该向上奏明，加以改正。所以，萧瑀的做法是符合规定的。但是唐高祖知道这件事情之后，心中很不高兴，责问他为何不按时发布政令。萧瑀慷慨陈词，动之以情晓之以理，李渊听后也只好说："你能如此用心，我还有什么好担忧的呢？"

封德彝是唐朝的宰相，出身于渤海封氏，江都之变后，他投靠宇文化及，任内史令，宇文化及兵败后，封德彝投降于唐朝。一开始，李渊认为封德彝是隋朝的旧臣，谄媚而且不忠，不想接纳他。但是封德彝进献了秘策，李渊心中大悦，任命他为内史舍人，不久又升任为内史侍郎，慢慢地获得了唐高祖的信任。封德彝随秦王李世民东征洛阳王世充的时候，两军相持不下，李渊见状有了撤军的想法，封德彝奉命回朝，为唐高祖分析形势："王世充的领土虽然大，但是相互牵制不听调遣，真正听命于他的只有洛阳一地，现在他已经无路可退、命在旦夕了，如果现在撤军，敌军势力就有机会壮大，日后很难再铲除掉了，不如趁现在，一鼓作气，攻破敌军。"李渊听后同意继续进军，果然李世民平定了洛阳，凯旋而归。李渊大喜道："当初发兵东征群臣都表示反对，只有秦王请求出征，封德彝也赞同，如果不是他们的坚持，又怎能大获全胜。"于是封封德彝为平原县公，兼任天策府司马。后来突厥入侵，遣使求亲。李渊向群臣征询意见，群臣大都主张和亲，但是封德彝说："突厥的这种行为是瞧不起大唐王朝，认为我们不敢应战，应该打败他们再言和，这样才能恩威并施，否则他们会觉得我们好欺负，以后还会再来提更过分的要求。"李渊因此决定出兵攻打突厥。

陈叔达也是唐高祖李渊曾经重用的一位贤才，他是陈宣帝的第十七个儿子，不仅长相出众，还十分有才学，十几岁的时候就能即兴赋诗，出口成章。李渊在晋阳起兵反隋时，攻打绛郡，陈叔达献城投降，李渊攻破长安后，拥立杨侑为帝，自任大丞相，陈叔达被授为丞相。李渊称帝建唐后，任命陈叔达为黄门侍郎，后来又被封为江国公。陈叔达言语明畅而有条理，在满朝官员中十分瞩目。有一次，唐高祖宴请群臣，酒席上有一盘葡萄，陈叔达拿起葡萄却没有吃。唐高祖问他："爱卿，你为何不吃，是不爱吃葡萄吗？"陈叔达回答："我的母亲患有口干的毛病，她想吃葡萄却吃不到，我想把这葡萄拿回家给我的母亲吃。"李渊听了以后感动得流下了眼泪，他对陈叔达说："你的母亲还健在，你可以把葡萄带回去给她吃，我的母亲已经不在了，我想送都不能送了。"武德九年（626年），太子李建成、齐王李元吉和秦王李世民之间的矛盾加剧了，他们多次在父亲面前说李世民的坏话，想要陷害李世民。李渊信以为真，打算惩治李世民。陈叔达听说后向唐高祖进言："秦王有功，不可以废黜啊，而且他性格十分刚烈，如果惩罚他，怕他会承受不住内心的愤怒，气郁而生疾，要是他因此生病了，陛下后悔都来不及，所以还望您能三思。"李渊听后消了气，于是就打消了惩罚李世民的想法。同年六月，李世民发动了玄武门之变，杀了李建成和李元吉。陈叔达向唐高祖进言说："建成和元吉并没有参与建业大计，没有功勋，他们一直都嫉妒秦王的威望，既然现在秦王四海归心，陛下如果能立他为太子，一定会对国家发展有帮助的。"李渊听后觉得很有道理，便立李世民为皇太子。

在唐王朝建立的过程中，如果要说哪个人的功勋可以和秦王李世民媲美，那就是河间郡王李孝恭。李孝恭是隋朝大将军李安的儿子，唐高祖李渊的堂侄。隋朝末年，李渊在晋阳起兵，攻克长安后，让李孝恭领兵出巡巴蜀地区。他不负众望，接连拿下了三一余州，随后攻打朱粲，大破其阵，俘获了很多敌军。李孝恭的将士都说："朱粲是穷凶极恶之人，他的部下也都杀人越货、无恶不作，将他们全部杀掉吧。"李孝恭却说："如今很多城池都在敌人的管辖范围内，如果抓到敌人就杀，那以后还有谁愿意归降于我们呢？"所以就让部下将俘虏全都赦罪释放。这件事传了出去，各地相继归附。在李孝恭任信州总管的第二年，他还带兵攻打了萧铣，立下赫赫战功，因此升任为荆州大总管。他后来又率军攻打辅公祏，用了一年的时间将江南平定，官拜扬州大都督，后历任凉州都督、晋州刺史，被列为凌烟阁二十四功臣之一。

王位纷争，太上皇的叹息

李渊不是一个平庸之辈，他运筹帷幄、决胜千里，是一位深谋远虑、雄才大略的政治家。李渊当上皇帝之后，全面地继承了隋朝制度的优点，颁布均田制和租庸调制，重建府兵制，为唐代的刑律、兵制、土地和课役等制度奠定了坚实的基础，一个生机勃勃的王朝初具规模。然而，像许多英雄豪杰一样，李渊再老谋深算，能带兵平天下却难断家务事，管不住自己的几个儿子为了争夺皇位继承权而自相残杀。

武德元年（618年），李渊立李建成为太子，李世民为秦王，李元吉为齐王。在反隋建唐的过程中，李世民到处征战，功业超过了李建成。可是，身为次子，李世民无法继承皇位，心中不免会觉得有些不甘。李建成也深知，尽管自己已经当上了太子，但是弟弟李世民是自己太子地位的最大威胁。于是，兄弟之间展开了激烈的皇位继承权争夺的斗争。

可怕的是，他们并不是一个人在战斗，而是各自拥有自己的集团。李世民的政治军事集团有大约五十人，许多都是隋末唐初的杰出人物，比如杜如晦、侯君集、柴绍、罗士信、长孙无忌、李靖、尉迟敬德等。太子李建成的集团里有魏征、冯立、谢叔方、薛万彻等人才。

李渊没有立功劳最大的李世民为太子，引起了议论。其实，李渊不立李世民为太子有一层不方便说出口的原因。当年，隋文帝废长立幼，杨广被封为晋王，就是因为平陈有功，势力慢慢变大。因为他出色的表现，隋文帝便废掉太子杨勇，让小儿子杨广取而代之，但是最后却酿成了灭国的悲剧。所以尽管现在李世民功勋赫赫，有勇有谋，但是谁又敢保证他一直是这样，以后会不会成为隋炀帝那样的皇帝？李渊一想到自己可能会落得隋文帝的下场时，就汗毛倒竖。这也是李渊坚持要立长不立幼的原因之一。

当然，除去皇帝的身份，李渊也是一位父亲，眼睁睁地看着自己的亲生骨肉们争来斗去、互相残杀，他怎能坐视不管。于是李渊采取了一些方法试图去缓和儿子们之间日益紧张的关系。他让李建成和李世民脱离直接的接触，甚至一度想把东都洛阳送给李世民以平息这场兄弟之间的争斗。可是李渊转念一想，如果把李世民放到洛阳，无异于放虎归山，自己辛苦打下的江山有可能因此陷入四分五裂的境地中。于是他不得不一面安抚李世民，一面稳住太子李建成。但这些努力的作用微乎其微，无法完全弥补他们之间的裂痕。最重要的是，李渊对李建成和李世民的态度摇摆不定，手心手背都是肉，十指连心，失掉哪根手指都会带来钻心的疼痛。

为了让李建成尽快熟悉国家大事，李渊每次上朝，都会让李建成坐在自己身边，和群臣一起讨论各种问题，遇到不太重要的问题，就让李建成全权处理，又让礼部尚书和民部尚书担任太子的老师，帮助李建成出谋划策、决断各种问题，可谓用心良苦。但是李建成不喜欢学习诗文策论，对处理政务也不上心，整天无节制地喝酒，和宫里的美女们嬉戏玩耍，把两位竭心尽力辅佐自己的老师不放在眼里，把他们的规劝当作耳旁风。两位老师发现孺子不可教也，先后告病辞去职务离开了。

武德九年（626 年），李世民发动玄武门之变，杀死了李建成和李元吉。李渊见木已成舟，就立了李世民为太子。同年八月，已经六十一岁的李渊宣布退位，让位于李世民。从此李渊成了太上皇，过着养尊处优的生活。

以开国之君的身份成为太上皇，历史上恐怕只有李渊一个人。李渊手中的权力就这样交了出去，与其说是交出去的，不如说是被儿子抢走的，所以李渊心里肯定不舒服，但这也是他不得已的选择，是他在面临突发事件时及时认清形势的一种表现，避免了更大的政治危机的发生，不失为是一种明智之举和万全之策。

其实，这样一种结果在之前也不是没有端倪的。在李渊刚当上皇帝没多久的时候，他看到全国局势大致平稳，心中开始放松了警惕，沉溺在纸醉金迷、声色犬马的享乐中，他几乎一天到晚都被众多嫔妃包围着。李渊觉得自己这一辈子稳坐皇位，所以儿子们争夺太子之位就让他们去争好了，谁还没有一点梦想呢？所以他就在李建成、李世民、李元吉之间做个和事佬，其他事情基本上都交给老宰相裴寂处理，自己只顾享受生命、享受生活。李渊曾不止一次地和众多嫔妃摆驾到裴寂的府上，一起喝酒、吃饭、闲聊。有一次，李渊在和裴寂喝酒的时候，颇为感慨地说："公为台司，我为太上，逍遥一代，岂不快哉！"没想到，三年以后李渊当初的一句笑言竟然变成了现实。

李渊当上太上皇以后，自知朝中大权已经被李世民掌控，于是每天心灰意懒，不再参与政事。平时他总是待在自己的宫中，除了参加李世民举行的一些酒会，几乎哪儿也不去，一副与世无争的模样。盛夏时节，李世民时常会外出避暑，李渊也不愿意跟随同去，总是以自己年事过高、身体欠安为理由推托。李世民对父亲李渊的享乐要求尽量满足，看父亲每天并不快乐，就准备在长安城的东北方向修建一座宫殿，作为李渊的养老享乐之地。李渊知道李世民还算是个孝顺的孩子，心里很领情，也乐得过太上皇的日子。这样，既减少了宫廷的斗争，也让李世民有了施展才能的机会。

李渊度过了九年这样的太上皇生活。贞观九年（635年），李渊因病驾崩，享年七十一岁。李渊临终前要求自己的后事一切从简，不要铺张浪费。李世民本来打算按照汉高祖刘邦长陵的制度为父亲修建陵园，但是由于事情太过仓促，工期比较紧张，所以在房玄龄的提议下改为按照汉光武帝原陵的制度来修建，把九丈的封土改为六丈。李渊死后的谥号是"太武皇帝"，庙号是"高祖"，安葬于献陵。唐高祖的一生就这样结束了，辉煌也好，无奈也好，留下的也只是一声叹息而已。

第二章

一代明君，开创大唐盛世

唐太宗李世民是大唐王朝的第二位皇帝，也是李氏家族中最耀眼的一位。在建唐之初，李世民跟随父亲李渊南征北战，推翻了隋朝统治，歼灭了藩镇割据，平定了农民起义军，统一全国；在位时期，他励精图治、虚心纳谏、勤政爱民，制定了一系列发展国家的措施，使政治、经济、文化、外交都达到了空前的繁荣，成就了贞观盛世的光华，可谓是一代明君。

相煎何太急，玄武门哀歌

　　唐高祖即位之后，封长子李建成为太子，李世民为秦王，李元吉为齐王。三个人之中，数李世民的功劳最大，立的战功也最多。李世民门下，文有房玄龄、杜如晦等人，号称十八学士；武有秦叔宝、程咬金等勇猛战将。李建成只是因为身为长子才取得了太子之位，他知道自己的威信和能力比不上弟弟李世民，心里既妒忌又恐慌，就和弟弟李元吉一起排挤李世民。

　　李建成和李元吉经常在父亲的宠妃面前拍马送礼，讨她们的欢心。李世民在平定东都之后，有李渊的妃子私下向李世民索要隋宫里的珍宝，被李世民拒绝了。于是，这些宠妃们怀恨在心，在唐高祖李渊面前说太子李建成的好话，说秦王的不好。李渊听信了宠妃的话，和次子李世民的关系渐渐疏远起来。

　　李世民在唐王朝建立后又多次立功，李建成和李元吉看在眼里，记在心上，恨得牙根痒痒，千方百计想办法要斩草除根，害死李世民。李建成邀请李世民到东宫去喝酒。尽管李世民知道身为太子的哥哥并不喜欢他，但是毕竟血脉相连，所以不想把关系闹得那么僵，于是欣然赴约，兄弟二人一起把酒言欢。但是几盅酒下肚之后，他忽然感到肚子一阵剧烈的疼痛。于是急忙叫手下把他扶回家里，他躺在床榻之上不断翻滚，疼痛却一阵比一阵厉害，强烈的恶心和剧烈的咳嗽后，竟然呕出一口鲜血来。李世民恍然大悟，知道是李建成在酒里下了毒，想要毒害自己，还好手下人及时去请来了医生，给李世民诊脉服药后，调理了多日，终于慢慢好了起来。

李建成和李元吉见没有害死李世民，又开始想其他办法，他们怕李世民手下的猛将多，如果真的动起手来，自己占不到一点便宜，就想先把这些猛将收买过来。李建成利用自己的太子身份，只要有调兵遣将的机会，就把李世民和部将调开，他把李世民的得力干将程咬金调任到康州当刺史，想让他离开亲王府，但是程咬金故意拖延时间，没有前去赴任。后来，李建成又派人给秦王手下的尉迟敬德送信，信中说想跟尉迟敬德交个朋友，还送去了一整车的金银珠宝。尉迟敬德对李建成的使者说："请你转告太子，我是秦王的部下，如果我私下跟太子来往，对秦王三心二意，我就是个贪利忘义的小人，这样的人对太子有什么用呢？"他说完这番话便把一车的金银珠宝原封不动地退了回去。李建成被拒绝后，气急败坏地想要除掉尉迟敬德。当天夜里，李元吉派了个刺客偷偷溜进尉迟敬德的家去行刺。尉迟敬德多年行军，见多识广，早就料到李建成他们不会放过自己。于是在心里多加警惕，一到晚上就故意把大门敞开。等到夜深人静的时候，刺客隔着窗户偷看，发现尉迟敬德斜靠在床上，身边放着长矛。刺客本来就知道他一身好武艺，而且勇敢善战，心中畏惧，怕他早有防备，没敢动手，偷偷溜了回去。

一计不成，又生一计。那时，突厥进犯中原，突厥南下的消息传来，李元吉趁机向李渊进言，声称愿意领兵攻打突厥，但是希望调用尉迟敬德、秦叔宝、程咬金三员大将和秦王府的精兵，这些人都是李世民的心腹。此举若是成功，无异于折断了李世民的左膀右臂。其实早在两年前，李世民就率领李元吉等人阻击突厥，当时李世民亲临突厥阵前，指责他们违背约定南侵，随后趁着连日的阴雨天气，算准突厥的兵马疲顿，发挥不了太大的作用，于是夜袭突厥大营，打了一个漂亮仗，撵走了突厥大军。然而从平定刘黑闼的第一次起义后，李世民除了五陇阪之战外，无论是统

第二章
一代明君，开创大唐盛世

一江南，还是二平刘黑闼，都没有再立功。所以他也在这次攻打突厥中主动请战，但是李渊不想派他去，李世民知道父亲不忍让他功劳太高，威胁太子的地位，造成内乱，心中不禁大失所望。有人把太子他们打算把秦王府的将士调开以后，狠下毒手的秘密计划报告给了李世民，他感到形势十分紧急，连忙去找长孙无忌和尉迟敬德商量，这两个人都劝李世民要先发制人。李世民长叹一口气说："虽然我已经知道了他们想要加害于我的计划，但是兄弟之间互相残杀总不是件体面的事，我还是等他们先动了手，再来对付他们。"尉迟敬德和长孙无忌听了之后都着急起来，说："现在已经火烧眉毛，如果您再不下定决心动手，那我们也不愿留在秦王府白白等着送死。"李世民看部下十分坚决，只好下了决心。

当天夜里，李世民进宫向父亲李渊告发此事，说太子跟李元吉如何谋害于他。李渊听后大怒，答应等到明天一早，叫兄弟三人一起进宫，亲自查问此事。第二天早上，李世民叫长孙无忌和尉迟敬德带领一支精兵，埋伏在皇宫北面的玄武门，等李建成和李元吉进宫。没过多久，李建成和李元吉骑着马朝玄武门方向来了，他们到玄武门边的时候，觉得周围的气氛有些反常，心中犯了疑，便调转马头，想要回去。这时，李世民从玄武门里骑着马冲了出来，高声喊叫："等一等，先不要走。"李元吉转过身来，看到李世民追了过来，抽出身边的弓箭，想要射死他，但是心中慌张，手哆嗦得连弓弦都拉不开。李世民眼明手快，射出一箭，李建成中箭后，摔下马，吐血而亡。紧接着，尉迟敬德带了七十名骑兵一起冲了出来，射出一箭，把李元吉也射死了。

东宫和齐王府的将士听说玄武门出了事，全部出动，和秦王府的士兵打了起来。李世民一面指挥着将士拼命抵抗，一面派尉迟敬德即刻进宫。李渊此时正在皇宫里等着三个儿子来朝见，只见尉迟敬德急匆匆地冲进宫来，禀报说："陛下，太子和齐王发动了叛乱，秦王已经把他们杀了，秦王怕惊动陛下，所以特地派我来保驾。"李渊这才知道外面出了事，吓得不知道该怎么办才好。宰相萧瑀等人说："陛下，李建成和李元吉本来就没有什么功劳，他们妒忌秦王功绩赫赫，所以施用奸计，想要加害于秦王，现在既然已经把他们消灭了，这是好事啊。"见木已成舟，李渊想要反对也没用了，只好宣布了李建成和李元吉的罪状，命令各府将士一律归秦王指挥。三天后，他立李世民为太子，让他掌握朝廷大权。过了两个月，李渊让位于李世民，自己做上了太上皇。李世民即位后，就是后来的一代明君唐太宗。

励精图治，书写贞观盛世

唐太宗李世民即位后，因为曾经亲眼目睹了隋朝的兴亡，所以常用隋炀帝作为反面教材，来告诫自己要吸取隋朝亡国的经验和教训，纠正前朝的弊端，调整统治政策，使百姓休养生息，缓和阶级矛盾，稳定社会秩序，恢复国家的经济。一度达到了天下大治的理想局面，因为唐太宗李世民当时的年号是"贞观"，所以被称为"贞观之治"。

李世民十分爱惜人才，在初期的时候招揽了房玄龄、杜如晦，人称"房谋杜断"，后期任用长孙无忌、杨师道、褚遂良等忠直廉洁之士，其他的如李勣、李靖等，可谓是一代名将。此外，李世民亦在选贤任能的时候，不计出身、不问恩怨。他采用了李建成旧部魏征、尉迟恭等，魏征当过道士，曾是太子李建成的旧臣，向太子提议过杀害李世民；尉迟恭当过铁匠，又是降将，但都得到重用。李世民鼓励臣子直谏，魏征前后谏事二百余件，直陈其过，魏征死后，李世民伤心地说："夫以铜为镜，可以正衣冠；以古为镜，可以知兴替；以人为镜，可以明得失，魏征逝，朕亡一镜矣。"除了爱惜人才，李世民还十分注重人才的选拔，严格遵循德才兼备的原则，他认为只有选用具有真才实学的人，才能达到天下大治的目的。他曾先后五次颁布求贤诏令，增加科举考试的科目，扩大应试的范围和人数，使得贞观年间涌现出了大量的优秀人才，可谓是"人才济济，文武兼备"。

前朝一直实行"三省六部制"，但是到了李世民统治时期，三省的职权划分开始显露出分权原则，也就是中书省发布命令，门下省审查命令，尚书省执行命令。最为难能可贵的是，唐太宗规定自己的诏书也必须由门下省副署后才能生效，有效地防止了他在心血来潮和心情不好的时候做出不慎重的决定。他派李靖等人作为大使巡察全国，考察吏治，亲自挑选刺史等地方官。他还规定五品以上的京官轮流在中书省值班，以便随时召见，提高了政府的效率，一时间政治清明，基本没有贪污的官吏，官员一心为公，各安本份，滥用职权的现象降到了历史最低点。最为可贵的是，李世民没有用残酷的刑罚来警告贪污现象，而是以身作则，铲除贪污赖以滋生的土壤。

唐太宗李世民十分注重法治，他说："国家的法律不是帝王一家之法，而是天下都要共同遵守的法律，所以一切都要以法为准。"李世民让臣下按宽简原则修订法律，制定出《贞观律》，减轻刑罚。贞观律制定出来后，李世民带头守法，维护法律的严明和稳定，真正做到了王子犯法与庶民同罪。尽管执法时铁面无私，但在量刑时他又反复思考，他说："人死不能复生，所以执法的时候一定要慎之又慎。"由于李世民的良苦用心，贞观年间的法治情况很好，犯法的人少了，被判死刑的人更少。死刑犯被准许回家办理后事，第二年秋天再回来就死，这些囚犯全部信守承诺回来了，没有一个人逃亡。

李世民十分善于总结经验教训，他从农民战争中认识到了人民群众的力量很伟大，因此非常重视百姓的生活。他强调以民为本，经常对朝臣和子孙说："百姓就像水，国君就像船，水可以载舟，也可以覆舟。"在即位之初，李世民下令轻徭薄赋，让百姓休养生息。他十分爱惜民力，从不轻易征发徭役。由于常年征战，李世民患上了气疾，不适合住在潮湿的旧宫殿，但他为了不征发徭役，所以一直没有修建新的宫殿，在隋朝的旧宫殿里住了很久。李世民特别关注农业生产，实行均田制和租庸调制，奖励垦荒，使农民可以安心生产，耕作有时，衣食有余，安居乐业。李世民还紧缩政府机构，以节省政府开支，减轻人民的负担，他曾遣散宫女三千多人，并下令免去四方珍贡。隋末唐初天下大乱，田园荒芜，百姓流离。李世民招抚流亡者回乡，授田给予耕作。关中连年灾荒，他开仓赈济灾民，拿出御府金帛，为灾民赎回卖出的子女。

"重农抑商"一直是抑制经济发展的重要因素，商业在国民经济中所占的比重相当低，商人的地位也比种田人要低好几个等级。唐太宗李世民不但不歧视商业，还给予了许多便利的条件。在他的倡导下，新兴的商业城市如同雨后春笋般一个接一个地出现了。当时世界有名的商业城市有一半以上集中在大唐的领土上。除了沿海的交州、广州、明州、福州外，还有内陆的洪州、扬州、益州、西北的沙州、凉州等。唐朝的强盛使得国家的开放程度很高，陆上、海上的丝绸之路贸易兴盛，举世文明的"丝绸之路"成为联系东西方物质文明的纽带，这条商业通道在大唐时达到了最高的使用价值，丝稠之路上的商旅不绝于途，品种繁多的大宗货物在东西方世界往来传递。

作为一个爱书之人，李世民组织文人儒士修订诸经正义和史籍，让孔颖达等人修订《五经正义》，统一南北经学。又设立了国史馆，由宰相监修前朝国史。在京设立弘文馆，征集到图书两万余卷。重建地方州县学校，扩充京师的国子监，聘请名儒出任老师，学生有上万人，除了本国的学生，唐朝的学校还接受高句丽、高昌、新罗、吐蕃、日本等地的学生来华求学，使得唐代的学术文化传播四方。

由于唐太宗李世民在政治上加强对西域等地区的管辖，在外交上加强与亚洲各国的友好往来，在军事上积极平定四夷，在民族关系上很好地对待少数民族，贞观年间，唐代版图空前辽阔，当时的领土东临於海、西逾葱岭、北逾漠北、南至南海，被西域诸国尊为"天可汗"。

第二章
一代明君，开创大唐盛世
* * * * * * *

尊号天可汗，四海皆臣服

贞观年间，是唐朝开疆拓土最为猛烈的时期，也是大获全胜的时期，依次取得了对东突厥、吐蕃、吐谷浑、高昌、焉耆、西突厥、薛延陀、高句丽、龟兹用兵的胜利，奠定了大唐江山三百年的基业。

唐朝初期，北方的突厥国还很强大，时常出兵南下骚扰。贞观元年，东突厥的可汗趁着李世民即位之初，率领十万大军进犯。李世民当时正全力消灭地方的割据势力，对突厥的进军采取守势。不过，对方太过猖獗，完全不把唐朝放在眼里，他也认识到自己不能退缩。李世民召集军队，亲自带兵出长安城，来到突厥的兵营。突厥的可汗在营中听说唐朝天子来了，立即骑马出营。李世民见突厥可汗出来了，就指责他违背约定。唐军陆续到来，一时旌旗蔽野，突厥可汗正有惧色。李世民挥挥手让军队退下布阵，独自留下来同突厥可汗对话。萧瑀担心唐太宗轻敌，就在马前劝谏，要他回去。李世民对萧瑀说："突厥之所以敢倾国而来，是觉得我们内部不稳，没有力量抵御他们，如果我们示弱，敌人就会纵兵进攻，我们就处于劣势了，所以我想先发制人，以表示对他们毫不畏惧，让军队在周围布阵，表示我们决心决一死战，现在我独自一人前去跟他谈判，他肯定会心生疑惑，不敢肆意妄为，制服突厥，在此一举，你不信就等着看吧。"果然，突厥可汗向李世民请和，两人在河边杀了白马，歃血为盟。唐朝赠给突厥金帛，突厥可汗赠给唐朝骏马三千匹、羊万只，并答应不再进犯唐朝，然后带着兵回去了。

等到关中迎来了大丰收，生产得到了恢复。李世民的统治也逐渐巩固。那时突厥地区连年遭到灾害天气，牲畜大量死亡。突厥可汗对各部进行勒索，各部纷纷叛离。李世民觉得时机成熟，就派大将李勣、李靖带领十几万军队出击突厥，俘虏了突厥可汗，东突厥灭亡。李世民见到突厥可汗后说："当年我们歃血为盟，你也没有违背我们的誓约，所以我不会杀你。"还把他和他的家属安置好。然而突厥可汗住不惯房屋，在院子里搭了帐篷，每天和家人相拥而泣。李世民知道后，让他当虢州刺史，对他说："虢州的野兽很多，可以打猎，和你家乡的环境比较接近。"可是他不想去，李世民又任命他为右卫大将军，赏赐了大量田宅。后来突厥可汗病死，李世民按照突厥的风俗施行火葬，为他修筑了高大的坟墓，让他的儿子终身袭得父亲的官职。

对于归附唐朝的突厥人，李世民不知应该怎样处理才好，于是召集群臣商议。有的大臣主张把他们分到内地的各州县，改变他们的生活和风俗；有的大臣如魏征等，认为突厥人来到内地会有后患，主张让他们回到原来的地方居住。李世民最终采取了温彦博的主张，把归附的突厥人安置在河南朔方，保留原有的部落，维持原有的风俗习惯，仍以畜牧业生产为主。也有近万户突厥人住进了长安城，与当地人和睦相处、热闹非凡。李世民还任用了一些少数民族大臣，比如以智勇闻名的阿史那社尔，他被李世民封为左骁卫大将军，后在平定高昌的战役中立功，被封为毕国公。还有一位被封为左领军将军的契苾何力，他屡建战功，有一次他被敌军刺伤，李世民还亲自为他敷药疗伤。

唐太宗李世民统治下的大唐王朝，国力强盛，他和手下的将领们四面出击，金戈铁马，气吞万里如虎，四海折服，周边各族的首领派出的求婚者纷至沓来，所以唐代也是我国历史上和亲公主最多的一个朝代。其中最为有名的就是文成公主入藏，嫁给吐蕃的松赞干布。当时突厥、波斯、霍尔、格萨、吐蕃等都派出了使者前往长安求婚。李世民出了几个难题给这些使者。第一道题是分辨出一百匹小马的妈妈，松赞干布的使者让人把母马喂饱，母马吃饱后开始招呼自己的小马去吃奶，于是他毫不费力地解开了这个难题。第二道题要用线穿过弯曲孔道的玉石，松赞干布的使者捉来一只蚂蚁，把细线粘在蚂蚁脚上，在玉石另一个孔处抹上蜜，蚂蚁闻到蜜香，使劲往里钻，结果又是松赞干布的使者得胜。

第三道题是让使者分辨一根两头被削得一样粗细的木头，哪头是树梢，哪头是树根，松赞干布的使者把木头放在河里，木头浮起，轻者是树梢，重者是树根。最后一道题要在五百个打扮得一模一样的姑娘中认出谁是文成公主，松赞干布的使者从一位老妇人那里得知公主从小喜欢涂香水，经常引得蜜蜂在周围飞，于是他辨认出了公主。文成公主进藏后将当时汉族的纺织、建筑、造纸、酿酒、制陶等先进生产技术，以及儒家书籍、历法、医药等带了过去，促进了民族团结和文化交融。

东突厥灭亡后，薛延陀汗国强盛起来。贞观二十年（646年），唐朝出兵平定漠北。贞观四年，四夷君长请唐太宗李世民当天可汗，群臣及四夷皆称万岁。贞观二十一年（647年），唐朝设置六都督府七州，统治漠北。诸部的首领纷纷说："我们都是唐朝的子民，到天可汗这里来就像见到父亲，请在回纥、突厥部修建道路，称之为参天可汗道，我们世世代代都会是唐朝的臣民。"

后来，唐太宗李世民逝世的时候，几百名少数民族首领听到这个消息，放声大哭，有的甚至剪去头发，用刀划破脸，割去耳朵，用鲜血去祭奠天可汗。阿史那社尔和契苾何力闻讯赶来，请求自杀殉葬。松赞干布也写信致哀说："先皇驾崩，现在新的皇帝登基，如果有哪里的臣子不忠，我会带兵协助。"可见"天可汗"唐太宗在少数民族地区是多么深入人心。

集思广益，改革吏制避专权

唐太宗李世民对政治制度采取了一系列的改革措施，其中的吏制改革不但避免了大臣专权的现象，还加强了皇权，巩固了自己的统治。李世民自己亲身经历过隋王朝从强盛到衰败的整个过程，隋炀帝刚刚登基的时候，隋朝还十分兴盛，储备的粮食够全国食用五十年之久，但是仅仅用了十三年，隋王朝就在农民起义的冲击下土崩瓦解，落得了灭国的悲惨下场。他认真思考过这其中缘由，除了隋炀帝自己昏庸无道之外，政治腐败、官吏恃宠专权也是一个很重要的原因。

唐朝的时候继承了隋朝的制度，中央实行尚书、中书、门下三省制，尚书省主要负责行政事务，最高长官是尚书令，尚书省下设吏、户、礼、兵、刑、工六部；中书省主要掌管军国政令，最高长官是中书令；门下省主要掌管出纳王命，长官为侍中。唐朝初年，尚书令、侍中和中书令都是宰相，但是其中尚书令的地位最为高贵。

在唐高祖李渊统治时期，便对隋朝的各项制度进行了一些改革，到了唐太宗李世民的贞观时期，中央和地方的机构改革方面得到了进一步的完善，行政效率得到了提高。李世民起用了一些资历较浅、品位较低的官员来参与朝政，人数没有限制，也没有统一的名目和头衔。

贞观八年（634年）的时候，尚书仆射李靖因病向皇帝提出了辞职的请求。唐太宗求贤若渴，不想失掉李靖这个人才，但是看他的确是身患重病，就同意他先回去休养一段时间，但同时下令，让李靖的病情好转后就两三日到"中书门下平章事"，也就是让他隔三差五地去中书门下执行宰相的职权，参与朝廷的决策。

贞观十七年（643年），李世民又让李勣以太子詹事的名义担任中书门下三品，和侍中、中书令的职能一样。中书令和侍中是朝中三品官，"同中书门下三品"就是与中书令和侍中一样参与朝政。在那之后，"同中书门下三品"和"同中书门下平章事"便成为用其他官职担任宰相的固定名称。李世民采取这样的方式可以说是十分的聪明，因为原有的三省长官人数有限，用这种方式既可以增加参政决策的人数，达到集思广益的效果，又不会苦恼于让谁担任三省长官才好。而且采用品位比较低的官员和三省长官一起决策，避免了权势大的官员过多，便于控制，还能让宰相之间互相牵制、制约，避免了权臣专权。随着唐太宗李世民这一系列任官措施的改革，尚书和左右仆射的绝对地位开始动摇起来。

　　李世民十分重视人才的选拔，要求地方官必须德才兼备。他觉得地方官掌管一方百姓的生活和安乐，是亲民官，只有真正为民所忧、为民所思，才能胜任。李世民规定，地方县令必须由三品以上的官员进行推荐，刺史由他自己选拔，为了选好刺史，他把全国各州的刺史姓名写在屏风上，随时记录他们的各种事情，用来作为赏罚的参考。他还规定，地方官每年年末都要来朝廷汇报一次工作，吏部根据汇报和收集来的地方官员政绩，进行品级的评定，优秀的人进行升迁和奖励，政绩差的人进行惩罚和降级。

　　唐太宗李世民时期的宰相班子和唐高祖李渊时期，发生了很大的变化。李渊的门第观念很重，对贵族出身十分看重，看不起布衣出身的朝臣。所以唐高祖时期的朝中重臣大部分都是贵族，比如裴寂、裴矩、萧瑀、封德彝、杨恭仁、陈叔达、窦威等，只有刘文静一个人是出身于庶族。刘文静的父亲本就是官员，勇猛善战，后来因为四处征战而战死沙场，刘文静袭任了父亲的官职，被授仪同三司。但是刘文静最后的下场也并不好。到了唐太宗李世民的时期，虽然他从小生长于显贵家族，也有些门第观念，但是在青少年时期经历了长期的战争，了解到百姓的苦难，又接触到了很多来自底层社会但是才华横溢的人才。本着"唯才是举"的原则，只要是有才有志的人，他都兼收并用，给他们安排合适的职位，让他们充分发挥自己的才干。太子左庶子张玄素就是出身于庶族，还有刑部尚书张亮出身于农家，这样的例子还有很多。

　　唐朝初年，朝廷的官吏大多由武将担任，这些人都是有功之臣，在沙场上领兵打仗是一把好手，但是处理国事政务就开始纷纷挠头。李世民出身于关陇军事贵族，但是他决定选拔一些真正懂得治国方略的人才，来充实各级政权机构。所以到处寻求有才之士，一旦发现就破格录用。他没有受到关中思想的影响，在贞观时期位居相位的有二十五人，不是关陇贵族出身的多达十八人。关陇贵族是北魏时期主要籍贯位于陕西关中和甘肃陇山周围的门阀军事集团的总称，当时为了保障首都平城的安全，在今天的河北北部、内蒙古南部建立了六个军镇，合称六镇。在最初的时候，六镇将士大部分都是鲜卑的贵族，还有一部分是汉族的豪强，到了后期，汉族慢慢成为了六镇中数量最多的民族。这些人定居关中，各种民族互相通婚，慢慢地就形成了关陇贵族集团。西魏、北周、隋、唐四代的皇帝都出自于这个集团。

李世民还要求，五品以上的官员任命要由宰相讨论之后，经过皇帝的批准才行，这些被选拔出来的官员要轮流到中书省任职，在自己需要的时候随时召见。在处理政事的时候，中书省和门下省的官员要相互监督，起草文书的时候也要各抒己见，写好后还要经过中书侍郎、中书令的审查，再送到门下省进行审定，如果有不合适的地方要据理力争，不可以马虎了事。这样既避免了权臣专权和皇帝独断，又保证了各项政策法令制定的准确度。

君心若镜，兼听明偏信暗

在玄武门事变发生之后，有人向李世民告发，东宫有个官员名叫魏征，曾经参加过李密和窦建德的起义军，李密和窦建德失败之后，魏征来到长安，在太子李建成手下做事，还曾经劝说李建成杀掉李世民以绝后患。李世民听后，立刻派人把魏征带来。李世民冷着脸问他："告诉我，你之前为什么要在我和我哥哥之间挑拨离间？你有什么目的？"旁人听李世民这样问，以为是要跟魏征算账，都替他捏一把汗。但是魏征神态自若、不紧不慢地回答说："哎，可惜那时候太子没能把你杀掉，要不然也不会发生这样的事了。"李世民听了，愣了一下，没想到这个人会这样说话，真是胆大包天，但是转念一想，觉得魏征说话直爽，不但没有责怪魏征，反而一挥衣袖说："罢了，这已经是过去的事了，就不要再提了。"

第二章
一代明君，开创大唐盛世
* * * * * *

后来，李世民继位，成为一国之君。他提拔曾经反对过自己的魏征做了谏议大夫。恰好那时，李世民在镇压李建成和李元吉在各地的追随者们，那些人受到各种迫害都在伺机反叛，魏征就此事向唐太宗进谏说："陛下，作为皇上要不计前嫌，以怨报怨无法解决问题，只能让祸根永远都清除不掉。"唐太宗觉得言之有理，采纳了魏征的意见，下令赦免了李建成和李元吉的部下们，并派魏征作为特使，去做安抚工作。这样，一场一触即发的残酷战争很快就和平解决了。从此之后，李世民对魏征更加信任了。

有一次，唐太宗问魏征说："历史上的君王，为什么有的明智，有的昏庸？我看隋炀帝这个人，学问渊博，也懂得尧、舜好，桀、纣不好，为什么干出事来这么荒唐？"魏征说："一个皇帝光靠聪明和学识是不行的，还得虚心倾听臣子的意见，隋炀帝天生聪慧，自以为才高、骄傲自大，说的是尧舜的话，干的是桀纣的事，到后来糊里糊涂，就自取灭亡了。所以要多听各方面的意见，这样可以变得明智，如果只听单方面的话就会变得昏庸，也就是兼听则明，偏听则暗。如果治理天下的君王都能够采纳下面的意见，那下情就能上达，他的亲信想蒙蔽也蒙蔽不了。"唐太宗听完连连点头，赞同地说："你说得真好啊！"

贞观初年，李世民的老部下，汴州刺吏庞相寿因为贪污被人告发，唐太宗极力袒护他，并派人告诉他："我送你一百匹绢，以后不要再贪污了，你还是做你的刺史好了。"魏征知道此事后，当面责问唐太宗说："庞相寿因为是你的老部下就可以不追究他的贪污罪，而且还厚赏他，你做亲王时有那么多的部下，如果他们都像他那样贪赃枉法，你又如何惩治他们呢？"在魏征的谏诤下，唐太宗不得不改变了原来的做法。

贞观二年（628年），魏征担任秘书监。李世民想要将官员郑民的女儿纳为妃子。魏征听说这位女子已经许配了人家，立刻入宫进谏，他对李世民说："陛下，郑民的女儿早已许配给了陆家，您没有详细查问就将她纳入宫中，如果这件事传了出去，该让百姓怎么议论呢？"李世民听后决定收回成命，但是房玄龄等人却坚决要执行诏令。这时，陆家也派人递上了表章，声称之前虽和郑家有资财往来，但是并没有正式订亲。李世民听得半信半疑，又把魏征叫来询问。魏征说："陛下明鉴，陆家之所以否定此事，是因为害怕您以后会用此事加害于他，所以才谎称并未订婚。"李世民最终还是收回了纳妃的诏令。

皇帝自命为"真龙天子"，拥有至高无上的权力，传说龙的喉咙下面有一片逆鳞，摸到的人会被龙咬死，所以批评皇帝也叫作"逆龙鳞"，后果很严重。魏征勇于进谏，直言不讳，是需要很大勇气的。毕竟皇帝身处高位，即使是明君，但总被说也会觉得面子上有些挂不住。唐太宗李世民就曾经跟魏征说："你就不能在一众大臣都在场的时候应付一下，等其他时候单独来提意见吗？"魏征说："以前舜告诉大臣叫他们不要表面服从，背后却有意见。如果臣答应您的要求，以后都当面不说过后再说，那这就是背后有意见，您觉得呢？"

群臣请唐太宗到泰山封禅，只有魏征反对。李世民颇为不悦地问他："你反对我进行封禅，是认为我的功劳不高、德行不够、全国未安、四夷未服、年谷未丰、祥瑞未至吗？"魏征回答："陛下虽有以上六德，但是从隋末天下大乱以来，人口还没有恢复，国库还很空虚，如果您执意要驾车东巡，一路的费用巨大，会给沿途的百姓带来困扰的。您如果只是为了虚名，做这样的事情有什么意义呢？还望陛下三思。"李世民听后无可奈何，虽然有些不高兴，但是魏征说得也有道理，只能听从。

李世民虽然贵为人君，但是对于口无遮拦的魏征也是有些忌惮的。李世民喜欢打猎，计划到秦岭山中打猎取乐，出行的装备都已经准备妥当，但是迟迟没有出行。后来，魏征得知此事，问他为什么没有去。李世民回答说："我之前是有这个想法，但是一想到你得知后肯定觉得劳民伤财，又要直言进谏，所以我就自己打消了这个念头。"有一次，李世民得到一只鹞子，心中十分喜爱，他让鹞子在自己的手臂上跳来跳去，赏玩得正高兴时，魏征进来了。李世民见回避不及，赶紧把鹞子藏到怀里。但这一切早被魏征看到了，他禀报公事时故意喋喋不休、拖延时间。李世民心中着急，但又不敢拿出鹞子，结果鹞子被闷死在怀里。

有一次，李世民到洛阳去，途中住在显仁宫，因为供应不好而大发雷霆。魏征对他说："陛下，隋炀帝因为追求享受，搞得民不聊生，现在您因为供应不好就大发脾气，这跟隋炀帝有什么不同呢？"唐太宗听了他这番话，心里虽然很不高兴，但也注意节制了。又有一次，魏征和李世民因为讨论问题发生了争执，魏征毫不客气地顶撞了李世民，气得他当场退朝。回宫后，李世民余怒未消地对长孙皇后说："我早晚要杀掉这个乡巴佬！魏征竟敢当众说我的不是，让我下不来台，有损帝王的尊严。"皇后听后说："君明则臣直，魏征那么直率，敢于直谏，正说明您的圣明呀。"

贞观十六年（642 年），魏征患病卧床不起，唐太宗李世民和太子李承乾一同到他家探视，发现魏征一生节俭，家里连一间像样的居室都没有，立刻下令把宫中的材料拿来给魏征修建房屋。魏征在生命垂危的时候说："寡妇不在意自己织布的进度和质量，而担忧国家的前途和命运。"李世民听后很感动，当即将衡山公主许配给魏征的儿子魏叔玉。没过多久，魏征病逝了，时年六十四岁。李世民十分悲痛，五天没有上朝，为魏征致哀，他按照一品官礼葬了魏征，让九品以上的文武百官都去奔丧，还赐予了手持羽毛的仪仗队和吹鼓手。但是魏征的妻子说："魏征为官清廉，生活简朴，现在用这么豪华的仪仗队，还用一品官的礼仪安葬，这并不是死者的愿望。"于是统统推辞不受，仅用布罩上车子载着棺材安葬。

失去了直言敢谏的魏征，李世民流着眼泪说："一个人用铜当镜子，可以照见衣帽是不是穿戴得端正，用历史当镜子，可以看到国家兴亡的原因，用人当镜子，可以发现自己做得对不对，我现在少了一面好镜子。"为了纪念魏征，李世民将他的画像悬挂于凌烟阁，亲自撰写碑文，将他葬在昭陵，谥号文贞。

统一经学，树立儒家权威

　　李世民如愿登上了皇位，为了巩固自己的统治地位，他一方面抬高了李唐皇室的家世，另一方面借机抑制佛教。道教在唐代以前虽然也很盛行，但是始终赶不上佛教。在李渊还没有退位的时候，曾有人向他报告，在羊角山上遇到一名道骨仙风的白衣老人，老人说："你去告诉现在的大唐天子，他是我的后人，有我的庇护，今年会天下太平、无灾无祸。"李渊听后顺水推舟，开始宣称老子为李氏家族的祖先，派人去羊角山建立庙宇祭拜，并将羊角山所在的浮山县改名为神山县。第二年，李渊宣布道教第一，儒家第二，佛教第三。宗教的盛行使得寺院道观占据了大量的农耕土地，为了修建、维护这些建筑，官府向百姓横征暴敛，许多百姓被重税逼得纷纷出家当了僧人或者道士。那些地位比较高的僧人和道士甚至可以随意地出入宫廷，和内监、朝臣们结交，扰乱朝政。

　　因此，尽管李世民和父亲李渊对道教的看法是一致的，也将老子尊为李氏家族的祖先，将道教放在佛教的前面。但是在他看来，道教与佛教一样存在着弊端，一旦任由其自由发展，都对国家的发展和自己的统治不利。所以在李世民心中，需要推崇的既不是道教也不是佛教，而是儒家思想。

　　唐太宗李世民在即位之初，就曾对诸位大臣们说："梁武帝父子喜欢浮华，崇尚老子的学说，最终却被侯景幽逼而死。孝元帝在江陵，已经面临了巨大的危机，被重重包围，但他还是不停地讲着老子的学说，让那些身穿军装本该去奋战于沙场前线的武将们也一起听，最后城池被敌人攻陷了，君臣都被抓了起来。所以现如今，朕崇尚的只有尧舜之道、周孔之教，有了这些理论，朕才能如鸟有翼、如鱼依水，如果失去了这些理论的支持，那我将无法一统江山。"因此，李世民在即位后，进一步提高了孔子的地位，李世民下令在全国各州县都设置孔子庙，以孔子为先圣，以颜回为先师。后来，他又下诏，令尊孔子为宣父，在兖州特设殿庙，专门委任二十户人家作为管理员，维持他的供养。此外，唐太宗还曾数次亲自到国学机构去，让那里的祭酒、司业、博士等人进行讲论，讲完后，各自赏赐他们束帛，来自四方的数以千计的儒生都背着书赶到那里。在李世民的大力倡导下，儒学的兴盛达到了前所未有的情形。

从汉代末期以来，由于长期的变乱，儒家典籍大量散佚，留存下来的也章句杂乱，为了适应科举取士和维护全国政治统一的需要，李世民召集了孔颖达等人撰写《五经正义》。"五经"指的是五部儒家的经典著作，即《诗》（《诗经》）、《书》（《尚书》《书经》）、《礼》（《礼记》）、《易》（《周易》）、《春秋》，由于汉武帝执政时期，朝廷正式将这五部书列为经典，并称它们为"五经"。《五经正义》这部书排除了经学内部的门户之见，结束了从西汉开始的各种纷争，摒弃了南学与北学的地域偏见，兼容百家、贯通南北，将西汉以来的经学成果兼容并包，被当作唐朝的经学标准，完成了经学统一的过程。

李世民在没有成为皇帝之前，很喜欢与士大夫交朋友。即位后，他诏令在全国范围内收集各种书籍史册，在弘文殿内收藏了将近二十多万卷的书籍，在弘文殿旁修建了弘文馆，用来存放藏书，广揽天下的文人儒士。李世民打天下依靠的是那些勇猛的武将，但是现在天下稳定，所以他深深懂得，现在守天下更需要的是文官出谋划策，使得天下长治久安。所以李世民任命虞世南、褚无量、姚思廉、欧阳询等人担任学士，给他们安排最好的食宿，经常让他们进入内殿，一起讨论书籍、商量政事，直到深夜时分。他又让魏征、虞世南、颜师古等著名的学者担任秘书监，管理国家的图书馆和藏书，挑选五品以上专于图书的人作为书手，在弘文馆设立检校馆藏的官员，进行缮写、整理、校勘图书，将书籍藏在内库中，让宫人来掌管。除了弘文馆之外，官方的藏书机构还有史馆、司经局、秘书省和崇文馆等，藏书的质量和数量远远超过了前代，被人称作"群书大备"。

为了培养更多通晓儒学的士大夫，李世民还大力兴办学校。当时的学校直接隶属于国子监，被称为国学。他在隋朝时所设立的国子、太学、四门、书学、算学这五学的基础上，又增设了律学，扩大为六学。他还大大广泛地招集天下有才、有志的文人儒士，给他们十分可观的经费，让他们留在学校里教课，大大地充实了师资力量。有了优秀的教师，李世民派人修建学生上课和住宿的地方，增收学员数千余名。当时大唐的国学兴盛之极，各地纷纷修建孔庙，还吸引了高句丽、百济、新罗、高昌、吐蕃等地的贵族子弟入学深造，这些人就是当时的留学生。

在当时浓厚的学术氛围中，除了国学之外，还出现了私学，也就是那时的私立学校。国学是官府办的学校，主要招收官僚子弟，这些人大部分家世显贵，对上学十分不以为然，即使不努力学习也可以拥有普通百姓所不能拥有的特权和舒适的生活，所以这些人中深造成人才的很少，国学有名无实，成为了贵族子弟结交同好、谋取官职的一种途径。私学比较注重实用，授课内容不止限于经学，还涉及了文史和其他内容，比如《史记》《汉书》《昭明文选》等，主要招收那些庶民子弟，他们没有天生而来的权势，所以都十分勤奋好学。李密、杨玄感、窦威、王世充、虞世南、张行成等人都上过私学，王恭、颜师古等人兴办过私学。私学的兴起使得当时的学术氛围十分活跃。

玄奘西行求学，荣归大唐

玄奘法师俗姓陈，名祎，洛州人。玄奘的母亲是洛州长史宋钦的女儿，在他五岁的时候就去世了，他的高祖、曾祖、祖父以及父亲陈惠都曾做过官，但是玄奘的父亲后来辞官回家搞起了儒学研究，没有了收入，

第二章
一代明君，开创大唐盛世
* * * * * *

再加上隋朝末年天下大乱，家里的生活变得非常拮据。为了活下去，玄奘随着二哥住进了洛阳的净土寺，开始拜佛念经。在他十三岁那年，正式削发为僧。

后来，玄奘开始云游各地，到处拜访名师，因此精通各家学说，在他对佛经的研习中，接触到了各派理论，但他深深感到佛教与各家学说差别太大，便下定决心到佛教的发源地印度去，看清到底什么才是佛法的真谛。那时恰逢一个印度僧人来到长安，向玄奘介绍了一位印度法师以及他的《瑜伽师地论》，这更坚定了他的决心。于是玄奘向朝廷申请西行求法，但因为突厥把边境局势搞得很不稳定，所以他的报告没能被批准。

但是朝廷的拒绝并没有打消玄奘西行求法的念头，他决心寻找机会西行。经过两年充分的准备，他混在难民中逃出了长安。那一年，玄奘二十七岁，从这天开始，他便踏上了一条充满危险和未知的道路，因为根据当时的规定，偷偷通过边关的惩罚很重。果然没过多久，朝廷就以偷渡出国的罪名对玄奘发出了通缉令，命人在沿路各县搜捕他。

一个多月后，玄奘抵达了凉州，凉州是当时甘肃河西走廊上的大城市，也是"丝绸之路"上的重镇，为了防备突厥军队的侵扰，凉州都督奉朝廷圣旨封锁边关，禁止任何人西行。当玄奘打算继续西行的时候，凉州的守关官兵阻拦了他，让他立即回京，玄奘顿时陷入了进退两难的境地。但是天无绝人之路，一位叫慧威的和尚帮助了他，慧威是河西一带有名的僧人，他派慧琳、道整两个弟子护送玄奘偷偷出关。由于白天官兵防守森严，于是他们趁着夜色顺着绳索偷爬出城。出关之后，玄奘和慧琳、道整一路风餐露宿、昼伏夜出，几天后到达瓜州。

瓜州刺史十分敬重佛法，于是派人盛情款待了玄奘一行人。此时，凉州都督搜捕玄奘的公文来了，瓜州刺史开始对玄奘的身份产生了怀疑，他将公文拿给玄奘看，问道："公文上通缉的僧人是不是你？"玄奘心中志忑，不敢回答。瓜州刺史又说："不要害怕，我一向敬重佛法，如果你就是玄奘，那我会为你想办法的。"玄奘想了想便将自己西行的目的如实相告，瓜州刺史听了很感动。于是他信守承诺撕掉了文书，让玄奘尽快离开。

玄奘为了避开官府的盘查，不敢走大道，选择了难走的小路。从凉州来的两个僧人相继离开，虽然有个胡人答应与他同行，但是后来因为畏惧，在中途丢下玄奘回去了。玄奘只好一个人硬着头皮继续前行，他穿越了五个烽燧，进入了荒无人烟的大沙漠，在穿越中，他差点儿被卫兵射中。进入沙漠后，虽然没有了官兵的威胁，但是来自大自然的危险更加恐怖。遮天蔽日的大漠风沙不时从他身边裹挟而过，海市蜃楼犹如魑魅魍魉般冲击着玄奘的心理防线。雪上加霜的是，他不小心将水袋打翻了，水洒得一滴不剩。玄奘想到了退却，往回走了十多里，但是想到自己曾经立下过誓言，不到目的地情愿去死，于是又掉转马头，继续朝西而去。玄奘在沙漠里走了五天，没有喝一滴水，终于体力不支昏了过去。半夜的时候，一阵寒风把他吹醒，他挣扎着站起来继续前行，还好自己的马儿在附近找到了水，这才摆脱了困境，走出沙漠，到达西域的第一站伊吾。又过了数日，他来到了高昌国。

在高昌国内，玄奘再次遇到了阻挠。高昌国的国王听说玄奘到来，派遣使臣迎接他，并与玄奘结拜为兄弟，他希望用盛情将这位博学的僧人留在自己身边。但是玄奘的西行之心异常坚定，他用绝食来抗争，连续四天没有吃饭，身体非常虚弱。高昌国王见此情景，知道了玄奘的决心，同意放他走，并且提供了丰厚的物资。临行前，高昌国王要求他讲经一个月后才能走，还让他从印度返回路过，在高昌国留住三年，玄奘答应下来。因为高昌国王的支持，玄奘有了自己的西行队伍，总共三十人。但是在随后的一场大雪崩和高原反应中，很多人都不幸遇难，只剩下玄奘和两个弟子。

其后，玄奘在穿越了二十多个国家后，终于踏上了印度的国土。他在这个世界上最早的佛教大学里，开始了长达十余年的学习。其间，玄奘在一次全国性的辩论大会上声名大噪。以至于当他准备回国时，印度的国王千方百计地想要挽留他，表示只要他留在印度，就为他造一百座寺院，可是这些优厚的待遇都没有动摇他回国的决心。

沿着丝绸之路的北线，玄奘经过高昌国前往长安。按照他与高昌国王的约定，他原本要在高昌国停留三年，但是在途中得知，高昌国王已经去世，所以约定未能实现。两年后，玄奘进入了玉门关，唐太宗闻讯派使臣从长安赶来迎接。等到玄奘一进入长安，沿途上的百姓纷纷夹道欢迎。玄奘回到长安的第二天，唐太宗就在朱雀街陈列玄奘从印度带来的佛经佛像。

唐太宗命宰相房玄龄挑选高僧协助玄奘翻译佛经，玄奘在回国后的十九年中，共译出佛经七十五部，一千三百三十五卷。他既精通梵文，又精通汉语，所以译出的经典既不失原旨，又通顺流畅，便于国人阅读，成为佛教史上与鸠摩罗什、真谛、不空齐名的四大翻译家之一。他还写了一部重要的著作，就是《大唐西域记》，这本书记录了西亚、南亚国家、地区的社会历史变迁和当地的状况，书中的有些资料是其他书中所没有的，这不仅让国人开阔了视野，也为印度考古界提供了大量的史料。

麟德元年（664 年），一代佛学大师玄奘圆寂。下葬的那天，有一百多万人前来送葬，三万多人露宿墓旁。至于玄奘法师的遗骨后来送往哪里，埋葬在何处，现在已经无从得知。

母仪天下，贤德皇后长孙氏

中国古代历史上称职的皇后数不清，但是同时将好儿媳、好妻子、好母亲集于一身的却不多，长孙皇后就是这样一位女子。唐太宗李世民大治天下、盛极一时，除了依靠他手下的一批文臣武将外，也和长孙皇后的辅佐是分不开的。

说起长孙皇后的出身，许多人只知道她是河南洛阳人，隋朝右骁卫将军长孙晟的女儿，唐朝宰相长孙无忌的同母妹妹，却并不知道她其实是胡人的后代，祖先是北魏的拓跋氏，因为北魏孝文帝的姓氏改革，她们家这一支最后改姓长孙。长孙皇后，小字观音婢，八岁的时候父亲就过世了，由她的舅舅高士廉抚养长大。

长孙皇后不仅聪慧过人，而且通达理仪、深谙为人处世之道。她从小就喜欢看书，据说几乎书不离手，甚至连梳妆打扮的时候也手不释卷。父亲在世的时候，对这个聪明伶俐的小女儿十分宠爱，她的婚事，长孙家族自然也是非常上心。她的伯父长孙炽十分欣赏当时的唐国公李渊的妻子窦氏，因为窦氏年幼的时候曾经劝说舅父周武帝，为了北周的大局优待突厥皇后。长孙炽觉得窦氏这样优秀的女子必然会教导出优秀的子女，所以劝说长孙晟为年幼的长孙皇后与李渊家结下姻亲。

可是婚约定下后不久，长孙晟就去世了，那时长孙皇后才八岁。她的哥哥长孙无忌和李渊的二儿子李世民是少时的好友，高士廉见李世民非常有想法，又知道长孙家和李家曾经定下的婚约，便在长孙皇后的父亲丧期满后开始促成此事，将长孙皇后许配给李世民。于是，长孙皇后在十三岁的时候便与当时十六岁的李世民完婚了。先后为李世民生下了三个儿子四个女儿，分别是恒山王李承乾、濮恭王李泰、唐高宗李治、长乐公主、城阳公主、晋阳公主和新城公主。

对于李世民来说，长孙皇后在他身份转变的不同阶段中，都成功饰演了不同类型的妻子。李世民二十岁出头就跟随父亲李渊在晋阳起兵，一路东征西讨、进入关中、建立大唐，随后又和王世充、窦建德等人作战，仅用了短短几年就平定了全国。在这段金戈铁马的岁月中，长孙皇后紧紧追随着丈夫，四处奔波、事无巨细，用尽全力照料他的生活起居，让李世民在繁忙的战事中也能得到贴心的关爱。

李世民登上皇位之后，长孙皇后作为管理六宫的正宫娘娘，对待其他妃嫔宽容大度，不仅不会争风吃醋，还经常规劝丈夫要公平地对待每一位妃嫔。正因为有这样一位母仪天下的皇后，唐太宗的后宫虽佳丽三千，但是十分和睦，这在历史上是极其少有的。

第二章
一代明君，开创大唐盛世
* * * * * * *

李世民和长孙皇后作为夫妻相处了多年，他深知长孙皇后的人品和才能，所以经常和她谈论军国大事。但是长孙皇后却不愿以自己特殊的身份干涉国家大事，她认为应该各司其职，就是该我管的事我管，不该我管的事绝对不插手。当李世民想要听她对某件政事的看法时，她婉言拒绝了："母鸡司晨，终非正道，妇人预闻政事，亦为不祥。"但是李世民却坚持要听她的看法，长孙皇后拗不过，就说出了自己的见解："居安思危，任贤纳谏而已，这就是臣妾的见解。"居安思危和任贤纳谏看似简单，但是能发挥的作用却很大。李世民听完长孙皇后的建议，思考了良久，他发现随着天下大势的基本平定，很多武将都渐渐开始疏于练武。于是为了居安思危，他开始在公务的闲暇时间里，招募武官们进行骑射练习，督促武官们练武艺，用练习成绩作为他们升职和奖赏的重要参考。就这样，唐朝的尚武传统延续了下去，唐代也是历史上外患最少的朝代。

长孙皇后不但很有思想，而且还有过人的智慧。一次，李世民对长孙皇后气愤地说："不杀掉魏征这个老顽固，就不能一解我的心头之恨！"长孙皇后问明了原因，没有说什么，悄悄地回到内室穿上礼服，庄重地来到唐太宗面前叩首，说道："恭祝陛下。"弄得李世民一头雾水，不知道她葫芦里卖的是什么药。长孙皇后继续说："魏征是个耿直的臣子，臣妾听说只有英明的君主才会有这样的人来辅佐，所以说明陛下是一位明君。"李世民听完觉得皇后说的十分有道理，于是消了气，饶恕了魏征。

还有一次，李世民的一匹爱马忽然死掉了，他大发雷霆，打算杀掉那个养马人。长孙皇后没有直接为养马人求情，而是给丈夫讲了一个曾经一起读过的故事："齐景公因为自己的爱马死了，气愤地想要杀掉养马人，晏子就对养马人训斥道：'你把陛下最心爱的马养死了，如果国君因为马死了而把你杀掉，被老百姓知道了，一定会埋怨我们的国君不够宽容，要是再被诸侯们听到这个消息，一定会轻视我们的国家，你真是罪不可赦啊！'齐景公听了这番话，觉得心中惭愧，便赦免了养马人。

陛下，这个故事我们曾经一起看过，您还记得吗？"李世民听完妻子的这番话后心领神会，给养马人免了罪。

除了对丈夫十分体贴外，长孙皇后对年老的李渊也十分恭敬，每天早晚一次请安，还经常提醒李渊身边的宫女悉心照料他的起居，是个十分孝顺知礼的儿媳妇。当李世民和太子李建成之间的矛盾日益加深的时候，由于长孙皇后一直对李渊尽心侍奉，对他的后宫嫔妃也殷勤照顾，所以争取到了他们对李世民的同情之心，消除了他们对于李世民的误解。

作为一位母亲，长孙皇后对孩子们的要求也十分严格。长子李承乾是由乳母养大的，乳母十分溺爱李承乾，她多次要求增加太子东宫的日常用度，对长孙皇后说："太子贵为未来的君王，理应受到天下的供养，但是现在的日常用度捉襟见肘，屋中的陈设和使用的器具都太寒酸了。"但是长孙皇后不为所动，对儿子的乳母说："他身为储君，来日方长，等以后自己打下了功勋，还用发愁器物短缺、用度不足吗？"

长孙皇后所生的另一个女儿长乐公主被李世民视为掌上明珠，长乐公主出嫁时，李世民赏赐的嫁妆比之前其他公主的规格高了很多。魏征觉得此事不妥，向李世民提出了异议。李世民觉得他小题大做，就将这件事转告给长孙皇后。长孙皇后听了颇有感触地说："我以前一直听陛下说魏征是个贤臣，但并不知道缘由，今天我听了他的这番话之后，恍然大悟，他真的是一位非常耿直的贤能之臣，忠言逆耳利于行，良药苦口利于病，如果陛下能明白这个道理，那是国家最大的幸运。"长孙皇后派人给了魏征赏赐，并传口讯说："你真是一个难得的贤臣，希望你能一直这样直言不讳、大胆进言。"

公元636年6月，长孙皇后卧床不起，弥留之际，她对李世民说："我的家族并没什么大的功勋、德行，我恳请陛下今后不要让我的任何一个亲属担任朝廷要职。我死后千万不要厚葬，一切从简就是陛下对我的最大纪念。"一个月后，长孙皇后去世，享年三十六岁，葬于昭陵，谥号文德皇后。

李承乾谋反，聪明反被聪明误

李承乾是唐太宗李世民的嫡长子，出生于太极宫承乾殿，因此取名为承乾。他从小聪慧可爱，深受李世民的喜爱。李世民登基后，当时只有八岁的李承乾被立为太子。后来，太上皇李渊驾崩，李世民为父亲守孝，朝廷政务暂时交给太子管理，当时年仅十七岁的李承乾把国家大事处理得井井有条，从那以后李世民便对他非常信任。

可惜好景不长，由于李承乾得了一场重病，导致腿部严重残疾，身体上的不便让他越来越不自信，开始放任自流，身上的纨绔习气逐渐显露出来。在李世民看来，太子生长在宫廷里，有一些骄奢也在所难免，只要大臣们尽力辅佐、严加劝导，相信太子还是可以成器的。但是李承乾却没能体会到父亲的一片苦心。他跟大臣们玩起了阳奉阴违的变脸把戏，在公开场合，他总是正襟危坐，满口的孔孟之道和忠孝节义。可私下里却终日沉湎于声色犬马。每当大臣们来进谏，李承乾都会主动迎接，大行跪拜之礼，主动进行自我批评，把大臣们精心准备的说辞全都堵在嗓子眼，搞得他们一脸窘迫。

不知从何时起，他忽然迷恋上了突厥习俗，开始说突厥语，穿突厥衣服，甚至住到了帐篷里，每天亲自杀羊。有一天，李承乾对手下说："我假装是可汗，现在死了，你们仿效突厥风俗给我治丧。"说完两眼一闭，往地上一倒。于是侍从们骑马围着李承乾一边转圈一边号丧，依照突厥风俗割破自己的脸。玩得高兴时，李承乾说："等我继承了天下，一定要到金城以西打猎，把头发散开当突厥人。"很快，太子的种种荒诞言行就被大臣们知道了。他们苦口婆心地对太子进行劝谏，可太子一个字都听不进去。

在李唐的宗室亲王中，唐高祖李渊的第七个儿子汉王李元昌和太子李承乾臭味相投，这两个人经常在一起玩打仗的游戏，他们各自统领一队人马，披上铠甲，手里拿着竹枪竹刀冲锋厮杀，手下的人被刺得浑身是血，可是他们却不停下来，依旧玩得不亦乐乎。要是有人表示不愿参加这个游戏，就会被抓起来绑在树上毒打，有的人因此被活活打死。李承乾对李元昌说："如果我今天能当天子，那明日我就在这里安置万人军营，与你一起观看他们战斗，那该有多么好玩啊！如果我是天子，那我就极情纵欲，有胆敢进谏的大臣，我就立刻杀了他们，只要杀几百个人，大家都不敢再提反对意见了。"

　　看着太子李承乾屡教不改，李世民开始失望了，于是心中的天平逐渐向魏王李泰倾斜。李泰在李世民的儿子中排行第四，却是嫡出的次子，如果李承乾被废黜，他就是理所当然的继任者。李泰是个聪明人，当然不会辜负父亲对他的信任。他开始编纂《括地志》。这是一部大型的地理学著作，全面记述了贞观时期的疆域区划和州县建置，博采经传地志，旁求故志旧闻，介绍了各政区建置沿革及山川、物产、古迹，风俗、人物、掌故等。此书经过三年著成。李泰将此书上呈天子，李世民龙颜大悦，命人将书收藏于宫中的秘阁，对李泰大加赏赐，给魏王府的钱物逐年逐月地增加，其数量远远超过了太子李承乾。一些朝臣看在眼里，便向李世民提出了异议。李世民迫于压力，不得不在赏赐上有所节制，收回了让李泰住到武德殿的成命。

　　但是魏王李泰的人气还是不断攀升，许多朝臣和权贵纷纷向他靠拢。短短几年间，李泰就在政治高层中缔结了一个以他为核心的魏王党。可是，天下没有不透风的墙，李泰暗中交结朋党的行为引起了李世民的警觉。在朝中拉帮结派触犯了大忌，所以尽管李世民一直对李泰钟爱有加，但是李泰表现得如此锋芒毕露和迫不及待，让李世民感到了深深的不安，他的态度开始发生重大的转变，逐渐打消了废黜太子的想法。

　　李世民的内心里还是希望把长子李承乾扶上皇位。但是就在李世民开始回心转意的时候，东宫爆出了一桩令人不齿的丑闻。李承乾有一个叫"称心"的小童。这个小男孩只有十几岁，长得十分俊美，擅长歌舞，深得李承乾的宠爱，甚至和他同床共枕。很快就有人把这件事告诉了皇帝，李世民勃然大怒，当即把这名小童抓起来杀掉，把李承乾狠狠地骂了一顿，恨不得马上就把他的太子之位废黜。遭到责骂的李承乾不但没有洗心革面、痛改前非，反而在东宫为称心建了一座灵堂，供起一尊塑像，日夜焚香祭奠，暗中为称心追赠官爵。

对于太子的所作所为，李世民忍无可忍，流露出了废黜之意。李承乾知道自己彻底丧失了父皇的信任。他思来想去，决定孤注一掷，发动政变。他暗中组织了一个刺杀团，有一百多人。他们的任务首先是干掉李泰，然后伺机刺杀唐太宗李世民。为了保证政变成功，李承乾又暗中联络了一帮王公大臣。这些人歃血为盟，发誓同生共死。就在太子集团蠢蠢欲动的时候，齐王李祐起兵造反的消息传到长安。李承乾冷笑着说："东宫的西墙，距大内不过二十步，我们要是想干大事，岂能轮到他一个小小的齐王。"但是李承乾万万没有想到，还没等他们动手，一场灭顶之灾就从天而降。

齐王李祐是李世民的第五个儿子，李祐也是一个沉湎于玩乐的纨绔子弟，李世民派去辅佐他的大臣权万纪是一个性情极端严厉的人。于是，李祐和权万纪的矛盾越演越烈，李祐一怒之下杀了权万纪，他担心父亲会追究，加上部下的怂恿，李祐索性起兵造反。但是李祐的叛乱很快就被平定了，他被押赴长安赐死。李祐死后，朝廷按照连坐之法，追究他在长安的余党，竟然牵连到了太子的手下纥干承基。他被逮捕关进了大牢里，死到临头时，他为了自保，主动上告，把太子党的政变阴谋全都抖了出来。李世民知道后心如刀绞、五脏俱焚。他颁下诏书，宣布废黜太子李承乾，将其贬为庶民，流放到黔州，李承乾在这里过了两年生不如死的日子，最后抑郁而终。

父女反目，明君难断家务事

高阳公主是唐太宗李世民的第十七个女儿，在李世民的众多女儿中，她以非同一般的美丽与聪慧，博得了父皇的赞赏与宠爱。在她十五岁的时候，李世民就精心挑选了宰相房玄龄的次子房遗爱，作为她的驸马。房玄龄受封为梁国公，官任中书令、尚书左仆射、司空等职，统领百司，掌管政务长达二十年，成为李世民建国治国的左膀右臂。高阳公主能嫁入房家，可见李世民对高阳公主相当的重视。房遗爱从小讨厌上学，却有一身蛮力。他借着父亲的权势，成为唐太宗爱女高阳公主的丈夫，因此被封为右卫将军，得到了比其他驸马优厚许多的待遇。

从懂事起，高阳公主就没有受到过指责，所以十分任性，但对于一生中最重要的婚姻，也只能由父皇安排决定，对象不是功臣，就是他们的子弟，公主只是给功臣的一件奖品而已。高阳公主喜欢的是温文儒雅的书生，对房遗爱这种头脑简单一身肌肉的男人根本不感兴趣，从一开始就很不满意，心中开始埋怨父皇，但是又不能反对，高阳公主闷闷不乐，从结婚那天起就不接纳丈夫。

婚后不久的一天，公主和丈夫到长安郊外打猎。公主累了想休息一下，房遗爱和侍从就带公主来到一个草庵。公主一行人走进草庵后，发现里面住在一位正在用功读书的僧人，他就是辩机和尚。辩机出生于武德二年，十五岁出家，师从大总持寺著名的萨婆多部学者道岳。看到贵人突然造访，辩机急忙出来招呼。高阳公主见到这位年轻的僧人穿着粗布衣裳，但是十分英俊儒雅。这位僧人的样貌和气质正是公主心中喜欢的样子，不禁双颊绯红。辩机看到美丽动人的公主也颇为心动。当时辩机只有二十一二岁左右，公主大约是十五六岁。高阳公主让宦官和宫女们把携带的帐床等用具抬进草庵，然后将辩机召了进去，两人立刻陷入了情网之中。就这样，高阳公主和辩机和尚一见钟情，一个忘了皇家身份，一个忘了佛家戒律，如胶似漆地在一起了。

房遗爱怕这件事泄露，就将随从全部斥退，自己担任护卫。此后，在房遗爱的护卫下，公主和辩机和尚继续幽会。为了报答房遗爱的合作，公主送给他两名年轻美丽的侍女和大量的财物，还常在唐太宗面前为他说好话。这对关系特殊的小夫妻倒也相处得和睦，就这样相安无事地生活下去。

时间过得飞快，几年过去了。辩机感到烦恼多于欢乐，他怕万一事情被揭穿，会影响他的声名，使他非常苦恼。但是，一旦与公主相会，他便身心皆醉。矛盾的心理使他痛苦不堪。正在这时，玄奘大师求经归来，奉旨在弘福寺主持翻译取来的经文。在举国选拔译经人的考核中，辩机以渊博的佛学、飞扬的文采、出众的仪容被玄奘法师选中，参与撰写《大唐西域记》。被选为无上光荣的译经者，是解决辩机心中矛盾的一大救星。他借着这个机会摆脱烦恼，专心致力于这项伟大的工作中。在译经的工作中，他比年长于自己的大师们，负责更多的部分，更特别被选为《大唐西域记》的撰写人。作为译经人，辩机将要去弘福寺长住。高阳公主虽然苦苦痴恋，但是为了情人的光荣使命，也只好退让了。临别的时候，高阳公主将自己的玉枕送给情人，让他带在身边。

在两地相思的日子里，高阳公主和房遗爱倒也相处得平平安安。后来，宰相房玄龄去世了，他的长子房遗直继承了父亲的爵位。高阳公主一向讨厌这个大哥，便让房遗爱和他的哥哥分家，房遗直不肯，还将房遗爱痛骂了一顿。高阳公主大怒，便跑到皇宫里，对父皇告房遗直的状，说他常对皇帝口出怨言、心怀不轨。李世民派人调查之后，发现是高阳公主任性胡说，不禁大为恼怒，训斥了她，高阳公主与李世民的关系越来越不好。

贞观末年，长安街上抓住了一名小偷，这件事虽然微不足道，但是所缴获的赃物却非同一般，那是一个镶金饰银、艳丽夺目的女用豪华玉枕，不是一般人所用之物。经过严厉的审问，小偷招供说玉枕是从弘福寺内一个和尚的房间里偷出来的，这个和尚就是辩机。如果小偷盗去的是香炉或文具，就不会有人怀疑，但豪华艳丽的女用枕头却跟和尚没有一点关系。御史台立刻派人把辩机带来询问。最初，辩机态度强硬，坚决不说，但是在严厉的审问下，辩机终于无法隐瞒，坦白说出这是高阳公主亲自赏给他的东西。事情竟然关系到当今圣上的爱女高阳公主，问题就变得不简单了。御史公的奏文送到唐太宗的手里，当得知自己的爱女与一个和尚有了奸情长达八九年，他怒发冲冠，咬牙切齿，立刻下诏要将辩机和尚处以腰斩的极刑。腰斩就是把赤裸的罪人放在一块大木板上，从腰部斩成两段，这恐怕是世界上最残酷的极刑了。

刑场设在长安西市场的十字路口，围观的百姓听说这是难得一见的腰斩极刑，而且罪人身为一名僧人居然和已婚的高贵公主偷情破戒，个个兴奋异常。当时的佛教以大乘为主，属于知识阶层，是贵族文化的一部分。对一般百姓来说，过于高雅难懂，所以佛教在他们心中一直是高高在上的，僧人也是身份高贵的人。由于地位悬殊带来的不同待遇，很多百姓对于身份高的人遭到悲惨结局，觉得十分解气，用来发泄平时的怨气。就这样，深受玄奘、道宣等大乘佛教界高僧期许的年轻才俊辩机和尚，就在群众的怒骂和嘲笑中，被极刑处死。

在辩机惨死之后，高阳公主的很多侍从也被处以斩刑，虽然表面上没有对公主和房遗爱进行处罚，但是无限期地禁止公主入宫，让平时一直颐指气使的高阳公主几乎快崩溃了。她把自己关在卧室里，不许任何人进去，拒绝吃东西，揪发捶胸，撕破衣服，咬破皮肤，日夜号哭。高阳公主的心中充满对父皇李世民的憎恨。

俗话说：江山易打不易守。作为大唐王朝的第三位皇帝，唐高宗李治一直被掩盖在父皇唐太宗李世民和妻子武则天的光环之下，以致一度被后世误解为是一个"懦弱之君"。但是他不但守住了江山，还使贞观时期的不少政策得到了很好的延续，内政和外交都得到了一定的推进，社会持续繁荣发展，成就了有贞观遗风之称的"永徽盛世"，使天下大治。

第三章

天下大治，真懦弱还是假痴癫

太子之争，李治入主东宫

唐高宗李治，字为善，小名雉奴，是唐太宗李世民的第九个儿子，嫡三子，他的母亲是文德顺圣皇后长孙氏。李治出生在东宫的丽正殿。他从小就十分聪慧，宽厚仁慈，兄弟和睦。长大一些后，萧德言作为李治的老师，开始教授《孝经》，李治每天认真学习，时常诵读。有一天，李世民问李治说："这部《孝经》中哪些内容最为重要？"李治回答说："《孝经》中最重要的就是孝，小时候是侍奉双亲，长大后是侍奉君王，君子侍奉皇上，进朝廷想着尽忠，退居在家想到弥补皇上的过错，将顺从其美，纠正其恶，所以最终极的内容是修身。"李世民听后大喜，对李治说："按此行事，完全能够侍奉好父亲、兄弟，成为一个好臣子了。"李治九岁的时候，文德皇后长孙氏去世了，他对母亲的思念之情感动了周围的人，李世民看后十分心疼，多次对他加以安慰，从此特别宠爱李治。但是作为嫡三子，他上面有两个哥哥，所以即使再得宠，按照立长不立幼的规矩，李治也无法当上太子。

在唐太宗李世民晚年的时候，宫中掀起了储君之争，太子李承乾竟然蓄意谋反，这让李世民非常愤怒和失望，为了保证大唐王朝的江山社稷，李世民废黜了李承乾的太子之位。在这种情况下，魏王李泰踌躇满志，自以为太子之位非他莫属。因为无论从哪个方面来看，李泰都最像李世民，有志向、有韬略、有智慧、有才情。而且李泰是嫡次子，李承乾既然已经废黜，那么让李泰来继任太子之位就是理所应当、名正言顺的事情，那些坚持嫡长制的朝臣们也无话可说。所以李世民终于向李泰当面承诺要立他为太子。

但是事情却没有想象中的顺利，大臣们分成了两派。一派力挺魏王李泰，另一派却提出了一个新的人选，就是年仅十六岁的晋王李治。当时一些朝臣私下里对李世民说："陛下，如果您执意要立魏王，那么晋王的人身安全一定会受到威胁。因为魏王一旦当上天子，对他有潜在威胁的所有兄弟都有可能被他斩草除根。"李世民深思了良久，不得不承认这种担忧不无道理。因为以李泰的性格和手段，他极有可能在当上皇帝后铲除所有政治上的异己。所以李世民在犹豫再三之后，终于决定放弃魏王，改立晋王。

唐太宗李世民确立了李治的太子之位以后，开始为他日后做皇帝做了各方面的准备。为了稳固下一任皇帝的统治，李世民召集了长孙无忌、房玄龄、褚遂良等几位忠心耿耿的朝廷重臣，向他们交代了许多事情，让他们能够在新君登基后也忠于自己的儿子李治。为了能让李治尽快成长起来，成为一名合格的储君，李世民在对李治的教育上倾注了大量的心血。上朝议事，他常让太子李治陪伴左右，一起听取朝政，参与政事的讨论，从而得到实质的锻炼。为了树立李治的威信，唐太宗下令让全国的军队都服从于太子的调遣，太子有权处分大将军以下的官员，让李治能慢慢具备治国平天下的能力。

在日常生活中，唐太宗李世民也经常借题发挥。他看见李治在吃饭，就说："你要知道种田的艰难，不要夺取百姓的农时，只有这样才能保证所有人都能有饭吃。"李世民见李治在骑马，就说："你应知道，只有不让马过于劳累，经常让它休息一下，恢复精神，才能常有马骑，如果用在治国之道上，就是减轻徭役，与民休息。"见李治乘船，就说："水能载舟，也能覆舟，百姓就像水，君主就如舟。"见李治在树下小憩，就说："木要以墨绳为准才能正直，君要能够接受劝谏才会圣明。"李世

第三章
天下大治，真懦弱还是假痴癫
* * * * * *

民经常会通过日常中的小事来给李治讲治国的大道理，每次李治听了李世民的教诲，都会恭恭敬敬地站起来，向父亲行礼，表示自己的感激之情，还说要永远地记在心里。

唐太宗李世民在晚年的时候，还亲自撰写了《帝范》十二篇赐给李治，从君体、建亲、求贤、审官、纳谏、去谗、戒盈、崇俭、赏罚、务农、阅武、崇文等方面总结自己当皇帝的治国经验，让李治拿回去好好学习，铭记在心，书中的内容循循善诱，让李治懂得了修身治国的帝王之道。

为了铲除后患，李世民下令解除了李泰的一应职务，降爵为东莱郡王。魏王府的官员，只要是李泰的亲信全部流放到岭南。不久，李世民又改封李泰为顺阳王，将其迁出长安，徙居均州，虽然叫做改封，其实与流放无异。后来，郁郁不得志的李泰死在异乡，年仅三十三岁。

贞观十八年（644年），唐太宗准备讨伐高句丽，命令李治留守定州。等到唐太宗基本确定了发兵日期之后，李治看上去显得十分悲哀，整天都在痛哭，请求驿站飞马传递自己生活工作起居的表章，传递唐军在边境的情况报告，李世民同意了。等到唐军凯旋，李治跟从李世民到了并州，那时李世民生了个大毒疮，李治亲自用嘴替父亲吸取毒脓，扶着车辇步行跟随父亲多日。由于李世民在行军过程中病倒了，身体虚弱，需要静养，所以将一切政务暂由太子代理。然而在李世民的晚年，皇太子李治的主要工作是照看父亲的身体。李世民在寝殿的一侧安置了一处院落，让太子李治居住，李治在父皇的寝宫外陪住了不少时日。贞观二十三年（649年），唐太宗李世民的病情加重，再加上被奸人蒙蔽，服用了一些金丹，丹毒侵体，最终一命归西。

李世民死后，太子李治继承王位，时年二十二岁。在这场惊心动魄的夺嫡大战中，铤而走险的李承乾和处心积虑的李泰最终两败俱伤，反倒意外促成了李治这匹黑马的胜出。

初试皇权，起用罪臣纳贤士

唐高宗李治登上皇位后，非常想治理好自己的国家。他鼓励自己的大臣们多多进谏，尤其是关于国计民生等方面的问题。唐太宗李世民在位的后期，由于身体不适，一般是每隔三天朝见一次文武百官，处理日常政务。但是唐高宗李治为了能够及时解决各种随时遇到的问题，每天坚持上朝，而且一天就召见多达十几个的地方刺史，向他们询问民间的情况，还把这件事作为一项制度制定下来，每天执行。李治就像一块海绵，不断吸取着各种意见。

李治在处理国事的时候，严格遵照父亲唐太宗的遗训，因为唐太宗的言传身教和苦心培养带给他很大影响。他继续推行贞观政治：贯彻均田令，使当时的社会经济进一步发展；以诗赋取士，增加了进士科的人选；让朝臣组织编写《唐律疏义》，颁行全国，进一步完善了贞观时期的法制；出兵平定了西突厥的叛乱，维护了大唐江山的统一；恢复执行唐太宗李世民晚年一度中断的休养生息政策，终结了长期以来对高句丽的战争，使得那些常年在外征战的士兵有机会回到家中，与家人团聚。河东发生地震，以晋州尤其厉害，房屋被损毁，压死了五千多人，而且更为雪上加霜的是，没过多久，这里又连续发生地震，百姓恐慌不已。李治急忙下诏派遣使者前去地震灾区慰问，免除当地的赋税三年，给死伤的人家各赐予绢绸三匹，可谓是顺民心，得民意。

长孙无忌、褚遂良、于志宁等人都是唐太宗时期的重要谋臣，对治国非常有经验。李治重用了长孙无忌和褚遂良，让长孙无忌当太尉，兼任中书令，知尚书、门下二省，长孙无忌辞去了知尚书，担任太尉和中书门下三品。因为受到了皇帝的信任和重用，不免会有人心生嫉妒，于是诬告长孙无忌有谋反的意图。李治听说后没有做任何的调查，便下令把诬告者处死了。李治之所以如此信任长孙无忌，因为自己能够当上太子，再到现在的登基为帝，长孙无忌都起到了至关重要的作用。

除了重用长孙无忌等人之外，李治还调用了唐太宗李世民死前被贬的李勣。李治还是太子的时候，李世民对李勣说："我的儿子刚当上太子，卿原来是他的长史，如今把宫中的事情委托给卿，所以才有这样的任命，委屈了卿的阶位和资历，千万不要埋怨朕啊。"李世民又在闲暇时设宴，请李勣来赴宴，对他说："我准备把年幼的太子托付给大臣，想来想去没有比卿更适合的人了，你过去不遗弃李密，现在难道会有负于朕吗？"李勣留下了眼泪，咬破手指流出血来以表自己的决心。

后来李世民卧病，他对李治说："你对李勣没有什么恩惠，我现在准备贬他为外官，等我死后，你授给他仆射的官职。他就蒙受了你的恩惠，一定会为你鞠躬尽瘁的。"于是李世民派李勣出任叠州都督。等到李治即位，就召李勣入朝拜洛州刺史，接着又加封开府仪同三司，命他任同中书门下，参与执掌机要事务，后来又册拜为尚书左仆射。在贞观年间的时候，唐太宗李世民因为李勣的功勋卓著，封他为凌烟阁二十四功臣，在凌烟阁上为他画像。到了李治统治的时期，他命令为李勣画了新的像，还亲自为画像作序。

永徽六年（655年）的时候，唐高宗李治想要废掉王皇后，立昭仪武氏为皇后。但朝中大臣强烈反对，因此李治问李勣说："朕打算立武昭仪为皇后，褚遂良固执己见认为不可，他是顾命大臣，这件事应该怎么办呢？"李勣毫不犹豫地回答说："这是陛下的家事，何必问外人呢？"于是李治坚定了废王立武的决心，而李勣也因此得到了李治和武皇后的信任。后来，李治要东封泰山，让李勣为封禅大使。途中在滑州住宿，李勣的姐姐很早就守寡了，住在李勣的旧宅，武皇后亲临她的住所慰问，赐给她衣服，还封她为东平郡君。李勣坠马伤到了脚，李治还亲自过问，把自己骑的马赐给了李勣。

为了培养自己的统治集团成员，唐高宗李治可谓是费尽心思、用心良苦，由于他不计前嫌起用罪臣，广纳贤士重用施恩，因此获得了一批忠心耿耿的得力辅臣。

高阳之乱背后的政治逻辑

李治当上皇帝后，重用了作为舅舅的长孙无忌来辅政。长孙无忌虽然很有才能，但是很快就露出了种种弄权的迹象，甚至不惜制造冤案来铲除身边的异己，吴王李恪便是其中的牺牲品之一。

李恪是唐太宗李世民的第三个儿子，杨妃所生，相貌英俊，文韬武略。李世民生前很喜欢李恪，常说他很像自己，有过想要立他为太子的打算。作为当时大臣的长孙无忌立即反对，因为他是长孙皇后的哥哥，反对是因为吴王并不是自己的妹妹长孙皇后所生。李世民晚年的时候，健在的开国功臣已经不多，长孙无忌兼有开国功臣和皇亲国戚的双重身份，所以李世民非常信任他。李世民作为一个雄才大略的皇帝，在立太子这件大事上，虽然没有被后宫所干扰，却不得不遵从重臣的意见。最后听从了长孙无忌的劝说，立晋王李治为太子。但是吴王李恪的名望很大，长孙无忌为此十分妒忌，认为他是一个很大的后顾之忧，所以一直在找机会诬陷他，在后来发生的高阳公主谋反案中，长孙无忌抓到了李恪的把柄。

高阳公主是唐太宗李世民的第十七个女儿，因为深受宠爱，所以从小就娇蛮专横，曾与辩机和尚私通，事发后，辩机被腰斩而死。唐太宗李世民狠狠地责骂了高阳公主，不许她再进宫，高阳公主一直心中不忿，对李世民怀恨在心。李世民去世的时候，高阳公主一滴眼泪都没有掉。

到了唐高宗李治即位后，他曾专程去拜访高阳公主的府邸，想要缓和关系。但是高阳公主并没有因此对这个新皇帝产生好感，反而觉得李治生性软弱，难成大气候。竟然和丈夫房遗爱商议，一旦天下有变，拥立荆王李元景为皇帝，因为房遗爱的弟弟房遗则娶了李元景的女儿。他们暗中联络了与唐高宗李治不和的薛万彻、柴令武和霍国公柴绍的次子，想要等待时机起兵造反。

但是没想到的是，很快消息就泄露了，被长孙无忌得知，房家遭受灭顶之灾，蓄意谋反的一干人都被逮捕起来。唐高宗李治派长孙无忌审理此案，长孙无忌借此机会将眼中钉吴王李恪也牵连进来。长孙无忌把房遗爱和高阳公主判处死刑，其余参与他们计划的人，包括荆王李元景、驸马都尉柴令武、巴陵公主、武安郡公薛万彻、驸马都尉等人，还有无辜的李恪，都被处死。薛万彻是唐初的名将，曾经率领军队击败窦建德、刘黑闼、突厥、薛延陀、高句丽、吐谷浑等敌人，他死前大喊："薛万彻大健儿，留为国家效死力固好，岂得坐房遗爱杀之乎！"刽子手大惊失色，第一刀没砍准，薛万彻大吼："用力啊！"刽子手连砍三刀才斩下了他的首级。

长孙无忌借着这个机会大开杀戒，清除政敌。由于房玄龄在世时是长孙无忌的竞争对手，长孙无忌一直怀恨在心，这次他在高阳公主谋反案中清算了房玄龄的后人。房遗爱被处死后，他的兄长梁国公汴州刺史房遗直、三弟朝散大夫房遗则、四弟谷州刺史房遗义都被流放。李恪被诬陷处以死刑，临死前他大骂长孙无忌，说他是"窃弄威权，构害良善"。李恪的兄弟蜀王李愔被流放到巴州，贬为庶人。唐高祖李渊的侄子，战功卓著的江夏郡王李道宗也被流放到象州，并在途中病死。此外，与房遗爱交往比较多的宰相宇文节、安国公执失思力、谯国公柴哲威、尚书奉御薛万备等也全部被流放。

这场由任性的高阳公主引起的谋反案，却成为了长孙无忌和褚遂良清除政敌的大好时机，这背后的政治逻辑引人深思。这次的惨剧牵连了太多的宗室成员，皇亲国戚里堪用的人才如李恪、李道宗、薛万彻、执失思力等人都没能逃脱牵连，对唐朝皇室产生了很大的影响，以至于后来武则天上台残害李唐宗室的时候，已经没有人能站出来阻止了。但是人算不如天算，长孙无忌和褚遂良这两个费尽心思残害忠良的人，也没能落得个好下场，最终被武则天处死了。

永徽之治，承父贞观遗风

唐太宗末年，一场辽东战役使繁荣兴盛的贞观之治出现了危机。等到唐高宗李治登基后，江浙一带就爆发了陈硕真领导的农民起义。为了改善当时的紧迫状况，李治急下令："不再继续打辽东之役了，兴修土木的工程也一律停止，所占百姓的田宅也还给他们，让百姓休养生息吧。"李治还把唐太宗时的三日一朝改为一日一朝，勤勉执政。李治很有知人之明，重用了唐太宗的旧臣李勣、长孙无忌、褚遂良，还把很多贤臣，比如辛茂将、卢承庆、许圉师、杜正伦、薛元超、韦思谦、戴至、张文瓘、魏元忠等人采纳提拔，这些人中有受到其他重臣打击的，有被唐太宗冷落的，还有之前犯下罪过的。但是李治不计前嫌，只要有才就为己所用，君臣齐心，依照唐太宗时的法令严格执行，颇有唐太宗时贞观之治的遗风。

李治统治期间，全国人口从贞观年间的三百六十万户，增加到永徽年间的三百八十万户。在他统治后期，由于洪水、干旱、虫灾等灾害接踵而来，唐朝开始了持续多年的欠收，谷物严重短缺，粮价之高，前所未有，李治不得不禁止酿酒，还大量减少铸造新币，对私铸的惩办也比以前更加严厉。与此同时，政府周期性地从中央谷仓中拿出谷物以低价卖出，甚至用谷物换回私铸钱。这种在物资供应充分时以高于当时市价的价格买回商品，物资短缺时再以低于市价的价格卖出的方法，使物价浮动保持在一定的限度内。

永徽二年（651 年）的时候，李治让长孙无忌等人在《贞观律》的基础上进行修订。最终，新撰律十二卷，就是《永徽律》。在当时中央、地方在审判中对法律条文理解不一，每年科举考试中明法科考试也没有统一的权威标准的情况下，李治在永徽三年又下令召集通晓律学的人才和一些重要臣僚，对《永徽律》进行逐条逐句的解读。历时一年之久，撰写了《律疏》三十卷，和《永徽律》合编在一起。经过李治的批准，将疏议分附于律文之后颁行，分为十二篇，共三十卷，称为《永徽律疏》，又名《唐律疏议》。这是中国现存最完整、最古老的一部封建法典。由于疏议对全篇律文作出了权威性的统一法律解释，给实际司法审判带来便利。因为永徽年间有了清楚明白的律法解释，执法状况变得十分公正，犯罪率较低。有一次，大理寺卿唐临向李治报告说："陛下，现在监狱中在押的犯人只有五十多个，其中只有两人需要判处死刑。"李治听后十分欣慰。

除了修订法典，李治还重新建立了科举制度，中举和应试的人数开始迅速增多。李治还通过科举考试起用了很多贤能的官员。在被他重用的朝廷重臣中，有很多人是以这种方式走上仕途的。但是九品中正制的影响还是很大的，更多的人还是通过士族地主的地位当了官。

在唐太宗李世民统治时期，波斯萨珊王朝被阿拉伯入侵摧毁。波斯国王派使团向唐太宗求援，想要联合抵抗阿拉伯人，率领使团而来的波斯王子在长安定居。在后来的唐高宗李治的统治时期，波斯王子成立了波斯人的流亡政府。李治还允许他在长安建造一座祆教寺庙。李治还派出军队，想要帮助波斯王子重新获得王位。但是唐朝军队护送波斯王子最远只能到达龟兹。其后，波斯王子复位的企图失败，他再次回到了长安，一直到死。除了波斯王子，还有大批的波斯少数民族滞留在长安城中。唐高宗时期，中国第一次与阿拉伯人建立了联系，当时的阿拉伯国王派出了第一个阿拉伯使团前往长安，向李治贡献了各种珍宝，促进了文化交流，使造纸术传入了阿拉伯。

唐高宗李治总共在位三十四年，前六年的年号是永徽。"永徽之治"就是指唐高宗李治统治时期的一段盛世。由于他的决策正确，并且手下的战将十分勇猛，所以平漠北、西突厥、百济、高句丽等地，解除了唐朝一直以来的很多心病。在唐代版图中，以唐高宗李治在位时最大，东起朝鲜半岛，西临咸海，北包贝加尔湖，南至越南横山，一共维持了三十二年。

废后王氏，宫廷斗争的牺牲品

唐高宗原本的正宫娘娘是王皇后，出身于太原王氏，高祖父王思政是西魏的将领，官至尚书左仆射，她的父亲王仁祐是唐朝官员，担任罗山县令。王氏与唐朝皇室是旧亲，唐高祖李渊的妹妹同安公主是王氏的叔祖母，王氏的母亲魏国夫人柳氏的叔母是唐高祖的外孙女。所以王氏出身显赫，既是西魏重臣的后裔，其父母两族又都是唐朝皇室的姻亲，她的家族属于关陇贵族军事集团。

王氏从小就容貌出众，性格温顺善良，同安公主很喜欢这个小姑娘，就告诉唐太宗李世民，李世民便将王氏许配给了太子晋王李治为王妃，并提拔了她的父亲王仁祐担任陈州刺史。唐太宗对这个儿媳妇非常满意，他对宰相长孙无忌和重臣褚逐良说："佳儿佳妇，托付给卿。"唐太宗去世后，李治继位，成为了唐高宗，他正式册立王氏为皇后，她的父亲王仁祐被封为魏国公。当朝中书令柳奭是王皇后的亲舅舅，所以王皇后的实力和势力都非常强大。

按理说，王皇后应该非常受李治的宠爱，然而性格决定命运。尽管王皇后容貌俊美，但是严肃刻板，不苟言笑，也不会在丈夫面前小鸟依人般撒娇，对宫女和太监更是没个笑脸，目空一切，高傲无比，是个地道的冰山美人。王皇后因为没有亲和力，总是不冷不热的，让人猜不透她心里想的是什么，所以唐高宗李治并不怎么喜欢她，夫妻之间相敬如宾，客气得不像是亲人。

李治作为皇帝，后宫自然是佳丽三千，个个都活泼可爱、容貌动人，萧淑妃就是其中一个。萧淑妃的性格泼辣热烈，敢爱会爱，出身和容貌也不比王皇后差，还给李治生了两个女儿一个儿子，李治更加宠爱萧淑妃了。王皇后看到萧淑妃受宠，心里十分不平衡，经常在李治面前说萧淑妃的坏话，甚至哭闹抱怨，李治十分厌烦，更加疏远她了。

王皇后没有就此放弃争宠，她开始想办法让李治重新回到自己身边。王皇后在得知李治经常去感业寺幽会尼姑武才人时，决定接回武才人。她觉得这样做李治会感念于她，武才人也会把她当作救苦救难的活菩萨。王皇后真正的目的是让武才人和萧淑妃争宠，等到萧淑妃失宠后再收拾武才人，等到把武才人杀掉或者撵出宫后，李治就会专宠自己了。王皇后心中的小算盘打得很好，但是她低估了武才人，接回武才人的决定，对于王皇后来说，等于自掘坟墓。

武氏进宫后，被唐高宗李治封为昭仪，十分宠爱，以致于后来竟打算废皇后王氏为庶人，立昭仪武氏为皇后。朝廷的元老重臣如长孙无忌、褚遂良等，均因为反对立武氏为皇后而遭到贬逐或者杀戮。很多人认为废王皇后立武氏这件事是因为高宗的昏懦。其实这件事没有那么简单，而是与唐高宗李治即位之后的政治形势密切相关，废立皇后只是当时政治交锋的一个焦点。

李治的父亲李世民在去世之前，对儿子的能力不太放心，所以让他最信赖的两位宰相长孙无忌和褚遂良作为顾命大臣，吩咐他们尽心辅助李治。长孙无忌是李治的舅舅，也是当年玄武门之变的重要策划者，是贞观年间的头号重臣。褚遂良以文才著称，当年极力主张立李治为太子，是一个公认的正人君子。

初登王位的李治，刚刚二十出头，正是血气方刚的时候，虽然他的父亲与两位大臣有着很深的交情，但是自己与他们并没有多少感情可言。相反，在这两位大臣的辅助下，李治做事的时候常常会有束手束脚的感觉。长孙无忌和褚遂良总是倚老卖老，对他指手画脚。这让李治产生了想要摆脱他们控制的愿望。摆脱控制的第一步就是增补张行成、高季辅、李勣为宰相。李勣等人曾是李世民的亲信，但后来被贬。李治此举的目的是想分长孙无忌和诸遂良的宰相大权，从而培植忠于自己的势力。李治借着一件小事就贬褚遂良为同州刺史，同时封王皇后的母舅柳奭为中书侍郎，企图用自己的外戚与自己父亲的外戚争权。

但是没过多少时间，形势发生了变化。褚遂良因为没什么大问题，又回来继续当宰相。后来，大臣们向李治提出了立太子的事情，事情的起因是柳奭和王皇后想立陈王李忠为太子，李忠的生母刘氏出身低贱，是宫中的宫女，因为王皇后无法生育，便收养了李忠，所以主张立刘氏所生的李忠为太子。柳奭知道这件事只靠自己是做不成的。于是和褚遂良、长孙无忌、韩瑗、于志宁等商量后一起上书。李治知道以后十分失望，因为自己提拔柳奭、于志宁等人，原本是想用他们来分长孙无忌和褚遂良的权，现在柳奭却与长孙无忌他们站在同一战线上，而且还有王皇后的呼应。

年少气盛的李治自然不会轻易罢休，这时他已下定决心，要除掉随时牵制他的一帮老臣，因为随着柳奭向长孙无忌等人的靠拢，王皇后已经逐渐成为唐高宗和元老重臣们相争的焦点，所以李治要废掉已成为自己对立面的王皇后。李治主意已定，便召集众大臣商量废后之事。褚遂良坚决反对，李治就马上贬他为潭州都督。长孙无忌也多次上书谈到不能立武后，李治先是拉拢他，秘密派人赐给他金银珠宝，但是长孙无忌不领情，李治先是贬他到黔州，接着又派人去审问他的案件，最后认为长孙无忌要谋反，就下令让他自尽了事。王皇后被废之后，没有得到善终，下场十分凄惨。废黜皇后事件的背后，其实是一场惊心动魄的政治斗争，王皇后作为这场斗争中的一枚棋子，成为了宫廷斗争的牺牲品。

权力对决，舅甥的恩怨较量

长孙无忌可谓是唐朝初年的风云人物，从唐高祖李渊开创大唐，到唐太宗李世民喋血玄武门，再到唐高宗李治顺利即位，都浸润着长孙无忌的智慧和谋略。长孙无忌作为李世民之妻长孙皇后的哥哥，李治的亲舅舅，对大唐算是忠心耿耿的，因此也备受这三任皇帝的礼遇和厚待。李渊在位时，封他为齐国公。李世民临死前对大臣们说："我能拥有天下，长孙无忌有很大功劳啊。"李治即位后，封他为太尉，同中书门下三品。

作为唐太宗的第九子，李治除了嫡子这一优势外，性格柔弱的他能当上皇帝，全靠舅舅长孙无忌从中周旋。唐高宗在位期间最大的政治事件，莫过于废黜王皇后了。李治虽然比较懦弱，性格温和，但在废掉王皇后，改立武氏为皇后的问题上却相当果断。为了铲除阻挠自己立新皇后的障碍，李治找了各种原因杀掉了那些持反对意见的大臣们。

但是对于血脉相连的亲舅舅，李治不敢轻举妄动、狠下毒手，所以先是试图拉拢他。李治秘密派人赐给长孙无忌一车一车的金银珠宝，还给长孙无忌的儿子封了官，但是长孙无忌就是不领情，还给前去办事的人一个白眼。李治知道后，心中十分恼怒，舅舅长孙无忌这种油盐不进、不近人情的冷漠态度深深地刺痛了他的心。李治虽然老实，但他毕竟是至高无上的皇帝，他决定的事，谁出来反对都是螳臂当车。正巧这时，李勣对李治说："立谁当皇后，那是皇帝自己的事，别人何苦来添堵呢？"这番话简直说到了李治的心坎里，有人赞成自己的想法，唐高宗李治毅然决然地废黜了王皇后，立武昭仪为新皇后。

木已成舟之后，李治并没有就此罢休，对于那些之前一直反对他废后立后的大臣们，他开始了秋后算账。褚遂良被数次降职，韩瑗、来济被贬到边州永不许进京，于志宁、柳奭被彻底免职。在这场政治风波中，产生了两派针锋相对的政治势力，即以许敬宗、李义府等人为代表的支持派，和以长孙无忌、褚遂良等人为代表的反对派。许敬宗、李义府等人虽然在政治上比较失意，但他们善于见风使舵，看到李治对武则天的眷恋之情，便投奔到武则天麾下，为武则天当皇后摇旗呐喊。长孙无忌、褚遂良等人是一批元老重臣，功劳大、根基深，从内心里反对出身寒微、当过尼姑、心狠手辣的武则天当母仪天下的皇后。两派之间的实力悬殊，胜败很容易分晓，但是当李治铁了心非要立武则天为皇后时，胜败就已经注定了。

长孙无忌的羽翼被一个个剪除了，他见识到了李治的厉害。通过册立新皇后的成功，李治领略到了皇权的所向披靡，心中十分得意。因为当皇帝的这些年来，李治一直生活得比较郁闷，好多事情都是由舅舅长孙无忌替他操办的，无论自己多么努力，做了些什么了不起的事情，都会被父亲唐太宗李世民的影子笼罩，比如令他颇为得意的"永徽之治"，也被看作是"贞观遗风"。李治不想一辈子活在唐太宗的光环中，他不想自己的功绩被掩盖，更不想处处掣肘于长孙无忌。

尤其是随着年龄的增大，那种独揽朝纲的信念就越来越强烈，那种想要摆脱控制的意愿就越明显。废立皇后成了李治和舅舅长孙无忌之间矛盾激化的焦点。尽管长孙无忌现在失去了羽翼，但是他在朝野纵横了多年，影响力依然举足轻重。所以李治清楚，要想自己一言九鼎，就必须要除掉舅舅长孙无忌。

但是唐高宗李治一向以仁孝著称，长孙无忌作为自己的舅舅，毕竟是长辈和亲人，他还是狠不下心来对亲舅舅实施生杀大权。但是机会总会有的，在皇权专制的制度下，谁要是沾上了谋反的边，无论是皇亲国戚，还是宗室王公，统统没有好果子吃。

显庆四年（659年），中书令许敬宗为了迎合唐高宗李治，派人上奏称监察御史李巢与长孙无忌谋反，朝野一片哗然。对于这件事情，李治先是表现得非常吃惊，紧接着又表现出很难过的样子。可他既没有找来长孙无忌当面对质，也没有做任何的调查取证，就把亲舅舅发配到了黔州。三个月之后，李治又派人复查此案，长孙无忌被逼自杀，享年六十三岁。

长孙无忌死后，朝中再也没有人能与皇后武则天抗衡了。于是，武则天开始染指朝政。唐高宗李治逼死了自己的亲舅舅长孙无忌，为的就是独掌朝廷大权，但哪里想的到，最终却被自己心爱的皇后武则天将权力架空了，在这场舅甥的争斗中，落得个鹬蚌相争渔翁得利的结果。

帝后争锋，拱手让江山

唐高宗李治在册立武则天为新皇后的一段时间里，心情非常好，因为皇后不仅端庄美丽，而且对自己百依百顺、小鸟依人，这正是他心中理想的皇后形象。显庆五年（660年）之后，高宗经常头晕目眩，两眼模糊，影响到了政务的处理。因为皇后天资聪慧，所以李治让她帮着自己处理政务，武则天乘机插手政治，开始参与国家大事，还拉拢了一批心腹之臣。

刚开始，李治见皇后把政务处理得井井有条十分欣慰，也对她非常放心。但是慢慢地，武则天开始控制李治，李治的一举一动都被武则天的眼线监视着，李治察觉出皇后有了主导政局的趋势，甚至一度产生了废后的打算。但是没想到的是，他的计划竟然被武则天知道了。武则天是何等聪明之人，他太了解自己这位软弱的丈夫了，于是装作柔弱的模样，眼中带泪地向李治解释说："陛下，臣妾只是见你身体欠佳，十分担心，才时时派人跟着您，并不是想要监视和控制，臣妾冤枉。如果您觉得把政务交给臣妾协助不放心的话，臣妾可以不管，还可以落得个清闲，臣妾只是想替您分忧，现在却被自己的夫君怀疑，被别人说三道四。"李治看着梨花带雨的皇后，心又软了下来。于是事情就这样结束了，但是协助李治拟诏废后的上官仪却被武则天怀恨在心，落得个灭族诛杀的下场。

武则天逐渐掌握了朝政，李治在她的建议下使用天皇称号，与天后武氏并称"二圣"。武则天为了取得政权，想尽一切办法显示自己的政治才能。她向李治提出了建言十二事："劝农桑，薄赋徭；给复三辅地；息兵，以道德化天下；南北中尚禁浮巧；省功费力役；广言路；杜谗口；王公以降皆习《老子》；父在为母服齐衰三年；上元前勋官已给告身者无追核；京官八品以上益禀入；百官任事久，才高位下者得进阶申滞。"这十二条建议涉及的范围很广，与政治、经济、军事、社会各方面都有关系，可见武则天确实有相当的政治才能。

上元二年（675年），李治患的目眩症更厉害了，很难再处理朝政，便与大臣们商议，准备让武则天正式摄政。宰相郝处俊说："陛下，您为何不将高祖、太宗的天下传给子孙呢？委任给天后并不可行啊。"李

第三章
天下大治，真懦弱还是假痴癫
· · · · · · ·

治听后觉得有些道理，所以暂时停议。武则天知道后，召集了一些文学之士撰写《列女传》《臣轨》《百僚新戒》《乐书》等千余卷书籍，密令参决百官疏奏，以分宰相的权力。虽然李治和武则天共同商议政务，但是李治仍掌握着实权。在他执政期间，武则天的支持者先后倒台，她的政敌受到了李治的任用，拟定《内训》和《外戚诫》等，用来压制武家人兴风作浪，武则天对此十分气愤，但又无可奈何。

武则天当上皇后并不满足，她废掉了以前的太子李忠，将自己的亲生儿子李弘立为太子。但是因为李弘为萧淑妃的女儿求情，引起了武则天的不满。后来，李弘忽然死了。武则天又立了自己的第二个儿子李贤为太子，李贤喜欢练武，天资聪明，李治非常喜欢这个儿子。但是武则天对权力非常渴望，所以她担心李贤会成为自己掌权的一个障碍。于是，她找了个借口将自己的儿子李贤贬出了京城，后将他赐死。武则天最终决定将儿子李显推上太子之位，这个儿子生性庸懦，可以成为一个很好的傀儡。

永淳二年（683年），李治移驾奉天宫。当时武后从泰山封禅以后，劝李治封中岳，李治因患病而终止。李治苦于头痛，每天痛苦不堪，侍医秦鸣鹤说："把头微微刺出血来，可以治愈头疼。"武则天听后，在帷帐中对侍医说："你竟敢在陛下头上刺出血来，真是大胆，应该拖出去斩了！"李治说："我苦于头痛，刺出血未必不妥，没准真的管用呢，还是试一试吧。"侍医就用针刺李治的百会穴，过了一会，李治说："我的眼睛好像变得明亮了。"但是过了不久，李治的病情还是加重了，他诏命皇太子李显代理国政，让裴炎、刘齐贤、郭正一等人在东宫任同平章事。

尽管唐高宗将皇位传给了太子李显，从表面上看，似乎保住了李氏江山，但是当时朝廷的政权已经被武则天架空了，所以传位给李显也改变不了实质问题。李治从一开始的废黜王皇后、册立武皇后，就走错了棋，到后来让武则天协助自己处理政事，委政于武后，更是错上加错，无异于拱手让江山。

同年十二月，李治诏令改永淳二年为弘道元年，将要宣布赦免之书。他想亲自到则天门楼，由于气不顺而不能上马，于是召集百姓在殿前宣读赦免书。礼毕，李治问侍臣："百姓高兴吗？"侍臣回答："百姓承蒙皇上赦免，全都感激涕零、欣喜若狂。"李治说："百姓虽然高兴，但是我的性命是不久了，如果神灵能够延长我一两个月的生命，让我能够回到长安，那么我死也没有遗憾了。"但是事不遂人愿，当天晚上，李治就在贞观殿去世了，终年五十六岁，谥号天皇大帝，庙号高宗，安葬在乾陵。

不忍細读的大唐史

　　武则天，是中国封建历史上第一和唯一的女皇帝，也是即位年龄最大、寿命最长的皇帝之一。这朵女帝花在鲜血淋漓的宫廷斗争中傲然绽放，在她执政的近半个世纪中，国富民安、经济兴盛，上承"贞观之治"，下启"开元盛世"。唐中宗李显和唐睿宗李旦都是武则天的亲生儿子，他们在位期间全都软弱无能。李显酿成了皇后韦氏干政的恶果，导致政局动荡不安；李旦陷入了太平公主和太子李隆基的权力斗争之中，最终将皇位让给了李隆基。

入选宫廷，武家有女初长成

　　武则天是唐朝开国功臣武士彟的第二个女儿，生于公元 624 年，山西文水人。武则天的母亲杨氏出身于名门望族，武则天的外公杨达在隋朝时就是宗室宰相，到了唐朝，杨家也还算是显赫的宗族。她的父亲武士彟原本是一位木材商人。但是武士彟年轻的时候就是一个很有野心的人，正赶上隋炀帝统治时期，隋炀帝好大喜功，喜欢到处修建离宫别馆，特别是他修建东都洛阳的时候，对建筑木材的需求量特别大。武士彟是个精明人，他看准了这个商机，开始做起长途贩运木材的生意，借此发家，一夜暴富。但在当时，人们对于商人有很多歧视，因为他们认为商人总是投机取巧，没什么真本事。武士彟不愿意这样一辈子老遭人鄙视，所以就去从军了。后来结识了李渊，为李渊反隋建唐提供了物质上的资助。李渊登基后，封武士彟为开国功臣，经过几次升迁成为三品的工部尚书，主管工程水利建设。

　　尽管武士彟做了官，但是却不能改变他的家族出身。因为按照当时的门阀观念，所谓的名门望族都是指在一百多年间一直控制着西魏、北周和隋朝政权的关陇集团家族的人，只有这些人才能获得朝廷的认可，才有资格在朝廷中担任重要的官职。武则天父亲的经历和官位，虽然是跻身于士族之列，但论其血统出身，武家只是寒微之族。后来唐太宗李世民在修订《氏族志》的时候竟然没有把武姓列入其中，于是社会上也开始攻击武家是下等族姓，甚至连突厥人都称："武，小姓。"武家就这样被排斥在贵族之外了，所以武氏家族要想取得较高的权力和职位，希望渺茫。

武则天就在这样一个既有上流社会的荣华富贵，又有着寒门微族历史出身的家庭里长大的。这种上流社会的生活刺激了她的权势欲，而寒门微族的出身又使她无法实现攫取权势的欲望。武则天从小就在这种矛盾的心理状态下成长，渐渐养成了仇视名门士族，对权势和名望不屑一顾，却又不惜用一切手段来攫取权力的性格。

武士彟去世后，武则天的同父异母兄长武元庆、武元爽，经常欺负杨氏母女。正巧这时，唐太宗李世民的皇后长孙氏已经去世两年了，他开始在天下物色美女。武则天年仅十四岁时，容貌秀美，清丽脱俗，于是她被召入宫中。武则天入宫之前向寡居的母亲杨氏告别，母亲舍不得心爱的女儿，一直哭哭啼啼，武则天对母亲说："侍奉当今的天子，是女儿的福分，母亲您为何要哭哭啼啼的呢？"武则天初入宫廷，被封为五品才人，赐号武媚。

唐太宗李世民有一匹俊马名叫狮子骢，健壮任性，没有人能驯服它。武则天对李世民说："陛下，我能制服它，但需要有三件东西，第一件是铁鞭，第二件是铁棍，第三件是匕首。我先用铁鞭抽打它，如果它不服，我就用铁棍敲击它的脑袋，要是它还不服，我就用匕首割断它的喉管。"李世民听后觉得眼前这位满脸稚气的小姑娘十分泼辣可爱，夸奖武则天有胆量，有志气。

又过了一段时间，唐太宗李世民发现武则天不仅十分有胆量，还很有学识，而且很懂礼仪，便将她调入了御书房，让她为自己侍候文墨。这一变更使武则天有机会开始接触皇家公文，了解到一些宫廷大事，并能读到许多不易得见的书籍和典章。武则天聪明好学，借着这个机会眼界大开，慢慢地通晓了官场政治和权术。尽管唐太宗李世民很看重武则天，但是却并不宠爱她，武则天做了十二年的才人，也没有为李世民生出个一子半女，地位始终没有得到提高。

在唐太宗病重期间，太子李治十分孝顺，亲自端着汤药到父亲榻前，不离左右。李世民见李治太过劳累，叫他去休息一会，李治都不愿意。他忧思父亲的疾病以至于生出了白发，李世民见到后感动得老泪纵横，不禁说："你能如此孝顺我，我就算死了也没有遗憾了。"李治的确是个好孩子，性情温和、柔情脉脉。在他小时候，母亲长孙皇后就去世了，当时只有九岁的李治悲痛欲绝。可能跟这段儿时经历有关，李治长大后对年长的女性有很强的依赖心。后来，父亲请薛婕妤给他当老师，薛婕妤在一定程度上扮演了李治母亲的角色。李治对薛婕妤非常依恋，李治当了皇帝之后，薛婕妤觉得自己的使命完成了，请求出家为尼，李治不舍得让她离开，就说："师傅，您可以当尼姑，但是我想在大内给您造一座寺，这样您就可以在宫里出家了，我想您的时候也可以随时能看到您了。"

贞观二十二年（649年），唐太宗李世民驾崩。按照宫中的惯例，没有生育过子嗣的嫔妃是要出家做尼姑的，生育过的嫔妃要被打入冷宫，为死去的皇帝守寡，因为她们都是皇帝的女人，即使皇帝死了她们也不许改嫁。武则天因为没有生育过，被送到了感业寺出家。

攻心计，二次入宫终得宠

唐太宗李世民驾崩后，武则天被送到了感业寺，迎来了她人生中最为黑暗、最为迷茫的岁月。进入感业寺后，她被剃掉了一头青丝，在这被高墙围困的阴森寺院里，武则天的心跌到了谷底。然而她在感业寺出家的这两年中并没有安心念佛，而是处心积虑地想办法逃出来。如果按照常理，武则天似乎再也没有进入皇城的机会。

但是，在唐太宗李世民病重期间，她和在李世民身旁细心照顾的太子李治建立了感情。想到这里，武则天心里燃起了一股希望之火。但是李治登基后音讯全无，连来看她一眼的意思都没有。武则天望眼欲穿，她害怕唐高宗李治就这样忘了她，李治是她回宫的唯一机会，所以一定要让李治知道她是多么地思念和期盼他。武则天才智过人，很快就写了一首题为《如意娘》的情诗：看朱成碧思纷纷，憔悴支离为忆君，不信此来长下泪，开箱验看石榴裙。意思是：我的心绪纷乱，精神恍惚，把红的都看成绿的了，为什么如此憔悴？因为整天思念着你，如果你不相信我每天因为思念你而默默落泪的话，就请打开箱子看看我的石榴裙吧，那上面洒满了我斑驳的泪迹。李治看到了这首诗，不禁开始思念起武则天来。

在唐太宗的周年忌日时，李治到感业寺进香，又与武则天相见，两人互诉离别后的思念之情，相拥而泣。但是碍于武则天身为已故父亲妃子的身份，李治虽然很想把她接回宫中，却也不好主动这样做。恰巧这件事被当时因无子而失宠的王皇后看在眼里，便主动向李治请求将武则天纳入宫中，这个请求正合李治的心意，于是当即应允。

就这样，当时已经二十八岁的武则天第二次回到了皇宫，回宫前武则天就已经怀孕了，入宫后便生下儿子李弘，被拜为二品昭仪。早在武则天怀孕的消息传出以后，王皇后因自己没有子嗣就十分恐惧，她恐怕武则天一旦生下皇子，自己的皇后之位就会受到威胁，所以她联络舅父中书令柳奭等人，让他们提议立后宫刘氏所生的唐高宗的长子李忠为太子，并把当时的重臣长孙无忌、褚遂良、韩瑗、于志宁、张行成、高季辅等人拉进了辅佐太子的班子。这样一来，武则天就少了一个机会。王皇后以为这样自己的皇后之位就可以坐稳了，但是她低估了武则天。

王皇后让李治把武则天带回宫里，有她自己的目的，想拉拢武则天一起来对付和自己争宠的萧淑妃。萧淑妃显然不是武则天的对手，没过

第四章
日月当空，拨响内乱之弦
* * * * * * *

多久就被打入了冷宫。除掉萧淑妃以后，武则天的野心更大了，她一想到过去的悲惨生活，就变得更加肆无忌惮。她知道要想在宫中立稳脚跟，就得当上一人之下万人之上的皇后，所以她开始想取代王皇后的位置。但是，王皇后可不像萧淑妃那么好对付，她背后有强大的门阀士族势力支持，于是武则天开始寻找机会。

武则天在生下李弘后，又产下了长女安定思公主。公主出生后一月的时候，王皇后来看望她，因为自己没有孩子，小公主又十分可爱，所以王皇后不禁心生怜爱，很高兴地逗弄公主玩，直到玩累了才离开。武则天等王皇后走后就来到女儿床前，她觉得这是一个好机会，想要掐死小公主来陷害王皇后。但毕竟是自己的心头肉，母女连心，不禁下不去手。可想想若是失去这个天赐良机，自己可能就这样做一辈子的昭仪，等到自己年老色衰渐渐失宠，说不定连昭仪也保不住。于是她心一狠就把小公主掐死了。她把女儿放好，盖上被子，看起来就跟睡熟了一样，然后偷偷去了花园。

李治每次回到昭仪宫，总是习惯性地先到小女儿的床边去看望爱女，他掀开被子一看，女儿的肤色青紫，脖子上有被掐过的手印，已经死去多时。这时，武则天回来了，她看到这样的情景立刻嚎啕大哭起来。李治问身边的人是怎么回事，侍从说："刚才王皇后来这里逗小公主玩，她走后就没有别人来过了。"李治勃然大怒说："皇后怎么能把朕的女儿杀死，这个毒妇！"武则天于是借机哭诉王皇后的罪过，王皇后百口莫辩，无法解释清楚。

李治在盛怒之下萌生了废掉王皇后的想法，想要立武则天为皇后，但是长孙无忌等大臣强烈反对。这时，开国功臣李勣给李治出了个主意，说皇后的废立是皇上的家务事，没有必要和大臣们商量，李治听了之后坚定了自己的想法。与此同时，李义府和许敬宗等人也在朝廷大臣中间大造舆论支持武则天。所以永徽五年（654年）十月，李治正式下诏废掉王皇后，并在六天后，正式立武则天为皇后，举行了盛大的册后大典，李勣在太极殿主持册后典礼。武则天身穿华丽的皇后礼服在肃仪门的城楼上接受文武百官和外国使节的朝拜，出身低微的武则天终于在第二次进宫时得宠，成为了令天下俯首的大唐皇后。

先发制人，大肆杀戮除异己

武则天如愿当上皇后，开始大肆消除异己，她的利剑首先指向了后宫。在后宫中，她要对付的主要敌人就是已经被废黜的王皇后和已经被打入冷宫中的萧淑妃。但她依然不放心，要把这两个人置于死地，让她们永远失去翻身的机会。

王皇后和萧淑妃二人被安排在太极宫的一个清冷的院落里软禁起来，关押她们的小屋门窗紧锁，就像一个黑牢，只在墙上凿了一个洞，每天把饭从洞里递进去，再把空碗从洞口拿出来。这种暗无天日的生活简直生不如死。正当这两个人绝望的时候，唐高宗李治的心中又起了波澜。李治在册立了武则天之后，忽然觉得对不起陪伴自己多年的王皇后和萧淑妃，毕竟一日夫妻百日恩，王皇后嫁给他已经十几年了，萧淑妃给他生育了三个儿女。所以想来想去，李治觉得良心上有些不安，对她们产生了怜悯之情。

某一天，李治不知道是旧情复燃，还是鬼使神差，来到了关押王皇后和萧淑妃的院落里，他看到环境如此恶劣，温柔多情的那一面表现出来，不由得心酸落泪，对着洞口喊道："皇后？淑妃？你们在吗？"不一会儿，从洞里传来凄凉的女声，语气十分哀怨地说："陛下，妾等现在已经是宫婢，不是什么皇后和淑妃了，怎么受得起这样的尊称。"李治听后，眼中含泪，陷入了沉默。王皇后和萧淑妃见状，心中涌起了一丝希望，于是改了口气，哀求道："陛下，如果您还念及昔日的恩情，把我们放出去重见天日，我们一定改过自新，重新做人，并请您把这个院子改名为回心院。"

此情此景，和当年武则天与李治在感业寺再次相见的场面是何等相似。那时，武则天也泪眼婆娑地拉着李治说："如果您念及昔日恩情，让我走出寺院，回到您身边，我甘愿一辈子伺候您。"一样的情景，换了不同的主人公。面对这样悲切的请求，李治也像当年一样动了恻隐之心，对王皇后和萧淑妃说："朕会马上安排的。"然后就走了。

武则天在李治身边没少安插眼线，所以李治私会王皇后和萧淑妃的事情，很快就被武则天知道了。武则天心中不寒而栗。如果让她们得到这次机会，卷土重来，谁知道她们日后会不会报复自己，再次取代自己的位置呢？武则天绝不容忍事情继续这样发展下去，她马上去找李治，对他说："陛下，听说您去见了王皇后和萧淑妃，您这么做非常不妥当，现在我刚刚当上皇后，她们也刚刚被废，无论是朝廷还是后宫都还处于狐疑的状态之中，一切都还不稳定，有可能再起波澜。如果您轻率表态，好像是旧情复燃，那别人会怎么看我们？大臣们会觉得您软弱善变，您得到的胜利成果很可能会付之东流啊，还望陛下三思。"李治听了之后，也觉得自己的做法不妥。他从心里可怜王皇后和萧淑妃，但是作为皇帝，他更要为江山社稷考虑，不能儿女情长。于是，他对武则天说："不如杀了这两个人吧，一劳永逸，不留后患，可是我不方便出面，就由你来处理吧。"

武则天得到这个执行权后，命人把这两个人各打了一百大板，打得皮开肉绽，还要砍去她们的手足。面对如此残酷的结局，王皇后拜了两拜，然后说："希望皇帝长命百岁，万寿无疆，现在武昭仪正承恩泽，所以死是我分内的事情。"这句话说得云淡风轻，但是骄傲之极，王皇后至死也不承认武则天是皇后，认为她没有资格当皇后，还是管武则天叫武昭仪。萧淑妃性格刚烈，破口大骂："阿武这个狐狸精，把我害到这步田地，希望来世我变成一只猫，阿武变成一只鼠，我要活活把它给咬死！"因为萧淑妃的这番话，武则天从此十分怕猫，禁止在宫中养猫，她害怕萧淑妃真的变成猫去咬她，不敢继续住在太极宫，后来搬到了大明宫。

这两个人对武则天表现出来的轻蔑和傲慢，让武则天无法容忍。她命人把王皇后和萧淑妃砍去手足后，扔到装满酒的缸里去，令她们骨醉。王皇后和萧淑妃当时只有二十多岁，两个如花的生命，就这样悲惨地结束了。把这两人杀了之后，武则天还是难解心头之恨。她给这两个人改姓，给王皇后改姓蟒，说她是蛇，心如蛇蝎。给萧淑妃改姓枭，这是一种像鹰一样的猛禽。武则天说："你们两个一个是毒蛇，一个是恶鸟，都不是什么好东西。"

就这样，武则天先发制人，排除了异己，把两个潜在的威胁解决了，稳定了后宫，还通过这件事杀鸡儆猴，震慑后宫，简直是一箭双雕。

数易太子，谁说虎毒不食子

武则天为了实现自己做皇帝的梦想，不惜采取各种手段铲除一切障碍，先是试图在自己的四个儿子中选出一位皇帝，处心积虑地想把他们培养成懦夫，变成自己的傀儡。但这四个儿子都没有改姓武，唯有李旦表面上改姓武，也是违心的。于是在频繁地更换太子中，她甚至对自己的亲生骨肉狠下毒手，只为通往权力的巅峰。

唐高宗李治作为一代天子，所生孩子数量并不多，一共八个儿子四个女儿，其中有四子二女为武则天所生。长子李弘是武则天二十九岁时所生，曾被封为代王，后被立为太子。但是李弘为了帮助义阳公主与宣

第四章
日月当空，拨响内乱之弦
· · · · · · ·

城公主惹怒了母亲武则天。义阳公主和宣城公主的母亲是以前得罪过武则天的萧淑妃，所以这两位公主一直被幽禁在宫中，年过二十还没有成婚。李弘发现此事后，感到十分震惊，心生同情，便请求让两位姐姐能够结婚，过上幸福的生活。这件事让武后十分不悦，她便随便将她们许配给了侍卫。后来李弘违背了母亲的意愿，执意娶了裴居道的女儿为妃，裴妃是个相当贤淑的女子，他们的生活过得十分幸福。尽管李弘是武则天的亲生骨肉，但是在政治上的一些作为违背了武则天的意愿，只因有李治撑腰，所以武则天一时奈何不了他。最终，李弘在洛阳猝然离世。

武则天的第二个儿子叫李贤，是李治带着武则天从长安出发去昭陵的途中出生的，李弘死后，李贤被立为太子。李贤是个文武全才，读书过目不忘，喜欢研究兵法，曾任右卫大将军，授京州大都督，可谓是风光一时。被立为太子后，李贤留心政务，很受拥护，文武百官无不赞扬他。他召集当时的学者太子左庶子张大安、洗马刘讷言等人，一起注释范晔的《后汉书》，可谓是大功一件。渐渐地，武则天发现李贤成为了自己的对手，想趁着他羽翼还没有丰满，尽快解决掉。当时武则天十分看重一个叫做明崇俨的人。他在唐高宗李治面前，总是托鬼神之言离间李治与李贤的关系，所以太子李贤十分讨厌他。后来，明崇俨被强盗杀害，武则天将此事嫁祸于李贤，对李治说怀疑太子李贤对明崇俨怀恨在心，所以派人杀了他。于是，李贤的太子之位被废。但是武则天还是不放心，为了避免李贤采取什么行动，就逼他自杀，李贤去世的那年仅有三十二岁。武则天为了表示哀痛，追封李贤为雍王。

第三个儿子李显，生于长安，李贤被废之后，他被立为太子，唐高宗去世后，李显即位为唐中宗。李显和他的父亲李治比起来，更加软弱无能。即位后，李显尊武则天为皇太后，重用韦皇后的亲戚，试图组建自己的集团，结果武则天大为恼火，将继位才两个月的唐中宗废为庐陵王，贬出长安，软禁于均州，尝尽了人世的艰难。每当听说武则天派使臣前来，李显就吓得想自杀。后来，李显被武则天召回了京城，重新立为太子。等到武则天病重，宰相张柬之、右羽林大将军李多祚等人率领羽林军五百余人，冲入玄武门，迫使武则天传位于李显。

四子李旦，在唐中宗李显被废之后，以唐睿宗称帝，武则天临朝听政。后来李旦被废，立为相王。直到李显死后，李旦才得以再次继位，大赦天下，这时武则天已经去世了。李旦也是位才子，勤奋好学，喜欢文字训诂之书，字也写得好。著名的景云铜钟的铭文，还有武则天的母亲杨氏的墓碑，都出自唐睿宗李旦的手笔。李旦可以说是武则天的几个儿子中最听话的一个了，甘愿做武则天的傀儡。但是他表面上顺从武则天，实际上身体里还是流着李家的血。李旦第一次即位是武则天废唐中宗为庐陵王的第二天，那时的武则天虽然很想自己当皇帝，但是政治经营还没有达到足以改朝换代的火候，所以就将自己的小儿子豫王李旦立为新君。李旦虽然当上了皇帝，但是不能在正宫上朝听政，只能居住在别殿，武则天则以太后身份临朝听政。唐睿宗李旦一直在母亲武则天的控制之下，为了自保，在无奈的情形下恳请母亲赐自己姓武。天授元年（690 年）九月，武则天登基，李旦被迫让出了皇位。他对武则天的行为虽然有反感，但是李旦看清了皇权斗争的悲惨，看到了自己三个哥哥的前车之鉴，在母亲武则天面前，泰然自若，母亲说什么就是什么。其中有多少无奈，恐怕只有李旦自己心知肚明了。

讨武失败，敬业被诛

武则天不断换太子、换皇帝的目的是想自己坐上王位，她把自己的列祖列宗全都加以追封，并在家乡建立宗庙，给娘家的亲戚都安排了重要官职，把反对她的徐敬业、骆宾王等人贬了官。

第四章
日月当空，拨响内乱之弦

徐敬业也叫李敬业，祖籍曹州离狐县，是唐初将领李勣的孙子，李震的儿子，他从小善于骑射，很有才智。因为父亲死得早，所以直接承袭了祖父的英国公爵位，曾任眉州刺史，后被贬为柳州司马。徐敬业年少的时候，有一次出外打猎，突然遇到草原起了火，他急中生智，把随行的马杀了，自己藏在马肚子里，才幸免于难，别人听说后都称赞他勇敢机智，父亲却摇头苦笑，觉得徐敬业没有真才实学，只有些小聪明，早晚会聪明反被聪明误，成为家里的祸害。

徐敬业一向骄傲自信，被武则天贬了官职当然心怀不满。于是，徐敬业准备起兵造反，他让魏思温充当谋主，指使他的党羽监察御史薛仲璋要求奉命出使江都，然后让雍州人韦超到薛仲璋处报告说："扬州长史陈敬之阴谋造反。"薛仲璋逮捕陈敬之入狱。过了数日，徐敬业乘坐驿车到达此地，谎称自己是扬州司马前来赴任，他面不改色地说："奉太后密旨，因高州酋长冯子猷谋反，要发兵讨伐。"于是徐敬业命人打开府库，让扬州士曹参军李宗臣到铸钱工场，驱赶囚徒、工匠，发给他们盔甲，将陈敬之在监狱里斩首，录事参军孙处行由于抗拒，也被斩首示众。于是，扬州的官吏再没有一个人敢反抗了。徐敬业征发一州的兵马，又使用李显的年号嗣圣元年。他设置了三个府署，第一个称为匡复府，第二个叫英公府，第三个叫扬州大都督府。徐敬业自称匡复府上将，领扬州大都督。任命唐之奇、杜求仁为左、右长史，让李宗臣、薛仲璋任左、右司马，让魏思温当军师，让骆宾王当记室。十几天就聚集了士兵十多万人。徐敬业还找了个相貌像李贤的人，谎称李贤没死，说他是奉李贤之命发兵征讨武后的。

徐敬业召集的众人中，有一位颇具才学的人——骆宾王。骆宾王在七岁的时候，跟着爷爷在池塘边玩耍，看到池塘里有很多只大白鹅，十分喜爱，即兴作了一首《咏鹅诗》：鹅鹅鹅，曲项向天歌，白毛浮绿水，红掌拨清波。如此小的年纪就能作出这么出色的诗，让人觉得不可思议。骆宾王长大以后依旧文采飞扬，成为了唐初的文坛四杰之一。徐敬业让骆宾王为他起草了一篇檄文《为徐敬业讨武曌檄》，檄文的开头道："伪临朝者武后。"一笔就将武后的政权全盘抹杀了，接着又说武则天貌似温良和顺，实际上残忍暴虐，而且出身贫贱，没有任何资历，她原是唐太宗李世民的下等嫔妃，后来巧言令色勾引唐高宗李治。这篇檄文慷慨激昂，把武则天痛骂了一顿，以引起公愤，然后号召各地的将领起义造反。檄文的大意是："你们也许是唐朝的世袭大官，也许与唐朝有着亲戚关系，有的是领兵大将。现在，先帝的遗命还在耳边回响，你们怎能坐视国家的危难而不尽忠呢？唐高宗皇帝的坟还没干，唐中宗皇帝就被废掉，唐睿宗皇帝也遭到了囚禁，所以我们决定起兵造反，誓死保卫大唐江山，坚信一定能取得胜利！"

这篇檄文被武则天看到了，她不仅认真细读，还连连夸奖说："写得好，我的性格是不怎么和顺，我的确是木材商的女儿，出身低贱。"当她最后读到"一抔之土未干，六尺之孤何托"，"试看今日之域中，竟是谁的天下"时，不禁连连拍手赞叹："好文采！"她问侍臣："这篇檄文是谁写的？"侍臣回答说："是骆宾王写的。"武则天说："文章写得非常好，文字铿锵有力，读起来朗朗上口，这样会写文章的人，为什么不重用呢？埋没了这样好的人才，让他将才能施展到邪路上去，可惜啊。"

武则天去找宰相裴炎，一起商量退兵之计。裴炎说："现在睿宗皇帝已经成年，只要还政于帝，徐敬业就没有出兵的借口了。"武则天认为裴炎的意思是让她不要执权，觉得他与徐敬业想的一样，一怒之下就把裴炎杀了。武则天任命左玉钤卫大将军李孝逸为扬州道大总管，领兵三十万，让将军李知十、马敬臣当他的副职，一起讨伐徐敬业。

徐敬业带兵攻打润州，这里的守将是李思文，李思文是徐敬业的叔父，他知道徐敬业的阴谋，事先派遣使者走小路向朝廷报告。李思文被徐敬业进攻后，坚守了很长一段时间，最后力竭而被攻陷。徐敬业抓获了李思文，用李宗臣取代他。徐敬业对李思文说："叔父你依附于武氏，实在是糊涂，应该改姓武。"润州司马刘延嗣不肯投降，徐敬业要杀死他，魏思温救了他，得免于死，和李思文一起被关进狱中。

徐敬业领兵固守，后军总管苏孝祥趁着夜色带领五千人，用小船渡河，先发起了进攻，结果士兵在涉水时淹死了过半。左豹韬卫成三郎被徐敬业俘虏，唐之奇欺骗他的部众说："这就是李孝逸，杀了他。"成三郎大喊："我是成三郎，不是李将军，官兵已经到达，你们就快完了！我死后，妻子儿女蒙受荣耀，你们死后，妻子儿女被卖为奴婢，所以你们得意不了多久，最后的下场还不如我。"成三郎说完这番话就被斩首了。李孝逸带着官兵相继到达，一直攻打不下，开始心中畏惧，准备撤退。魏元忠与行军管记刘知柔对他说："现在正是顺风，芦苇干燥，是火攻的好机会。"于是，李孝逸听从了建议，乘风纵火，徐敬业的手下死了七千多人，淹死的不计其数。徐敬业等人骑马逃入江都，带着妻子儿女投奔润州，准备从海路逃往高丽。李孝逸带兵前往江都，追击徐敬业。徐敬业到达海陵地界，被大风阻拦，他的部将不想再继续往前走，就砍下了徐敬业、徐敬猷、骆宾王三人的首级，向官军投降。余党唐之奇和魏思温被官兵抓住，处以斩刑。徐敬业起兵时虽然声势浩大，但是在战略上犯了错误，既要北上防御李孝逸的大军，又要南下夺取金陵，急于成就帝业，因此分散了兵力，最后寡不敌众。

江山易主，竟是武家天下

武则天曾经满足于后宫之主的地位，但在品尝到皇权的美味之后，就沉湎于其中，不能自拔。于是她产生了称帝的想法，并开始着手为登上皇位扫除障碍，进行铺垫和准备。

武则天下令在洛阳修建高祖、太宗、高宗三座庙，按照长安太庙的制式。她还提出一个想法，打算建立武氏的崇先庙，也享受香火。她和礼仪官员们讨论修建多少间房子比较好，这显然是为做皇帝在进行试探。其中一个礼仪官员十分聪明，心领神会地说："武氏宗庙可以修建七室，把太庙减为五室。"这个建议既无礼法根据，也不符合逻辑，显然是看准了风向想要讨好武则天。但是有另外一位官员却强烈反对，他说："按照礼制，天子七庙，诸侯五庙，如果真的为武氏宗庙修建七室，是将国家和法律置之不顾啊，太后功劳很大，光照天下，先庙当然可以享受诸侯之礼，但是太庙之制不应该轻易变动。"这番话说得有理有据，武则天也无话可说，只得作罢。

在这之后，武太后不再试探，开始明目张胆地为称帝造势了。有个名叫唐同泰的人向朝廷进献了一块石头，上面刻有"圣母临朝，永昌帝业"的字样，据说是从洛水中打捞出来的。其实这是武承嗣暗中搞的鬼，他让人在一块石头上刻了字，放入河中，指使唐同泰去打捞上来，自称发现了洛书。《周易》有一句很著名的话："河出图，洛出书，圣人则之。"河图和洛书是圣人出世和盛世到来的象征。很多大臣前来祝贺，武太后很高兴，把这石头命名为宝图，赏了唐同泰官职。然后前往洛水举行接受宝图的仪式，还要在南郊祭天，以感谢上苍。礼毕之后，武则天召见群臣，一些大臣心领神会，表示拥戴武则天，给她加了新的尊号"圣母神皇"。这个称号向皇帝称号又靠近了一大步，武则天又命人去刻制了神皇的印玺。

这时，李唐宗室的那批亲王们开始坐立不安，武太后频繁地采取行动，让他们都猜测是武太后要篡唐了，覆巢之下无完卵，他们作为唐朝的皇室宗亲肯定没有好下场，现在的一切甚至身家性命都难保了。东莞公李融暗中派使者来到长安，向他信任的朝官高子贡询问对策，高子贡回答说："不要来，来了一定会死的。"于是宗室中开始议论纷纷，都说："太后让我们年底进京，一定是为了召集我们这些宗室大臣，统统杀掉，斩尽杀绝。"于是，这些恐惧万分的诸王们开始密谋匡复李姓皇权。

武太后本来就打算将李唐宗室一网打尽，为自己登基扫平最大的障碍，现在诸王的叛乱恰好给了她一个消灭宗室势力的机会。虽然真正起兵的只有越王父子，她却将韩鲁诸王及常乐公主夫妇等一起收审下狱。然后命监察御史苏珦审查此案，苏珦经过审讯和查问，报告太后说全无证据。有的大臣察言观色，诬告苏珦与韩鲁二王通谋，武则天召来苏珦责问他为何庇护逆贼，苏珦却直言相辩。武则天就把他外调为河西监军，改换酷吏周兴审理此案。周兴立刻对韩王李元嘉、鲁王李灵夔、黄国公李撰、常乐公主等人酷刑逼供，逼迫他们全部招认，然后胁迫他们自杀，给他们改姓。武则天还把十二位唐朝皇族诬以叛逆罪名，诛杀抄家，除出宗籍，舒王李元名和纪王李慎这两个坚决拒绝参加前次诸王叛乱的亲王，终于是没有逃脱死于非命的下场，李唐宗室又被除掉了一部分。

武太后在明堂举行祭祀大典，下诏书颁布天下，将武士彠追尊为周忠孝太皇，杨氏追为忠孝太后，坟墓改称曰"陵"。有一位大臣知道大局已定，便带领关中的九百余名百姓来到皇宫，请求改国号为周，赐皇帝姓武氏。武则天没有马上答应，但这是个再明显不过的信号。于是一时间，文武百官、远近百姓、四夷酋长、还有各色僧侣道士都闻风而动，请求武则天改国号，让皇帝改武姓，还编造了离谱的祥瑞现象请武则天登基称帝。

看到这番景象，傀儡皇帝李旦再也坐不住了，他知道如果自己再不表态的话，就会走上几个哥哥的老路。于是他自请降为皇嗣，改姓武，恭请太后登基为帝。武则天心中暗喜，但是假装不同意，但是李旦一再坚持。

天授元年（690 年）九月，已经六十七岁的武则天在民众和官员的拥护下登上了皇帝的宝座，改国号为周，任仍以李旦为皇嗣，改姓武氏。武则天下令立武氏七世先祖庙于洛阳，还说武姓出自周朝王室的周平王幼子姬武，于是把周文王追尊为始祖文皇帝，其妻姒氏为文定皇后，姬武被追尊为睿祖康皇帝，其妻姜氏为康惠皇后，算是为自己找到了显赫、正统的远祖。武氏族人也水涨船高，都成了宗室，共有十三人封为王，武则天的亲姐妹都已经不在人世，姑姐甚至堂姐妹们都封为长公主，可谓是一人当道，鸡犬升天。至此，唐高祖李渊和唐太宗李世民打下的大唐江山，落入了武氏之手，成了武家天下。

铁血政治，对决父权社会

自古以来，在龙凤呈祥中都是龙主凤从，不管凤如何耀眼，都逃不过附属的命运。在"真龙"执掌天下的唐王朝中，偏偏有一只"凤"不甘心命运的安排，用尽各种手段，跻身到了帝王的行列，成了前无古人、后无来者的女皇帝，这只耀眼的凤凰就是武则天。武则天采用了各种高压政策，对决这个父权社会。

武则天是个厉害角色，为了巩固自己的政权，她进一步加大科举取士的力度，大力提拔了社会中下层出身的官员，赢得他们的支持，和多年垄断官场的豪门氏族对抗，她还制定了自己的用人方针：对待小人，利用而不重用；对待正人君子，进行限制性、带有怀疑和严密监视的使用，让这两类人互相牵制，以便为她效力。在这种用人思想的指引下，她大肆使用酷吏、鼓励告密，对手握权力的正人君子严密监控，一旦有嫌疑就贬斥甚至砍头。

那时，依照前代旧规，西朝堂设有"登闻鼓"，百姓或臣子有谏议、有冤情，都可以击鼓，以达天听，东朝堂设有"肺石"，百姓如果想告发官员渎职，就可以站在这块石头上，皇帝闻报可以立即处理。但是，由于朝堂重地日夜有兵卒把守，不易靠近。后来，武则天下令："登闻鼓和肺石无须派人看守，如果有人击鼓立石，马上取状纸交给我。"这无疑是鼓励臣民上言，打通了民间向朝廷告状的环节。这时的御史权力只局限于接受诉状而已，唯一有权处分的只有武则天一人。这个政策实行以后，各级官员战战兢兢、闻风丧胆，他们不仅要对涉及太后专权的话题小心，其他的言行也要多加谨慎。

这段时间里，武则天还让韦方质等人按照她的意图制订了法律《垂拱格》，其中很重要的一条是提升监察御史的特权，他们上可弹劾宰相，下可监控百官，独立于三省之外，只对皇帝负责。监察御史弹劾甚至可以不经过本部门的长官，直接上奏皇帝，也就是说，监察部门的最高长官也被部下监察。除此之外，她还专门安排了一些御史加强对地方官员的监控。

武则天的权力毕竟来源于篡唐，所以她整天担忧有人反叛。随着时间的推移，她的疑心病越来越重。虽然现在她继续称帝，儿子的态度很好，但并不等于别人也都情愿，很有可能阳奉阴违，所以她怀疑有很多人想算计自己。为了实行高压的政治，保住自己的权位，武则天大肆推行告密之法。

有个侍御史的儿子名叫鱼保家，是个能工巧匠式的人才，他得知了武则天的心思，就上书建议创立一个投诉箱——铜匦，这个东西可以设计得十分巧妙，从小洞口投进去后，别人就再也拿不出来，只有专管此箱的人才能打开。用这样的办法接受天下人的密奏，效果肯定不错。武则天对这个想法大为赞赏，就责成他去设计。很快，鱼保家就把铜匦制造好了。武则天下令使用铜匦，并下令设置"知匦使"，专门指派正谏大夫和去年新设立的补缺、拾遗各一名，来掌管此事。任何人都可以往里面投入书信，直接向自己告密。为了保证告密能真正实现，武则天又下令："只要是来告密的，即使是农夫樵夫，沿途官府都要供给其驿马和五品官员标准的食宿，而且不得向其询问告密的事由，所有的告密人都可以得到太后的召见，如果所告的情况属实，可不按等次地授予官职，即使所说不属实，也概不问罪。"

告密制度正式实行之后，武则天慧眼相中一匹"千里马"——胡人索元礼。他因告密受到了太后的召见，而且因所告之事经查属实，被直接任命为五品官员，负责审理钦定的"制狱"。这个索元礼根本就不是一个有政治信念的人，他性格残忍，每审一人，必牵连出数十乃至上百人来。武则天却十分赞赏他的办案方法，屡次召见，大加奖赏，以便树立他的权威。

索元礼的成功给了一批奸诈之徒启示，他们群起而效仿。其中，尚书都事周兴和来俊臣为了争功，蓄养了几百个无赖，专以告密陷害为业。想要害一个人，就派几个人到不同的地方去告状，告的都是同一件事，以增加诬陷的可信度。周兴、来俊臣还总结自己的告密经验，写了一本几千字的《罗织经》，发给手下学习，里面讲了什么样的人最合适诬陷，怎样牵出更多的人，怎样诱使他人自己承认反状等，形成了一套行之有效的理论。周兴和来俊臣因为告密，都成了高级官员。

此后，武则天只要得到密状，就叫这些心狠手辣的人去审讯。犯人到了他们手里，基本就没有生还的可能了，他们擅长刑罚，制定出很多闻所未闻的刑罚：定百脉、突地吼、死猪愁、求破家、凤凰晒翅、驴驹拔橛等。每次在审犯人前，他们都会先摆出刑具，让犯人参观。犯人看了胆战心惊、汗流浃背，不用上刑就会自动招认。假如碰到朝廷有大赦，酷吏们就叫狱卒擅自将犯人杀死。就这样，很多反对武则天的言行都被压制住了。

这是一段极为黑暗极为恐怖的时期，不过武则天在酷吏猖獗的时候，悉心保护了徐有功、魏元忠、狄仁杰等一批直臣。当皇权在她手里逐渐巩固时，她便陆续处置了包括周兴、来俊臣在内的大部分酷吏，放弃了任用酷吏的铁血政治，下诏平反了冤狱，力图洗刷自己的恶名。

知人善任，君子满朝

武则天执政期间，广开言路、知人善任，扩大并巩固了统治基础。她派人专门到各地去挑选人才，并亲自引见。武则天十分爱惜人才，并敢于使用人才。武则天为了打击关陇士族，大力提升庶族士人的地位。她将当时正在修订的《士族志》改名为《姓氏录》。《士族志》从唐太宗李世民在位时开始修订，原本希望借用唐王朝所赐官爵压倒士族，但结果并不理想，而《姓氏录》抛弃了士、庶的界限，以官品高下进行叙录，这样就提高了庶族官吏的政治和社会地位，消除了魏晋以来长期形成的士、庶罅隙，有利于在新的形势下平衡统治阶层的利益分配关系。

武则天整顿吏治、延揽人才的措施，对科举制的完善与发挥起到了很大作用。科举制度源于隋朝的选举制度。当年隋文帝废除了九品中正制，让各州每年向中央选举三个人，参加秀才、明经等科的考试，用考试的方法录取士人为官吏。这为让优秀的人成为官吏的理念提供了现实的制度保证，被认为是科举的开始。武则天开创了殿试制度，又创立了密封糊名的制度。此外，她还首创了武举，选拔优秀的军事人才，实行制举，不定期地举行科举考试，遴选人才。武则天对科举制度的推行，尤其是对进士科的重视，为庶族士人参与政权打开了大门。

武则天在选拔人才的过程中，发现了不少名臣。在她当政时期，有著名的宰相狄仁杰、张柬之，将帅有张仁愿、唐修璟、郭元振等。而开元年间号称"四大贤相"的姚崇、宋璟、张嘉贞、张说等人，也都是武则天统治时期选拔出来的，只是到了李隆基上台后，被重用罢了。

宰相狄仁杰德高望重、敢于直谏，深得武则天赏识和敬重，尊称他为国老。狄仁杰之所以能走进朝廷一展身手，就是武则天广纳贤良的结果。狄仁杰在豫州任上时，政绩突出。入朝为相后，武则天对他说："爱卿，听说你在汝南干得不错，有人向我举荐了你，但也有人说你坏话，你想知道是谁吗？"狄仁杰听后笑了笑，说道："我不知道诋毁我的人是谁，也请陛下不要让我知道那个人是谁，就当他是我的朋友好了。"武则天对狄仁杰坦荡宽厚的胸怀赞叹不已，对他信任有加。

将帅中的郭元振原本是个普通的庶族，这个人为人豪爽，喜欢为朋友两肋插刀，即使肝脑涂地也在所不惜。有一天，他的朋友说家里缺少奴仆，郭元振听后立马带人到田野里，看到有正在干活的年轻人，就对手下说："把他给我绑了，带给我的朋友当奴仆。"郭元振的无法无天引起了百姓的公愤，一时间民愤沸腾、议论纷纷。御史就把这件事报告给了武则天，武则天了解具体情况后，不但没有杀死郭元振，反而觉得他具有豪侠之气，让他去镇守边关，授予金吾将军，又让他成为了卫队长。

四大贤相中的姚崇、宋璟经常被相提并论，有"崇善应变以成务，璟善守文以持正"的赞词。姚崇出身于官僚家庭，年轻时喜好玩乐，年长以后才刻苦读书，大器晚成。被武则天重用，有"救时宰相"之称。姚崇是一个脚踏实地的实干家，他一生不敬神、不信鬼，不以官高而凌下，不以位尊而专横，虽然多次被贬斥，仍能赤胆忠心，敢言直谏，视天下为己任。宋璟少年时就博学多才，擅长文学，以弱冠中进士，被武则天发现并提拔，可谓是知人善用。

上官婉儿，御前女相第一人

纵观中国几千年的官场历史，能够登上一人之下万人之上的宰相之位的女人只有一位，她就是武则天当政时期的上官婉儿，她是可以与武

第四章
日月当空，拨响内乱之弦
* * * * * *

则天相提并论的女政治家，天赋灵犀，具有卓越的学识和文才，有"巾帼宰相"的美名。

上官婉儿曾有过凄苦卑贱的出身。上官婉儿是唐高宗时期宰相上官仪的孙女。上官仪因为替唐高宗起草将废武则天的诏书，被武后所杀。那时，可怜的小婉儿刚刚降生，还没吃几口奶，便随着母亲郑氏做了朝廷的官奴。虽说侥幸保全了性命，可是处境极为低贱。上官婉儿的母亲拼死拼活地干苦力，拉扯着自己的女儿。为奴期间，在母亲的精心培养下，上官婉儿熟读诗书，不仅能吟诗着文，而且明达吏事，聪敏异常。

武则天久闻上官婉儿的才学，便将那对可怜的母女召进了皇宫，当场命题，让上官婉儿依题作文，小婉儿的文章词藻华丽，语言优美。武则天看后大悦，当即下令免其奴婢身份，让她掌管宫中诏命。那年，上官婉儿刚刚十四岁，就开始涉足政坛，一步一步接近了当朝的权力核心。

上官婉儿深受武则天的信任，每次武则天和男宠张昌宗兄弟吃饭的时候，也会让上官婉儿坐下一起吃。有一天吃饭的时候，武则天一扬手，一把利刃飞向上官婉儿的额头，上官婉儿赶快用手捂住脸，忍着疼痛朝武则天跪下求饶。原来，武则天迁怒于上官婉儿，因为得知上官婉儿竟然与自己的男宠张昌宗偷情。刚知道这事的时候，武则天本想睁一只眼，闭一只眼。不料，在一起吃饭的时候，这两个人经常当着武则天的面互送秋波。气愤之余的武则天下令将上官婉儿关了起来，但是她心里也非常矛盾，毕竟婉儿是自己的得力助手，可是如果不处罚又咽不了恶气。于是武则天决定对上官婉儿施以黥刑，就是在脸上刻上记号，让她永远接受教训。对于如花似玉的上官婉儿来说，黥刑就等于毁容了，这简直比杀她还难受。为了遮挡额头上的记号，她让宦官在字上用朱色刺青，婉儿的额中央仿佛长出了一朵红色的梅花，当她伤好照镜子时，发现有了梅花的衬托，自己更加娇艳动人，简直是锦上添花。武则天再次见到上官婉儿的时候，惊讶地说："婉儿，你一点都不像受过刑，反而更加漂亮了，看来老天爷在保护你。"后来，宫中甚至宫外的女子也纷纷模仿在额头画上梅花，取名"梅花妆"。

后来，武则天废了唐中宗，自己当上皇帝。当时"初唐四杰"之一的骆宾王写了《为徐敬业讨武曌檄》，上官婉儿从宫人手中得到，因为文采飞扬，令她爱不释手。在与武则天交谈中，上官婉儿趁机请求不杀骆宾王，奉劝武则天应重科举、兴诗社，鼓励文人志士写作，武则天同意了上官婉儿的建议。于是，骆宾王、王勃、杨炯、杜审言等一批诗坛奇才得到了保护，他们的作品得以流传于世，掀起了写诗作赋的风潮，此后，李白、杜甫、白居易等诗坛明星辈出。

神龙政变后，唐中宗复辟，令上官婉儿专掌起草诏令，深被信任，又拜为昭容，封其母亲郑氏为沛国夫人。上官婉儿与韦皇后、安乐公主往来颇多。上官婉儿向韦皇后推荐武三思，将武三思领进宫中，李显于是开始与武三思商议政事，张柬之等人从此都受到了武三思的遏制。不久，武三思依靠韦皇后和安乐公主等人的支持，设计贬杀了张柬之、桓彦范、敬晖、袁恕己和崔玄暐五王，权倾一世。上官婉儿又与其私通，并在所草诏令中推崇武氏而排抑皇家，致使太子李重俊气愤不已。李重俊带着羽林军杀了武三思，并派人搜捕上官婉儿。上官婉儿急忙逃到李显和韦皇后的住处说："看太子的意思，是要先杀了我，然后再依次杀了皇后和陛下。"李显和韦皇后一时大怒，带着上官婉儿和安乐公主登上玄武门躲避，李重俊兵败被杀。

随着太平公主势力日盛，上官婉儿又依附太平公主。李显驾崩后，朝政大权尽落韦氏之手。得到消息的李隆基决定先下手为强，发动政变，上官婉儿被李隆基杀死，死时年仅 46 岁。后来李隆基觉得上官婉儿的文学造诣值得肯定，就叫人编撰了《上官昭容集》二十卷，里面的诗词为后人所传诵。

平男宠之乱，再建李唐王朝

武则天登上皇位后，当然要享受那种唯我独尊、众星捧月的帝王生活，她在后宫养了很多面首，还专门在宫中设置了控鹤监，用来搜寻民间的美男子，纳入宫中，并进行管理。其中，深得武则天宠爱的有薛怀义、沈南蓼、张易之、张昌宗。

薛怀义，原名冯小宝，原是一个在市井卖膏药的小贩，因为身材魁梧、健壮，被选进宫中，成了千金公主的情郎，千金公主是唐高祖李渊的第十八个女儿，也是唐太宗李世民的妹妹。当时武则天大权在握，千金公主为了讨好武则天，就把薛怀义献给了她。武则天见到魁梧健壮的薛怀义之后，非常喜欢，就将他留在了身边。为了使薛怀义出入皇宫更加方便，武则天让他削发为僧，在洛阳修建白马寺，让薛怀义出任主持。从此，借着举办佛事之名，薛怀义便可自由出入皇宫。

薛怀义得宠期间，凭借着自己的如簧巧舌，不断得到武则天的提拔和重用。他不仅为武则天督建明堂，还曾多次以大将军之名出兵讨伐突厥，由此因功受赏。薛怀义两次讨伐突厥，运气都出奇的好，他的军队还没有到，突厥就离开了，而薛怀义却把突厥离开说是被自己带兵攻退，归结为自己的功劳。就在薛怀义宠极一时，洋洋得意的时候，一件让他非常恼火的事情发生了，那就是武则天喜欢上了太医沈南蓼。

武则天宠爱沈南蓼之后，薛怀义越来越受到冷落。有一天，心怀妒忌的薛怀义一气之下，把自己曾为武则天督建的明堂烧了。对于这件事，武则天不但没有治罪于薛怀义，还让他再次监修明堂，因为她觉得薛怀义之所以这么做，也是出于对自己的爱，所以才会嫉妒沈南蓼。薛怀义虽然得到了赦免，但是心中依然不忿，经常私底下宣扬武则天的丑事。武则天知道之后，终于忍无可忍，让太平公主的乳母张夫人找来身体健壮的猛士，将薛怀义勒死了。

薛怀义死后，沈南蓼成了武则天唯一的宠儿。已过中年的沈南蓼虽然文雅风流，但是身体变得愈发虚弱起来，他极尽所能地想服侍好武则天，但是力不从心。所以没过多久，武则天便对他失去了兴趣，再次陷入了寂寞郁闷当中。

太平公主见到母亲闷闷不乐、寂寞难耐，出于对母亲的孝心，割爱将自己的男宠张昌宗、张易之兄弟献给了武则天。这对亲兄弟是唐太宗执政时期凤阁侍郎张九成的儿子。他们当时都只有二十多岁，风度翩翩、相貌非凡。

二张兄弟除了长得俊美之外，还精通音律，善弹能唱，所以深得武则天的宠爱。每当宴饮聚会的时候，武则天就让张易之、张昌宗和武家兄弟一同侍候，用掷骰赌博比赛取乐。当时有人为了讨好武则天，说张昌宗是周灵王的太子仙人王子晋转世。武则天就让张昌宗穿上羽衣、吹着洞箫、乘上假鹤，在庭院来回飞翔，好像是仙人骑鹤升天的样子。有一次，武则天的孙子李重润、孙女永泰郡主和孙女婿武廷基因为不满二张仗势霸道的嘴脸，私下里议论。没想到这件事被二张知道了，告诉了武则天，武则天竟因此把这三个人全部处死了。由此可见，武则天对二张兄弟的宠爱到了何等程度。

二张借着武则天的宠爱，在朝廷中的势力迅速膨胀，一时间权倾朝野，蔑视群臣。朝中的大臣们虽然对二张的行为极为不满，但是摄于武则天的威严，敢怒而不敢言，早已对二张兄弟恨之入骨。御史大夫魏元忠曾经禀奏过张昌宗兄弟的罪行，张昌宗向武则天申诉，诬告魏元忠，于是魏元忠被驱逐。这件事之后，张昌宗兄弟更加放肆，贪赃枉法，被大臣们禀告给武则天，要求免去他们的官职。武则天向宰相们咨询，内史令杨再思说："张氏兄弟一直在主持炼制丹药，陛下服用后很有效果，他的功劳很大，不应该治罪于他们。"武则天便立即诏令释放了他们。

神龙元年（705 年），武则天病笃，卧床不起。车中拥唐大臣发动政变，张柬之、崔玄暐等人率领羽林军迎接皇太子李显进宫，到迎仙院处死了张易之、张昌宗，逼武则天退位，拥立李显为帝，李唐王朝得以再度建立。

朝纲大乱，韦氏母女后宫干政

韦氏，是唐中宗李显的皇后。她虽然从小聪慧过人，但是相貌并不出众。到了豆蔻年华时，还待字闺中。韦氏不甘心过平常人生活，但苦于没有机会，她的父亲韦玄贞是一个小官吏，连七品都够不上，想高攀权贵的韦氏为此大伤脑筋。有一天，她遇到一个四海云游的道长，得到一张药方，据说可以滋养容颜。韦氏十分高兴，立刻按方配药，内服外用，不到半年，就变得皮肤白嫩，身上还散发出一股淡淡的香气。后来，她偶遇从郊外狩猎归来的太子李显，美丽动人的韦氏被立为太子妃。李显即位后，册封韦氏为皇后。

同年，唐中宗李显被武则天废黜，被流放到房州，韦氏随行。在去往房州的乡间大道上，李显感到心中十分悲伤，妻子韦氏的车辆跟在后面，她刚刚在途中生产，没有来得及准备，只好用自己的衣服把新生的小女儿裹了起来，给这个孩子起名叫裹儿。李显和韦氏到达房州以后便定居下来，他们在这里时，武则天多次派遣使臣前去探望。每当听到使臣到来的消息，李显总是心惊肉跳，坐卧不安，甚至一度抑郁地想要自杀。倒是韦氏比较豁达，劝李显说："夫君不要太过忧虑，福祸相依，事情总会变化的，为什么要想死呢？"李显和韦氏就这样相依为命，在房州共同度过了十多年艰苦的生活，夫妻间的感情也愈加深厚。

武则天七十多岁的时候，体弱多病，朝中的老臣狄仁杰常劝武则天要念及母子之情，其他几个大臣也多次谈起让中宗李显复位。于是，李显又被迎回宫中，韦氏也跟着回来了。李显刚回到宫中时，对外保密，被武则天藏了起来。一天，武则天召见狄仁杰，谈起李显，狄仁杰慷慨陈词，泪流满面，情绪十分激动。武则天派人把李显唤出，推到狄仁杰面前说："还你储君。"狄仁杰见到李显，一边哭一边行礼。狄仁杰对武则天说："太子回到宫中，大家都不知道，难免有人要议论。"武则天认为狄仁杰讲得有道理，就用隆重的仪式把李显重新迎进皇宫。

神龙元年正月初二，凤阁侍郎张柬之、鸾台侍郎崔玄暐、左羽林将军敬晖、右羽林将军桓彦范、司刑少卿袁恕己，趁着武则天生病之际，发动宫廷政变，捕杀了武则天的亲信张易之和张昌宗兄弟。武则天看大势已去，便让位给李显，李显恢复了大唐的国号，一切礼仪制度也都恢复到唐高宗时期的样子。几个月以后，八十二岁的武则天离开了人世。唐中宗李显就这样第二次当上了皇帝，韦氏又被册立为皇后。

在韦后的怂恿下，李显开始尽情玩乐，他们一起登上玄武门，观看宫女聚会饮酒。韦后还觉得不开心，又请求中宗命宫女左右分队，互相殴斗，以决胜负，宫女们互相厮打起来，李显和韦后看了以后哈哈大笑。正月元宵节期间，李显和韦后脱去龙凤袍，换上百姓装，带领大臣们在化度寺门前的大街上观赏花灯。接下来的一段时间，韦后又带着各位公主来到金城看拔河比赛，还游宴桃花园，游赏樱桃园，到隆庆池泛舟游乐，韦后尝到了拥有权力的快活。李显处处依顺着韦后，李显应韦后之请，追封韦后的父亲韦玄贞为王。对此，大臣贾虚以不合祖宗之法表示反对说："异姓不王，古来如此，陛下刚刚复位就大封后族，这样固执己见会失信于天下的。"但是，李显对贾虚的话根本不听，对他来说，只要韦后高兴，要求什么都可以。

李显复位以后，武三思被封为德静郡王。武三思善于观风使舵。他通过种种关系，让自己的儿子武崇训娶了韦后的小女儿安乐公主，也就是裹儿。这样，武三思在朝中的地位更加巩固。

李显的昏庸，韦氏的乱政，武三思的得宠，使朝中大臣张柬之等人非常不安。他们多次劝李显除掉武三思，削弱武氏权力，加强皇室力量。但是，李显对他们的话根本听不进去，还把他的话转告给武三思，武三思知道张柬之等人在设法除掉他，就与亲信御史周利用、冉祖雍，光禄丞宋之逊，太仆丞李俊，监察御史姚绍之五个人商量对策，这五人是武三思的耳目，被称为"三思五狗"。这些人给武三思出了不少坏主意。他们策划好以后，就到李显面前说张柬之、敬晖、袁恕己、崔玄暐、桓彦范五大臣的坏话。他们说五大臣恃功专权，图谋不轨。韦后和武三思建议李显封五人为王，采取明升暗降的办法，夺取他们手中的实权。就这样，武三思把持了朝政，背后又有韦氏当靠山，更加飞扬跋扈，凡是反对他的人，一律被逐出京师，凡是为他效力的人，全部委以重任。不久之后，武三思认为时机成熟，就以五大臣诬陷韦后为由，流放五大臣到遥远的边疆。武三思勾结韦后除掉了五大臣，气焰更加嚣张，他得意洋洋地对亲信们说："我不管什么好人坏人，只要效忠于我的，全都是好人。"一时间，奸佞之徒都被他网罗到身边。

韦后的女儿安乐公主也是个野心极大的人，她一心想做第二个武则天。在韦后纵容下，她飞扬跋扈，侮辱大臣，无视王法，为所欲为。她曾以自己是韦后的亲生女儿，李重俊不是韦氏所生，要求李显立自己为皇太女，以顶替李重俊的太子地位。对那些来自大臣们反对的声音，安乐公主竟说："武则天可以做天子，难道我身为皇帝的女儿就不能当皇帝吗？"不仅如此，安乐公主还向李显提出，把昆明池作为她自己的私人湖泊，李显以没有先例为由委婉拒绝了。于是安乐公主命人挖掘了一个定昆池，长达数里，还派奴仆到民间强抢民女充当她府上的奴婢。有人把这些情况上告到左台侍御史袁从一那里，袁从一逮捕了安乐公主的奴仆，安乐公主请李显下令释放，软弱的李显竟然同意了。袁从一气愤地说："皇上如此纵容公主，何以治天下！"

神龙三年七月，李重俊联合羽林军冲入武三思府中，杀死了武三思父子和全家。随后，又带兵想擒杀武三思的同伙上官婉儿、安乐公主和韦后。李显急忙带领韦后、安乐公主和上官婉儿登上玄武门。李重俊最终因为寡不敌众，失败了。平定了太子李重俊之乱后，安乐公主和韦后更加肆无忌惮。李显临朝听政时，韦后也要坐在帘子后面一起上朝。此时，韦后和安乐公主的野心已经暴露无遗，朝中的大臣们议论纷纷。有人上书李显，指责韦后干预朝政，安乐公主危害国家，揭露她们图谋不轨，告诫皇上不可不防。韦后知道后，指使部下把这个人抓起来，当着李显的面，将这个人杀死。

终于，韦后和安乐公主合谋毒死了唐中宗李显。韦后对李显秘不发丧，先把自己的亲信召入宫中，商议对策。他们讨论之后决定，立温王李重茂为皇太子。李重茂是李显的第四个儿子。此外，韦后又下令从各地调来数万兵马，驻扎在京城，保卫皇宫，一切安排妥当，韦后开始在太极殿宣布遗诏，临朝掌政。三天以后，十六岁的太子李重茂即位，尊韦后为皇太后，皇太后临朝摄政。但是韦后没有就此满足，她试图效法武则天，自居帝位。

临淄王李隆基和太平公主不满韦后的所作所为，发动政变，带领禁军攻入皇城。杀死了韦后、安乐公主、上官婉儿等人，逼迫李重茂让位，立相王李旦为帝，即唐睿宗，韦后之乱就此结束。

姑侄斗法，权力的诱惑

太平公主是武则天的女儿，武则天认为公主的长相和性格都像自己，非常宠爱她。太平公主八岁时，为了给已经去世的外祖母荣国夫

第四章
日月当空，拨响内乱之弦
· · · · · ·

人杨氏祈福，出家为女道士，太平一名，就是她的道号。虽然号称出家，她却一直住在宫中。一直到吐蕃派使者前来求婚，点名要娶太平公主。李治和武则天不想让爱女嫁到远方，又不好直接拒绝，就修建了太平观让她入住，正式出家，来避免和亲。直到太平公主十六岁的时候，下嫁给唐高宗的外甥，城阳公主的二儿子薛绍。后来因为薛绍被卷入一场谋反案中，使武则天觉得太平公主嫁错人了，下令将薛绍杖责一百，饿死狱中，当时太平公主最小的儿子才刚满月。不久，太平公主改嫁给武攸暨，武则天在太平公主第二次结婚的两个月后正式登基，太平公主因为成为武家的儿媳而避免了危险。在第二次婚姻期间，太平公主大肆包养男宠，并曾将自己中意的男宠二张兄弟进献给母亲武则天。

后来，武、李两家的矛盾尖锐，武则天召回庐陵王李显，让他继续当太子，并通过一系列的联姻将武、李两家联系起来，希望能够消除未来的政治斗争。同时，武则天让太平公主和上官婉儿以及她的两个男宠张昌宗、张易之掌握权力，太平公主权倾一时。太平公主一生参与过三次宫廷政变，第一次政治斗争就是张柬之等起兵诛杀张易之和张昌宗兄弟，斗争胜利后，她因功被封为"镇国太平公主"。

太平公主参与的第二次政治斗争是李隆基起兵诛杀韦后。太平公主的三哥唐中宗李显即位后，皇后韦氏想效仿武则天，登基称帝。太平公主也开始建立自己的势力集团，和安乐公主形成了对立面。皇后韦氏与女儿安乐公主合谋毒死了李显。韦后立温王李重茂为皇帝，自己临朝摄政，并密谋除掉李旦和太平公主。在这种情况下，李隆基联合军队起兵，杀死了韦后和安乐公主。太平公主在这次斗争中参与了事先的谋议，还派儿子薛崇简直接参加了行动。她还出面将李重茂从王位上赶下来，让四哥李旦坐上了帝位。

一开始，李隆基与姑母太平公主的关系是很好的，他们是一根绳索上的两只蚂蚱，命运相连，没有什么利害冲突，还在诛杀韦后一党的政变过程中，彼此支持、互相配合。但是天上不能有两个太阳，国家不能有两个主人。如果日后李隆基成为皇帝，那太平公主就不能再操纵权柄了。所以，当两个人共同的敌人消失后，姑侄间的争斗就不可避免。他们围绕着权力进行了你死我活的斗争。

唐睿宗李旦没有遵循嫡长子的继承制，以功业为首，选择三子李隆基作为皇太子，得到大臣包括宗室和太平公主的一致赞同。当时政局形势，只能是李旦当皇帝，李隆基当太子，太平公主并没有萌发当皇帝的意愿。但是随着时间的推移，她开始自命功高，觉得自己支持过太子李隆基，他当时又只有二十多岁，没有多少从政经验，总会依照她的意图办事。但是，过了几个月，她就发现太子李隆基十分精明，自有一套政治主张，绝不会屈居于姑母之下。拥护太子的一批大臣如姚崇、宋璟等人认为，过去的朝政被外戚和诸公主干预得太厉害，强烈要求革除这种弊政，这样就触犯了太平公主的私利。

从此，太平公主就把太子李隆基看成了自己政治上的对手，很想利用自己的权势换一个容易控制的人取代他。李隆基当太子不到四个月，"太子非长，不当立"的流言蜚语就传播起来了，而制造这种舆论的不是李隆基的长兄李宪，而是姑母太平公主。在大造舆论声势的同时，太平公主也在不断扩充势力，她的支持者窦怀贞、萧至忠、崔湜等都担任要职。当时有人甚至说："在外只听说过太平公主，却没听说过有太子。"面对太平公主的行动，李隆基深感不安，姑侄之间的矛盾日益加深。有一次，太平公主私下挑动李宪说："废掉现在的太子，让你来取代怎么样？"李宪并没有个人的政治野心，立刻把公主的原话向李隆基说了。太平公主见拉拢李宪失败，又召集宰相要求将太子换掉，甚至亲自拦住上朝的宰相，要求他们废立太子。宰相姚崇、宋璟、郭元振等人都是太子的支持者，他们当面抗争说："太子为江山社稷立下了大功，本该成为储君，公主您有什么资格提出异议呢？"这番严正的驳斥，使太平公主无言对答。

随着宫廷斗争的激化，唐睿宗李旦夹在儿子李隆基和妹妹太平公主这两大政治势力之间十分难受，甚至产生了不愿意当皇帝的念头。李旦让太子监国，想要传位给李隆基。他趁太平公主在蒲州时，召集三品以上大臣商量说："朕生性淡泊，并不以至尊皇位为贵，从前为皇嗣时，让位于中宗，现在我想传位给太子，你们以为如何？"消息一经传出，无论是公主集团还是太子集团都惊讶不已，谁都没想到即位仅仅十个月的唐睿宗就要传位了。太平公主远在蒲州，公主集团的殿中侍御史和逢尧立即对李旦说："陛下还年轻，被四海所依仰，这样不好吗？"李旦当时传位确实早了一些，李隆基为了使自己处于主动地位，立刻叫自己的老师李景伯上疏推辞，甚至连监国也要让掉，他还奏请让太平公主还京，得到了李旦的同意。李旦见没有人支持，只好打消自己的主意，暂时不提传位的事了。

一年半后，天象出现了异常。作为太子对头的太平公主借术士之口向李旦报告说："根据天象，彗星出现预示着除旧布新，帝座和前星有灾，这显示太子应该当天子，不适宜继续当太子。"太平公主这样做并不是真的想让李隆基当皇帝，而是在制造李隆基要抢先夺位的流言蜚语，挑拨李旦与太子之间的关系。谁知，太平公主竟然弄巧成拙，李旦竟然下定决心传位避灾，任凭太平公主苦苦劝谏，李旦就是不为所动。碍于嫡长子的舆论，李隆基心中总有本不该立为嗣的隐痛，又迫于太平公主的压力，他总是诚惶诚恐。李隆基不懂父亲此次为什么如此坚决，入宫参见李旦，连连叩头，请求父亲给他个说法。李旦说："你帮助大唐平定叛乱，功绩赫赫，顺天意尽人事，时机已经成熟了，不必再顾虑了，你如果能尽孝心，现在就是好机会，何必一定要等到我死了再即位呢？"李旦向李隆基表达了自己坚决传位的意愿，李隆基无可奈何，只得接受。

太平公主见阻止不了传位，又另出计策，提出让李旦主持政局，希望架空新皇帝李隆基的实权，但是李旦并没有采纳。唐睿宗李旦举行了正式的传位大典，他被尊称为太上皇，新君李隆基即位，就是历史上的唐玄宗。李隆基登基后，太平公主依然没有放弃自己谋求政权的企图，秘密安排羽林军刺杀李隆基。李隆基得知这个消息后，决定先下手为强，杀了太平公主手下的大将，使她失去左膀右臂。太平公主见到大事不妙，请求侄儿放自己一条生路。但是李隆基不为所动，将太平公主赐死在公主府。

唐玄宗李隆基是唐睿宗李旦的第三子，他是李氏家族的皇帝中在位时间最长的一位，长达四十五年之久。在他的统治下，大唐王朝可谓是大起大落，由兴盛到衰落。在他的统治前期，唐朝进入了全盛时期，中国封建社会达到了顶峰阶段，铸就了"开元盛世"的佳话；在他的统治后期，朝野乌烟瘴气、一片混乱，大唐开始陷入了悲剧的深渊。

第五章

大唐惊变，繁华盛世过眼云烟

君临天下，历尽周折登帝位

能当皇帝靠的不只是家世，还要有运气。李隆基的运气就很好，虽然他不是长子，甚至父亲唐睿宗李旦也差一点就做不上皇帝。可是李隆基是个有福气的人，费尽周折，最终坐上了皇帝的宝座。

李隆基是唐睿宗李旦的第三个儿子，李隆基生于东都洛阳，他出生时，唐高宗已经过世，大唐王室正处在皇位争夺最为激烈的时期。李隆基出生的前一年，父亲李旦被武则天立为皇帝，母窦氏为德妃。六年后，武则天宣布将李旦降为皇嗣，改唐为周，登上了皇帝的宝座。因此，李隆基时时要为父亲的生死存亡和自身命运担忧。他自幼饱读诗书，聪慧过人，胸怀大志。

李隆基七岁那年，一次在朝堂举行祭祀仪式，当时掌管京城守卫的金吾将军武懿宗厉声训斥侍从护卫，李隆基马上怒目而视，大声喝道："这里是我们李家的朝堂，轮得着你在这里耀武扬威吗？你真是胆大包天，竟敢如此训斥我家的护卫！"李隆基的这番话让武懿宗愣住了，看着这个小孩目瞪口呆。武则天得知后，不但没有责怪李隆基，反而对这个孙子更加喜欢。到了第二年，李隆基就被封为临淄郡王。

后来，已经知天命不远的武则天将自己的儿子庐陵王李显迎回了宫中，唐睿宗李旦以皇嗣身份让位于皇兄，自己再次被封为相王。到了神龙元年，八十二岁的武则天病情继续恶化。

那时，李隆基初涉政坛，耳濡目染了宫廷政治斗争的残酷与复杂，增长了很多见识，丰富了对国家政务的阅历。在青年时期，对李隆基影响最大的应当是"五王政变"。张昌宗和张易之兄弟倚仗着武则天的宠爱，权势冲天，他们利令智昏，大有顺之者昌、逆之者亡的势头。二张兄弟将私自议论他们的邵王李重润和他的妹妹永泰郡主、妹夫魏王武延基下狱逼死。这个举动不仅得罪了李氏，也得罪了武氏，迫使他们联合起来反对二张。神龙元年，张柬之等人联合右羽林卫大将军李多祚发动宫廷政变，起兵诛杀二张，逼武则天退位，拥立李显复位，拜李隆基的父亲李旦为安国相王，拜太尉，以宰相身份参预国政，并改"周"为"唐"。当年年底，武则天去世，那年李隆基已经成长为二十岁的青年才俊。

唐中宗李显即位之后，立曾经和自己共患难的韦氏为皇后，韦后野心勃勃，她总想和武则天一样，尝尝做皇帝的滋味。在武则天死后，李显懦弱无能，又过分信任自己的妻子韦氏，结果政权渐渐落到了韦皇后和她的女儿安乐公主之手。可是韦皇后虽然野心很大，实际上并没有多少才能，为了拥有能给自己出谋划策的人，她和安乐公主以及武则天的侄儿武三思等人相互勾结、狼狈为奸，朝政变得腐败不堪。

李隆基出任潞州别驾，积极网罗人才，为以后发动政变做准备。不久，罢潞州别驾，返回京城，他广结禁军首领，暗地里结交各种有识之士，培养亲信党羽，等待发动政变的时机。

唐中宗李显被妻子韦皇后和女儿安乐公主合谋毒杀。然后，韦皇后便想学习婆婆武则天，做第二个女皇。她立李重茂为帝，自己则临朝称制，掌握实权。为了自己的私欲，韦后将原来发动政变恢复唐朝的功臣、宰相张柬之贬官驱逐，又效仿原来武则天的做法，让自己的兄长韦温掌握大权，对于自己女儿安乐公主的违法卖官鬻爵也不加制止，反而更加纵容。

这时，一直静观其变的李隆基和姑姑太平公主便抢先发动了兵变，率领御林军万余人攻占了皇宫，处死了韦后、安乐公主及其党羽，迫使

第五章
大唐惊变，繁华盛世过眼云烟
· · · · · · ·

李重茂退位，拥立父亲李旦复位。李旦即位后，按照嫡长子继承的制度，太子应该是李宪，而不是三子李隆基。李隆基在兄弟排行中是第三，所以小名叫三郎，李旦的长子是宋王李成器，后来改名为李宪。但李隆基作为政变的主谋，功劳是其他人无法相比的。当时，诸王和大臣们说："李隆基有社稷大功，应该立为储君。"李宪的性格很像他的父亲，对权位没有那么渴求，他认为父亲得天下都是弟弟李隆基的功劳，便坚决让出了太子的位子，而且一直小心谨慎，没有可指责的过失，李隆基对哥哥既敬重又感激。于是李旦就立李隆基为太子。后来李宪死后，李隆基对群臣说："我的天下是哥哥让给我的，一般的谥号不足以说明我对哥哥的感激之情。"于是给李宪加谥号为"让皇帝"。

唐睿宗李旦得以复位，他的妹妹太平公主也出了不少力，太平公主善弄权术，议政处事的能力甚至超过了李旦，所以她逐渐掌握了朝廷政权，当时的七位宰相，有四位都是她的心腹同党。唐睿宗李旦也和唐中宗李显一样是个软弱的皇帝，不愿和太平公主发生正面冲突，总是一再忍让。太平公主却认为自己给了李旦做皇帝的机会，功劳很大，所以她越发飞扬跋扈起来。随着自己势力的强大，太平公主的野心也迅速膨胀起来，她渴望像母亲那样做女皇。

太平公主在李旦面前搬弄是非，挑拨他和李隆基的父子关系，但是最终李旦还是决定把皇位传给李隆基。太平公主见状，准备发兵攻打皇宫。狗急跳墙的太平公主还想毒死李隆基，因为李隆基每天要处理的事情太多，要靠吞食天麻来提神，太平公主买通了李隆基身边的宫女元容容，想在天麻里加些毒药，谁知走漏了风声。李隆基率先杀死了太平公主的大将，又派人把支持太平公主的五个宰相给杀掉，最后太平公主也难逃一死。

经过几番周折，李隆基终于登基为帝，成为了唐玄宗，掌握了皇帝应有的权力，开始亲政。他下令大赦天下，改年号为开元，表明了自己励精图治，再创唐朝伟业的决心。

为稳朝纲，整吏治控禁军

　　唐玄宗李隆基在清除太平公主之后，巩固了皇权，但当时的形势却不容乐观。接连的兵变大大地伤了朝廷的元气，而且吏治混乱、朝廷腐败，这些问题都亟待治理。

　　李隆基当机立断，对吏治进行了一番整治。他为了提高官僚机构的办事效率，采取了很多有效的措施。武则天执政以来，朝中有许多像摆设一样的机构和无用的官员，李隆基精简了朝中的办事机构，裁掉多余的官员，这样做，不仅让办事效率大大提高了，还节省了政府的支出，何乐而不为呢？

　　为了任用更多有才有为的官员，李隆基决定确立严格的考核制度，加强对地方官吏的管理。李隆基认为郡县的官员是国家治理的最前沿，因为他们常常要和老百姓打交道，代表了国家的形象。所以，李隆基经常亲自出题考核县官，了解这些县官是不是真正地称职，如果考试优秀，可以马上提拔，如果名不副实，就会马上被革职。每年的十月，他还会派出按察使到各地去体察民情，鼓励百姓举报那些贪官和庸官，一旦发现违法的官吏，严惩不怠。

　　武则天执掌政权之后，提拔了许敬宗和李义府等人做宰相，做了很多不能见光的事情，一旦公开会引起公愤，所以她废除了唐太宗时期就开始实行的谏官和史官参加宰相会议的制度。到了李隆基统治时期，他想让更多的谏官和史官参与讨论国家大事，监督朝政，所以对这项制度予以恢复。

第五章
大唐惊变，繁华盛世过眼云烟
· · · · · ·

除了整顿吏制，唐玄宗李隆基还对军事进行了改革，他增加了雇佣兵制度，加强对北门禁军的控制。因为他清楚地认识到军队是统治的命脉。

李隆基曾经在骊山脚下举行了一次阅兵仪式。由于每次政变都与禁军有关，为了防止政变再次发生，就一定要牢牢地控制住禁军。李隆基吸取政变之祸的教训，在这次演习中，他以突然袭击的方式，解除了功臣郭元振的兵权。郭元振是武则天执政时期的一名将领，后来在西土边陲立了功，唐睿宗李旦即位后，就让他官至兵部尚书同中书门下三品。后来，郭元振参与了一次政变，立下了大功。但是距离那次事变仅仅过去了三个月，李隆基却在这次阅兵仪式上，以军容不整的罪名，将郭元振流放到了新州。与此同时，李隆基还宣布处斩了唐绍。其实，李隆基本来没打算真的杀了唐绍，只是想通过这个事情来树立威信，然而将军李邈没有领会李隆基的真实用意，马上将唐绍杀了，唐绍就这样含冤而死。

禁军从唐高祖李渊时就有了，那时叫做元从禁军。唐太宗李世民时，开始在玄武门设置左右屯营军，叫做飞骑。唐玄宗李隆基还是太子时，发动了一次政变，想要除掉韦后一伙人，当时韦后就是逃入了飞骑营而被杀的。在飞骑中挑选出骁勇善战、身体健壮的人，组成皇帝的护卫队，叫做千骑。这些皇帝的护卫队都隶属于羽林军，并没有独立的编制。后来，由于太子李重俊的政变和千骑有关系，所以进行了一次整顿，改名为万骑。

万骑在讨诛韦后的时候立了大功，地位急剧上升，人数也增加了很多，增设了龙武将军的职务，用来统帅万骑。龙武将军任用的都是有功之臣。当时还首次组建了北门四军：左、右骑和左、右羽林军。原本隶属于羽林军的左、右万骑两营，现在正式成为独立的编制。北门四军的组建与扩大对于诛杀太平公主势力起到了重要的作用。

开元时期，唐玄宗李隆基对边疆也进行了卓有成效的治理。早在李隆基即位之前，北方边境就已经危机四伏。北方的领土在唐朝初年曾经统一，而且设置了单于、安北都护府，分别管辖长城内外到贝加尔湖的广阔地区。在武则天执政初期，突厥人经常骚扰边境，还攻占了蔚州和定州，迫使唐朝将安北都护府南迁。契丹的李尽忠还利用当时的民族矛盾，煽动部下反叛唐朝，攻占了营州。武则天派兵反击，结果失败，安西地区的碎叶镇被突厥攻占，致使丝绸之路断绝。

为了重新统一北方，李隆基对兵制进行了改革，为收复北方领土做准备。唐高宗和武则天执政时期，对于军事不太重视，之前的府兵制由于均田制的破坏，农民大量逃亡，影响了军队的兵源。等到李隆基做了皇帝，士兵逃跑现象极为严重，军队战斗力也很低，无法和强悍的突厥军队抗衡。于是他接受了宰相张说的改革主张，建立了雇佣兵。从关内招募到军士十二万人，充当卫士，这就是长从宿卫，也叫做长征健儿。此后，经过了十多年的努力，李隆基将这种制度推广到了全国各地，取消了原来的府兵轮番到边境守卫的做法，解除了各地人要定期去边境守卫的辛苦。

除了雇佣兵外，由于边防军事的需要，左右羽林军的大将军经常要领兵在外巡视，禁军主要由左、右万骑负责。李隆基非常注重北门禁军将领的选择。陈玄礼最开始是万骑营长，因为骁勇善战，而且在政变中立了大功，被李隆基任命为北门禁军的首领，他从开元一直到天宝年间，一直忠诚地守护着唐玄宗李隆基。飞龙禁军又是另一支特殊的禁军力量。飞龙禁军是李隆基仪仗内的卫队，由宦官高力士掌握。

通过对吏制和军事的改革以及加强对禁军的控制，唐玄宗李隆基在位的四十多年里，基本上是天下太平，这一切也为开元盛世奠定了基础。

友爱之道难掩兄弟猜忌

皇室的兄弟之间为争夺权力而酿成祸乱之事，在史书上屡见不鲜，留下了斑斑血痕。唐玄宗李隆基却用友爱之道安抚兄弟，避免了政治残杀。

唐玄宗李隆基即位之初，政局可以说是比较稳定的，但李隆基心中仍然觉得有不安定的因素存在，那就是他的诸位兄弟：李成器、李成义、李守礼、李范、李业，被称为"五王"。李成器是李隆基的二哥，李守礼是唐高宗李治的孙子、章怀太子李贤的第二个儿子，李范和李业分别担任左、右羽林军，后来参与了讨杀太平公主的政变，立了功。这五位王爷在当时虽然没有觊觎王位的野心，但他们的特殊身份和在皇室中的地位，很容易被别有用心的人利用，如果处理不妥当，非常容易成为皇位不稳固的潜在因素。

唐玄宗李隆基为了控制皇族宗亲的财力，对食封制度进行了一些改革，食封是朝廷给王族发放的俸禄之一。唐中宗李显时期，宗室的王爷和公主的封户倍增，之后每次政局动荡之后，新的执政者都会施予恩惠，大加赏赐，于是王族的封户就像雨后春笋一样节节攀升。唐朝开国时，王爷的食封是八百户，最多不超过一千户，公主是三百户，最多不超过六百户。唐高宗之后，武则天所生的王爷和公主的食封都超过了祖制，李旦和太平公主的封户都高达三千户。唐中宗时期，太平公主的封户增加到五千户，李旦的封户增加到七千户，安乐公主的封户也高达三千户，其他的王爷和公主也都在千户以上。唐睿宗时期，太平公主的封户高达一万户。所以到了唐玄宗时期，他自然也要施恩于王族。李成器的封户为五千五百户，李成义为四千户，李守礼为一千八百户。国家的租调大量落入了诸王和贵戚家中，但是作为皇帝，必须适当地对亲王、公主做出妥协，才能取得他们的支持。

李隆基不是嫡长子，却幸运地继承了大统，他的内心深处对兄弟诸王颇有猜忌，因此时常暗中派人侦查自己的大哥李成器。当他得知李成器对政治并不感兴趣，而是一心痴迷于音乐，才稍稍放下心来。但是为了防患于未然，李隆基还是明文禁止诸王和朝臣的过密交往，因为这会造成很大的麻烦。

有一次，张说与李范联络时，正好被姚崇撞见了，他就向李隆基提及了此事。朝廷重臣和皇族宗室私下交往是极为敏感的话题，所以李隆基当然不会轻易放过，将张说贬为刺史。后来，光禄少卿、驸马都尉裴虚己和李范游宴，李隆基知道后，将裴虚己流放到新洲，让公主和他解除婚约。

接着又发生了一件事，内直郎韦宾和殿中监皇甫恂私下里议论朝政，结果被揭发了出来。李隆基立刻下令杀死了韦宾，把皇甫恂贬了官。韦宾是李业的妃子的弟弟，李业害怕受到牵连，惶恐万分，李隆基知道后并没有怪罪他，而是安慰了他，带他去赴宴压惊。

唐玄宗李隆基虽然表面上对兄弟并没有猜忌之心。但实际上，在事情接二连三地发生后，还是开始对宗室兄弟起了防范之心，提高了警惕程度。他重申了禁约，不仅禁止诸王和群臣的交结，还禁止皇亲国戚间的交结。在裴虚己事件后，李隆基对驸马都严加管教，不许他们和朝廷大臣们往来，以免搬弄是非。

李隆基一方面猜忌、观察、防范自己的兄弟们，另一方面又极力地显示自己对兄弟们的友爱之道。他赐给兄弟们宅邸，让这些宅邸相邻，并环绕在皇宫的一侧，这样的布局有兄弟共处的深意。

李隆基还经常在打理朝政的闲暇时间里，与兄弟们一同举办宴会，互相交流感情，还亲自去他们的宅邸，赏赐他们黄金珠宝等，为了表示与兄弟们永远共同分享富贵，他还将自己服用的丹药也赠给兄弟们。他几乎给每个逝世的兄弟都追封了太子的封号，这是一种十分特殊的友爱方式。

唐玄宗李隆基历经政变和动乱，为了皇位的稳定，所以必须大力宣扬和兄弟的友爱之情。李隆基不担心兄弟们享乐，只是猜忌、担心他们会有所企图，为了掩盖自己真实的矛盾内心，他才会在优待兄弟这件事上大做文章，真是煞费苦心。

废后不立，日诛三子

唐玄宗李隆基统治期间，发生过一件震惊天下的大事。太子李瑛、鄂王李瑶、光王李琚因试图谋反的罪名，被废为庶族，监禁在宫中的东城里，之后全部被诛杀。

当时很受宠的武惠妃报告李隆基说："陛下，太子和二王身披盔甲，互相串通，正打算谋反。"事发突然，李隆基也感到很意外，立即派内侍去查看，果然和武惠妃说的一样。李隆基大怒，立即废李瑛、李瑶、李琚为庶人，之后又全部诛杀。一日之间连诛三位皇子，且有太子在内，朝廷上下哗然一片，但是因为皇帝的严酷，所以没有一个人敢为皇子们申辩。

然而，这只是武惠妃设下的一个圈套，三位天真的皇子轻而易举就上了当。武惠妃本来只是宫中的一个下等侍女，幼年时被武则天召入宫中。李隆基在诛杀武氏子孙时，在宫中发现了文静美丽的武惠妃，一见钟情，纳为妃子。

在武惠妃出现之前，李隆基身边有一位赵丽妃，她生的儿子名叫李瑛，是李隆基的第二个儿子，后被立为太子。按照传统，太子应该由皇帝的嫡长子来当，这李瑛既不是嫡子也不是长子，本来没有机会当太子，但是李隆基的皇后没有儿子，所以嫡子根本就不存在。嫡子没有，就应该是长子当储君，然而长子小时候打猎被野兽抓伤了脸，所以不适合当太子。于是李瑛就顺理成章地成了太子。

武惠妃受宠后，赵丽妃就渐渐被冷落了，但是她的儿子李瑛的地位并没有受到威胁。直到李瑛的母亲赵丽妃去世，他失去了母亲的庇护，太子之位开始变得岌岌可危。

武惠妃虽然专宠，生了好几个孩子，但不知道为什么，她生的三个孩子都夭折了。所以生到第四个孩子李瑁的时候，她不敢自己带了，干脆送给了李隆基的大哥宁王，对外谎称是宁王的儿子。李瑁七岁的时候，武惠妃看儿子健康活泼，就从宁王那里把他接回身边，李隆基很高兴，封他为寿王。

武惠妃不甘心只当宠妃，她用了种种手段，扳倒了皇后，想成为新的皇后。由于皇后位置的空缺，李隆基就跟大臣提出要立武惠妃当皇后。但是这个提议一旦通过，武惠妃变成了皇后，那太子李瑛就得给她的儿子让位。有一位大臣出来说话了，他说："陛下，太子已立，武惠妃又有儿子，如果让她当皇后，难道太子也要跟着换吗？"李隆基想了想觉得的确不妥，于是放弃了立后的想法。武惠妃几乎到手的皇后之位随风而去，李瑛的太子之位保了下来。

虽然没能当上皇后，但是武惠妃还是想让儿子当太子，但是苦于在朝中没有支持者，所以一直没能得逞。寿王十七岁的时候，娶了杨玉环为妻。眼看儿子长大成人，成家立业了，武惠妃更着急了。就在这时，事情出现了转机。李林甫悄悄让宦官带话，许诺要帮助寿王，武惠妃在朝廷终于有了支持者。另外，武惠妃的女儿咸宜公主也长大了，嫁给了杨洄，她是唐中宗和韦皇后的女儿长宁公主的儿子。小夫妻两个都愿意帮助母亲让哥哥当上太子，武惠妃的势力一下子就增强了。她在后宫给李隆基吹枕边风，李林甫在外廷暗中相助，杨洄夫妇负责盯着太子的一举一动。

机会终于来了，杨洄向武惠妃汇报说："最近，我发现太子李瑛总和两个弟弟混在一起，三个人经常发表对皇帝的不满言论。"原来这三个人的母亲当年都曾经得过宠，后来有了武惠妃，都失宠了，所以同病相怜，我们不满意父亲对自己母亲的薄情。其实这本来算不上什么大事，可是武惠妃却将这件事小题大做，哭着对李隆基说："陛下，太子和两个王爷结党，说是臣妾夺了他们母亲的宠爱，想要害死臣妾母子呢，请陛下千万要为我们母子做主啊！他们还说了您好多不堪的话，实在太恶毒了。"李隆基听了十分愤怒，就跟宰相提出，太子和两个兄弟结党，擅自议论皇帝，应该废掉。

这时宰相张九龄说："陛下，太子是天下之本，不可轻易更换。"他还给李隆基讲了很多历史上因为听了女人的话，改换太子引发的祸害。李隆基此时根本听不进劝说，但是又碍于宰相的反对，没有马上决定。李林甫看到李隆基犹豫不决，退朝之后对着李隆基身边的宦官嘀咕了一句："这是皇帝的家事，有必要问外人的意见吗？'他知道，宦官肯定会把他这句话报告给皇帝。事情果然跟李林甫猜测的一样，李隆基得知李林甫的这番话后，觉得言之有理，但是毕竟事关重大，心中还是有些嘀咕。

就在这个时候，武惠妃沉不住气了，她派心腹宦官牛贵儿去找张九龄，跟他说："废了以前的太子，又会立新的太子，您要是能够支持，以后会有很大的好处的。"张九龄一听，觉得受到了侮辱，把牛贵儿骂走了，还把这件事报给李隆基。李隆基恍然大悟，原来武惠妃居然想对外廷插手，跟宰相勾结，越想越后怕，于是马上打消了废太子的想法。

李瑛的太子之位虽然保住了，但他在李隆基心目中的位置越来越边缘了。更糟糕的是，他的保护人张九龄后来被罢相了，远贬荆州。就在张九龄离开的第二天，李隆基再次召集宰相，商量要把太子李瑛废掉。

此后武惠妃设计派人向太子传旨，说是内宫有盗匪，请太子立即领兵护驾。于是，太子李瑛还有李瑶、李琚赶紧带着自己的卫队赶去了。等到三兄弟带兵进宫了，武惠妃装作惊慌失措的样子去向李隆基报告，说他的三个儿子要造反了。李隆基就把这三个人给抓起来了。

上一次李隆基要废掉太子，被张九龄劝阻了。现在的首席宰相已经是李林甫了，李林甫当然是支持废太子的。但是李林甫没有直接表态，而是说："这是陛下的家事，我们当大臣的不应该过问的，您就按照自己的意思处置吧。"这种说法貌似不表态，其实就是默认支持。看到宰相没有意见，李隆基就下定了决心。他直接派了一个宦官到宫里宣制，把太子李瑛、鄂王李瑶、光王李琚都废为庶人，又被赐死在长安城东的驿站里。

君臣同心，共建开元盛世

唐玄宗即位后励精图治，力求有所作为。故开元年间形成了政治清明、物阜民殷的局面，史称"开元之治"。

唐玄宗表示要量才任官，提拔贤能人做宰相。如著名的宰相姚崇、宋璟、张九龄都是唐玄宗时期的宰相和大臣。

姚崇办事果断，他因为向唐玄宗提出了十条建议而被器重，做了宰相。十条建议包括了勿贪边功、广开言路、奖励正直大臣、勿使皇族专权、勿使宦官专权等，唐玄宗基本上都按照姚崇的建议执行了。对于皇亲国戚，姚崇也不照顾。当时薛王李业的舅舅王仙童欺压百姓，为非作歹，姚崇奏请玄宗批准后，惩办了王仙童。姚崇还主持了开元初年对蝗灾的治理工作。当时在黄河的南北地区都发生了严重的蝗灾，蝗虫飞起来遮天蔽日，对庄稼的破坏异常严重。姚崇深知如果不能及时消灭蝗虫，不仅会导致经济的重大损失和百姓的灾难，而且对于国家稳定也不利。他亲自指挥，下令各郡县要全力以赴消灭蝗虫，有功的进行奖励。在他的大力推动下，蝗灾没有再继续蔓延，很快被制止住了。

姚崇之后是宋璟，他也很重视对人才的选拔任用，虽然他掌握朝政大权，但他决不徇私枉法，相反，对自己的亲属还更加严格地要求。一次，他的远房叔叔宋元超在参加吏部的选拔时，对主考官说了自己和宋璟的特殊关系，希望能予以照顾，弄个好官儿做做。结果被宋璟得知后，不但没有给他说情，反而特地关照吏部不给他官做。

张九龄是广东人，当时的广东被称为岭南，还不是发达地区，犯罪的人也经常被流放到那里，以示惩罚。所以在人们眼里，那里是荒凉、艰苦的地方。出身于广东的人由于历代在朝中做官的很少，所以那里出来的人很难在朝中做到宰相这么高的官。但是张九龄却凭借着自己出众的才华被玄宗相中。张九龄在做宰相之后，也像玄宗那样看重人的品德和才干，而不是看重其背景。在吏部参与选拔官吏时，他一直主张要公正选才，量才使用。同时，对于玄宗的过错，他也及时地指出，加以劝谏，不因为玄宗对自己有知遇之恩就隐瞒实情。

唐玄宗知人善任，赏罚分明，办事干练果断。有了贤能之臣的相助，李隆基开始大展宏图，开创开元盛世的壮丽之景，君臣同心，其利断金。

在唐玄宗统治的天宝年间，全国一共有超过一千多万户，实际人口超过了七千万。公元八世纪，世界上其他国家，如东法兰克福王国从塞纳河到莱茵河之间的人口是二百到三百万，直到十六世纪，地中海地区的人口才五千万至六千万，北非的人口是三百万。在农业经济为主的时代里，人口就是生产力。唐玄宗李隆基时期，人口繁盛，展现出当时中国的经济实力十分强大。

唐朝的版图，比汉代有了新的拓展。大运河把黄河流域与长江流域更密切地联系在一起，促进了全国经济的增长。当时全国的实际耕地面积约八百五十万顷，相当于六亿多亩，人均占有高达九亩多，耕者益力，高山绝壑，未耜亦满。

开元时期前来朝贡的藩国多达七十余个。这些藩国从东亚的日本、朝鲜到东南亚地区的诸国，从边疆到中亚、西亚乃至地中海地区。长安、扬州等城市，云集着从海陆丝绸之路来华的胡商番客，成为沟通中外经济、文化与政治联系的重要渠道。亚洲各国的留学生来华留学，络绎不绝，还有不少外国人在唐玄宗的朝廷中担任职务。

在唐玄宗李隆基统治的四十多年时间里，禅宗迅速兴起，儒佛道合流成为历史的潮流。李隆基就曾经亲自为《孝经》《老子》《金刚经》作注。当时的三夷教，就是祆教、景教、摩尼教，也在大唐得到了传播。

开元年间，李隆基听说一行和尚的学问十分渊博，尤其精通天文历法，就聘他来到京师，安置在皇宫里的光太殿，并多次去看望他，询问治国安民之道。李隆基诏令一行和尚改造新历，以纠正旧历的失误。一行和尚先制造了黄道游仪，以确定黄道的进退。接着，用它测量了二十八宿与天体北极的度数。在实际测量中发现了二十八宿的位置与古籍记载的不同，从而证明了恒星的位置是不断移动的。他使用自己设计的覆矩图，利用勾股图计算，得出了南北两地相距三百五十一里八十步，北极高度相差一度的结论，一行等人实地测量了子午线的长度，在当时的全世界都是首例。一行和尚还在研制成黄道游仪的基础上，参考了历代历法写成了《大衍历》的草稿，不久后就病逝了，张说和陈玄景继续编写，第二年撰成上奏，颁行了新历。《大衍历》提出了比较正确的"定气"概念，推算出与农时相应的二十四节气。

李隆基统治年间，唐朝的文教事业也有很大发展。四部图书的分类正式被国家官方图书馆所采纳，就是在这个时期。当时的藏书十分丰富，一共有五万三千九百一十五卷，而唐代学者自己著的书就有两万八千四百六十九卷，书多得简直让人眼花缭乱。李隆基曾经组织鸿儒学士，在集贤书院校订四部图书，编订《大唐开元礼》，这是当时最为完备的礼仪书籍，之后不久又完成了《大唐六典》的编纂，是当时最为完备的行政法典性质的文件。李隆基还大力提倡教育，广泛设立公私学校。允许百姓设立私学，下令天下的各个州县都要设置一所学校，招收更多的学生来上课，以至于当时的老人小孩都十分懂礼。诗圣杜甫和诗仙李白也生活在这个时代。

最能形象地说明开元时期的繁荣局面的是杜甫的那首《忆昔》：忆昔开元全盛日，小邑犹藏万家室。稻米流脂粟米匀，公私仓廪俱丰实。九州道路无豺虎，远行不劳吉日出。齐纨鲁缟车班班，男耕女桑不相失。

历经坎坷，鉴真东渡日本

唐朝时，扬州的佛教十分盛行，这里云集着中外僧人，佛寺多达三四十所。其中有一名僧人叫鉴真，俗姓淳于，生于唐武则天垂拱四年（688 年），他是扬州江阳县人，鉴真的家庭充满浓厚的佛教气氛，因为他的父亲是个虔诚的佛教居士，经常到大云寺参禅拜佛，并跟随大云寺的智满禅师受戒。在家庭的影响下，鉴真从小就对佛教产生了浓厚的兴趣。

他十四岁的时候，有一次跟着父亲到大云寺拜佛，被寺中佛像庄重、慈祥的造型所感动，随即向父亲提出想出家为僧的请求。父亲看他十分诚心，在征得智满禅师的同意后，让他在大云寺出家，智满禅师给他起了个法名叫鉴真。

唐中宗神龙元年（705 年），鉴真在大云寺从文纲和道岸禅师受戒，这两位禅师都是很有学识的僧人。经过两年刻苦的学习之后，他跟随道岸禅师来到佛教最盛行的洛阳和长安游学。二十二岁的时候，鉴真在长安名刹实际寺从高僧弘景，顺利地通过了具足戒。文纲、道岸、弘景都是律宗的传人，律宗出现在唐初，与佛教的其他宗派如天台、法相、华严、密、禅等同为著名的佛教派别，律宗以戒律为立宗原则，重视巩固内心，起到止恶兴善的作用，内部又分为南山、相部、东塔等派别，鉴真的研究以南山律宗为主。

鉴真在名师的影响下，对戒律的研究已经很深入，开始讲佛布道。他以对佛教特有的热情，巡游佛迹，苦读《四分律行事钞》《四分律疏》等经典，并先后从西京禅定寺义威、西明寺远智、东京授记寺金修、慧策、西京观音寺大亮听讲《律钞》等，由于他聪明好学，很快就成为了继文纲、道岸、弘景之后的又一位律宗专家。

唐玄宗开元元年（713年），鉴真回到扬州大明寺宣讲戒律，这时他已经是一位学识渊博、威望很高的佛学大师了，听他讲经和由他授戒的弟子多达四万多人。他还组织僧人抄写了三万多卷经书，参与设计建造寺院八十多所。

很多来大唐留学的僧人也十分仰慕他的佛学造诣。其中有来自日本的僧人荣睿、普照，他们受日本圣武天皇之命，请大唐的高僧东渡日本讲学，他们说："佛法虽然已经流传到了日本，可是还没有传法授戒的高僧，希望可以有高僧能前去日本。"鉴真听后，问寺内的诸多僧人："有谁愿意应此远请？"没有一个僧人应答。过了很久，才有一位叫祥彦的僧人说："你们的国度太过遥远，大海那么广阔，要在海上漂流那么久，路途艰辛，不知道能不能活着到那里，人生只有一次，我有幸生在大唐，进修未备，道果未克，不敢去冒那个险啊，所以我们才没有应答。"鉴真听后说："为了宏法传道，就算奉献出生命又怎样呢？你们都不去，那我去。"鉴真此时去意已决，开始做东渡日本的准备。

鉴真和弟子祥彦等二十一个人从扬州出发，第一次东渡日本，但是因为受到了官府的干涉而以失败告终。第二次东渡日本，他买了军船，采办了不少佛像、佛具、经疏、药品、香料等。随行的弟子和技术人员多达八十五人，可是船刚出了长江口，就受到狂风袭击，不幸破损，不得不返航修理船只。第三次东渡日本的时候，鉴真一行人航行到舟山海面的时候因为触礁而告失败。后来，鉴真准备由褐州出海，开始第四次东渡日本，但是在前往温州的途中被官府追缉，强制带回了扬州，又没有成功。尽管前四次都失败了，但是鉴真丝毫没有退缩之意，进行了第五次东渡日本，这次他从扬州出发，在舟山群岛停泊了三个月后，横渡东海时又遇到了台风，在海上漂流了十四天后，到达海南岛的南端崖县，在辗转返回扬州的途中，弟子祥彦和日本僧人荣睿相继去世，鉴真本人也因为长途跋涉，暑热染病，双目失明。

唐天宝十二年（753 年）十月，日本第十次遣唐使归国的前夕，遣唐大使藤原清河、副使吉备真备、大伴古麻吕和在大唐做官多年，担任过光禄大夫、御史中丞、秘书监等职务的日本留学生阿倍仲麻吕等也准备回国，他们一起到扬州延光寺拜访鉴真。藤原大使说："我们早就听说您曾经五次东渡日本，想要去传教，今日得见，万分荣幸，如果您仍然有这个愿望，那么弟子等有四艘船即将返回日本，船上应用物品俱备，不知道您是否愿意同行？"当时鉴真已经六十六岁高龄，而且双目失明，但是为了传教授戒，他欣然应允了日方的恳请。

鉴真想要再次赴日的消息在扬州传开后，有关寺院为了阻挠此行，严密防范。这时正好鉴真的弟子仁干从婺州来扬州，知道师父将要远行，就暗中约定由他备船在江头接应。等到夜晚来临，鉴真和弟子工匠等二十四人从扬州龙兴寺潜行至江头，迅即登艗启程，出大运河直入长江，直趋苏州黄泗浦，准备与日本的遣唐使船队成功会合。鉴真带去了如来、观世音等八尊佛像，舍利子、菩提子等七种佛具、《华严经》等八十四部佛经。因为担心官府发觉，所以分别乘第二、三、四船，鉴真乘坐第二艘船。驶入东海后，船队被强劲的东北风吹散，第四船杳无踪影，剩下的三只船奋力向前航行。鉴真等历经磨难，终于抵达日本九州，在日本僧人延庆的引导下进入日本太宰府，之后到达日本首都奈良，受到日本举国上下的盛大欢迎，皇族、贵族、僧侣都来拜见鉴真。

日本天皇在东大寺设了戒坛，让鉴真登坛主持，还任命鉴真为大僧都，统理日本僧佛事务。鉴真先后为太上皇圣武天皇、皇太后、皇子及四百余位僧人授戒。

鉴真虽然双目失明，但是能够凭借记忆校对佛经。他还精通医学，凭嗅觉辨识草药，为人治病。留下一卷《鉴上人秘示》的医书，对日本的医药学发展作出了贡献。

鉴真在书法方面也有很深的造诣，他的请经书帖被誉为日本的国宝。他在第六次东渡之时，携带了王羲之的行书真迹《丧乱帖》、王献之的行书真迹三幅，以及其他各种书法字帖五十卷。

在鉴真的东渡弟子及随行人员中，有不少是精通建筑技术的。在鉴真的领导下，建造了著名的唐招提寺。寺内的大堂建筑，坐北朝南，阔七间，进深四间，三层斗拱式形制，是一座单檐歇山顶式的佛堂。由于鉴真僧众采用了唐代最先进的建筑方法，所以这座建筑异常牢固精美，鉴真在此授戒讲经，把律宗传至日本，成为日本律宗的始祖。

鉴真除了随船带来的佛像，在日本又用干漆法塑造了许多佛像，著名的有唐招提寺金堂内的卢舍那大佛坐像、药师如来立像、千手观音菩萨像等。这种干漆法在中国早在东晋时期就已经出现，到唐朝时技术已经达到了很高的水平。武则天时期曾用这种方法塑造了高达九百尺的大佛。鉴真晚年，弟子忍基等人用干漆法制作了一尊高八十多厘米的鉴真坐像，神态安详，栩栩如生，这尊塑像被供奉在唐招提寺内。

后来，鉴真在日本的招提寺内圆寂。受鉴真弟子思托等人的委托，在鉴真圆寂的十六年之后，日本奈良的著名文学家真人元开写了《唐大和上东征传》，书中详尽描述了鉴真六次东渡日本的艰苦历程。

奸相口蜜腹剑，贤臣被贬荆州

唐玄宗李隆基统治前期出现的开元盛世，让也颇为得意，不禁开始沾沾自喜，觉得从此可以高枕无忧了，于是渐渐滋长了骄傲怠惰的情绪。他想现在天下太平无事，政事有宰相管理，边防有将帅守卫，我又何必每天都为国事操劳呢？于是，李隆基开始追求起享乐的生活来。

当时有一个大臣叫李林甫，小名哥奴，是唐高祖李渊的堂弟长平肃王李叔良曾孙，开元初年，任太子中允，后来又做了御史中丞。他是一个不学无术的人，什么事都不会做，专学了一套溜须拍马的本领。李林甫和宫内的宦官、妃子勾结，探听宫内的动静。李隆基在宫里说了些什么，想了些什么，他都能事先得知。等到李隆基找他商量事情，他就可以对答如流，简直跟李隆基想的一样。李隆基觉得李林甫又能干，又听话，想把他提为宰相，就找来张九龄商量。

张九龄，字子寿，曲江人，从小聪明好学，后来应举登第，被封了官职。张九龄看出李林甫不是正路人，就直截了当地对李隆基说："陛下，宰相的位置关系到国家的安危，如果您拜李林甫为相，只怕将来国家要遭到灾难啊，还望陛下三思。"

这话传到李林甫那里，他开始对张九龄怀恨在心。当时有一个将领叫牛仙客，目不识丁，但是在理财方面很有办法。唐玄宗想提拔牛仙客，但是张九龄没有同意。李林甫在唐玄宗面前说："陛下，像牛仙客这样的人，是宰相的不二人选啊，张九龄是个书呆子，不识大体。"后来，唐玄宗又找张九龄商量提拔牛仙客的事，但是张九龄还是没同意，唐玄宗发火了，厉声说："难道什么事都得由你作主吗！"虽然这件事就此作罢，但是李隆基对张九龄变得越来越不满。

李林甫为了能使自己得到皇上的赏识，让自己的仕途顺利，目光落在了武惠妃身上。武惠妃姿色娇美、楚楚动人，博得了皇帝的喜爱。但是在她之上还有皇帝的结发妻王皇后，所以无法独得宠爱。王皇后在李隆基还是临淄王时，便被封为王妃，对李隆基一往情深，而且颇识大体。在李隆基消灭韦氏集团的过程中，她为夫君出谋划策，倾己所能，帮助李隆基登上了皇位。为此，李隆基对她深深感激，立她为皇后。但是王皇后多年不育，而武惠妃却生了两个儿子，寿王李瑁和盛王李琦，所以武惠妃自然更能博得李隆基的欢心。

李林甫为了博得武惠妃的欢心，暗中揣摩她的心思。他知道当今的太子并非武惠妃所生，但是武惠妃也有儿子。李林甫决定支持立武惠妃所生的寿王李瑁为太子，以博得武惠妃的帮助。李林甫打听到，武惠妃身边有一个侍女瑞儿。于是，李林甫用财物买通瑞儿，让她将书信转给武惠妃。武惠妃将这封信读完，十分高兴，因为她终于有了支持者。武惠妃决心通过自己的努力让李林甫跻身高位，拥有重权，以便帮助自己的儿子得到太子之位。她除了不失时机地吹枕边风外，还将皇帝的喜恶爱憎告知李林甫，让李林甫投皇帝之所好，争取皇帝的赏识。

李林甫果然被任命为了宰相，同时任命的宰相还有侍中裴耀卿、中书令张九龄。三人之中，不论权力还是资历，李林甫都逊一筹，只能居于第三的位置。因此，李林甫在喜登相位之余，不免愤愤不平。裴耀卿和张九龄在朝臣中久负盛名，二人都以才学著称，威望甚高。

李林甫当上宰相后，第一件事就是要把唐玄宗和百官隔绝，不许大家在李隆基面前提意见。有一次，他把谏官召集起来，公开宣布说："现在皇上圣明，做臣下的只要按照皇上的意旨办事就足够了。你们看到皇宫前作仪仗用的马了吗？它们吃的饲料相当于三品官的待遇，但是哪一匹马要是叫了一声，就会被拉出去宰了，到时候后悔也来不及了。"有一个谏官不听李林甫的话，上奏本给李隆基提建议，第二天就被降职到外地去做县令。大臣们知道这是李林甫做的，所以再也没人敢向皇帝提意见了。

李林甫知道自己在朝中的名声不好。凡是大臣中能力比他强的，他就千方百计地把他们排挤掉。有一次，李隆基在勤政楼上隔着帘子眺望，兵部侍郎卢绚骑马经过楼下。李隆基看到卢绚的风度很好，随口赞赏了几句。李林甫得知这件事，就把卢绚降职为华州刺史。卢绚到任不久，又被诬说他不称职，再一次降了职。有还个官员叫严挺之，被李林甫排挤在外地当刺史，李隆基想起他，对李林甫说："严挺之还在吗？我觉得这人很有才能啊，还可以继续用。"李林甫忙说："陛下既然想念他，我去打听一下。"退朝后，李林甫连忙把严挺之的弟弟找来，说："你哥哥不是很想回京城见皇上吗？我有一个办法，叫你哥哥上一道奏章，说他得了病，请求回京看病。"严挺之接到他弟弟的信，真的上了一道奏章，请求回京城看病。李林甫就拿着奏章去见唐玄宗，说："太可惜了，严挺之现在得了重病，不能再干大事了。"李隆基就没有再提任用严挺之的事情了。

李林甫凭个人的力量是奈何不了张九龄和裴耀卿的，于是他便打算利用皇帝对张九龄的不满，扳倒对手。恰好诸皇子间的矛盾和立储问题激化起来，张九龄因为力陈己见被牵扯进去，李林甫见有机可乘，对张九龄进行了恶毒的攻击。

武惠妃设计陷害包括太子在内的三名皇子，还险恶地说他们想要图谋不轨。李隆基怒火冲天，召宰相入宫商议，想把太子和二王全都废掉。

张九龄应召前来，他不相信这三位皇子会谋反，就诚恳地对皇帝说："陛下，太子和诸王从未离开过深宫，天下人都庆幸陛下治理有方，在位长久，子孙繁盛。现在太子和二王都已长大成人，没听说过有什么过失，您为何要听信无根之语，只凭一时的喜怒将他们全废掉呢？而且太子是天下的根本，不能轻易动摇他的地位。春秋时，晋献公因听信了骊姬的谗言杀了太子申生，引了晋国三边大乱。汉武帝因相信了江充的诬告，治了庶太子的罪，使京城发生了流血事件。隋文帝因听信了独孤皇后的话废黜了太子杨勇，让隋炀帝即位，以至失掉了天下。如果陛下一定要这样做，臣不敢奉诏。"李隆基听张九龄的话有理有据，而且裴耀卿也支持张九龄的意见，就不再坚持废掉太子和二王了。

李林甫见状，一言不发。等到张、裴二相走后，他对皇帝身边的宦官说："这是陛下的家事，完全可以自己定夺，何必去问外人。"宦官将李林甫的话告知李隆基，李隆基开始犹豫不决。李林甫还利用一切机会在皇帝面前说张九龄的坏话，使李隆基对张九龄日渐疏远。

这年秋天，李隆基派宦官高力士给张九龄送来一柄白羽扇。张九龄接过扇子，不禁想到：扇子是盛夏用的，皇帝每年都是在盛夏时节赐臣子羽扇，用以驱暑。如今盛夏已过，正值凉秋，羽扇早已用不着了，而陛下却以扇子相赠，难道是想舍弃我？张九龄不禁心灰意冷，写了一篇《羽扇赋》，发泄自己心中的愤懑。

终于，张九龄和裴耀卿同时被罢相。李林甫终于铲除了朝廷中的绊脚石。从这个时期开始，唐朝的政治由明转暗，迎来了黑暗时期。

高力士当道，宦官得重用

由于担心宦官专权，搅乱朝政，所以唐朝初年时对宦官的控制很严格，在这一阶段，宦官的地位很低，并没有形成什么势力。到了唐玄宗李隆基时，宦官的地位因为一个人的出现而发生了很大的转变。

这个人就是高力士，原名冯元一，是名臣的后代，高力士的曾祖冯盎曾经担任高州总督，被封为耿国公，是朝廷的封疆大吏。他的父亲冯君衡只做了个小小的潘州刺史，还是依靠祖上的军功世袭来的。后来冯

第五章
大唐惊变，繁华盛世过眼云烟
· · · · · ·

家被牵连到一桩谋反案里面，惨遭抄家，冯元一被阉成了太监，送入宫中，那年他只有十岁。

入宫之后，冯元一的命运好了一点，因为武则天觉得他长相清秀、聪明伶俐，因此十分喜欢他，让人专门教育他。冯元一便开始在武则天左右服侍，但因为不习惯下人的身份，他不慎犯了小错，被武则天赶出了宫。幸亏有个太监高延福把他收为养子，冯元一从此改叫高力士。高延福是武三思的亲信，所以高力士经常在武三思家来往，武则天见了，又把他招进了宫。

经过一番挫折，高力士变得更加乖巧谨慎，也更会说话，懂得察言观色。他虽然是太监，但却勇猛过人，完全没有因为丧失了男性性征而变得懦弱。他不但弓马娴熟，在三军阵前也毫不胆怯。

当李隆基还是临淄王时，高力士便遇到了他，十分看好他的政治前途，用心服侍李隆基，而李隆基也很欣赏高力士的能力，把他当成了心腹。当时韦皇后弄权，李隆基发动政变，杀掉韦皇后，高力士鼎力相助，立下了汗马功劳。政变之后，唐睿宗李旦复位，李隆基便成了太子，高力士也跟着升了官，做了朝散大夫、内给事，掌管宫内百事。

在这之后的第三年，高力士又帮助李隆基再一次发动政变，杀死了太平公主和其党羽。事变成功之后，高力士又升了官。因为高力士一直陪伴在身边给李隆基出谋划策，还在一次又一次的斗争中冲锋陷阵，所以深受李隆基的信任，李隆基直接称呼他为将军，遇到一些不太重要的奏表，他都直接让高力士来处理。高力士并非不学无术，所以李隆基一直很放心把各种事务交给他来办理。高力士因为深受信任，所以手中掌握了实权，大小事务都由他做主，就像李隆基的家人一样，公主、王爷甚至太子都对他恭敬有加。据说太子还称呼他为二兄，公主和驸马辈的人物则称呼他为爷、翁。

作为太监的高力士也曾娶过一个吕姓的女子做老婆。当时京城刑部衙门有一名小吏叫吕玄晤，收入微薄，家用拮据。不过，他却有一个生得国色天香的女儿吕氏，吕氏不仅貌美，而且擅长做女红，她经常和母亲一起为那些官宦人家的女眷做女红。有一次，吕氏为韦坚的妻子绣罗裳，正好遇到韦坚的姐姐惠宣太子妃，她远远地看见了这件罗裳，竟然以为衣服上绣的花是真的。于是吕氏的巧手在各王府内眷中传开了，公主、王妃们纷纷请她来刺绣。吕氏随母亲来到李林甫的府邸，为他的小姜剪裁衣裳。恰巧高力士也为朝事来找李林甫，和吕氏母女撞了个正着，吕氏的美艳姿容让高力士目瞪口呆。李林甫看在眼里，就请吕玄晤来府，要为他的女儿作媒，虽然高力士是个太监，但是宰相为媒，吕玄晤虽然心中有些不情愿，但也不敢不答应。高力士将聘礼送到了吕家，娶吕氏为妻。婚礼的场面非常热闹，不亚于公主的婚礼排场，贵客盈门，高官满坐。吕玄晤嫁女不久，便被提拔为少卿，吕氏的兄弟也都当了高官。后来，吕氏因为给贵妃刺绣劳累过度，一病不起。吕氏的葬礼极为隆重，朝中卿相，远近刺史、节度使都派人来祭奠，参加葬礼的车辆，从高力士府邸到城东墓地，一路络绎不绝，可见高力士的名望之高。

作为太监，高力士即便再有才华，也不可能永远得到信任和宠幸，但是高力士的情商极高，知道如何讨皇帝的欢心，所以一直都被皇帝欣赏和信任。在李隆基最为宠爱的武惠妃病死后，后宫数千佳丽没有一个能让他满意。李隆基通晓音律，能自己作曲，所以他很欣赏多才多艺的女子。高力士便心领神会地向李隆基推荐了寿王妃杨玉环。杨玉环精通音律，歌声甜美，舞姿妖娆，深得李隆基的欢心。

除了会讨好皇帝，高力士在处理政治问题的时候也显得游刃有余。当时掌握大权的大臣们，如李林甫、韦坚、杨国忠、安禄山、高仙芝等人，也都懂得跟高力士搞好关系。对于李隆基来说，有一些事情自己不便出面，让高力士去做，就灵活得多。李林甫死后，安禄山、哥舒翰、安思顺三个矛盾很深的人一起来到京师。为了调和矛盾，李隆基让高力士代自己设宴款待这三个人，想让他们和解。虽然没有达到目的，但是由于高力士的出面，哥舒翰对安禄山的怒骂未作回击，才使矛盾没有进一步激化。

　　天宝初年，诗人李白来到长安。有人把他推荐给了唐玄宗李隆基，李隆基在金銮殿上召见了他，封他为供奉翰林，要他在宫中写诗作文。恰巧宫中的牡丹花盛开，李隆基带着杨贵妃在沉香亭饮酒赏花。李隆基派人把李白召来，让他写几首诗来助兴。这时，李白正在喝酒，烂醉如泥。有人把他扶上马背，送到宫中，用冷水泼醒他。等到酒醒了，李白提起笔来写了《清平乐》词三首，颂扬杨贵妃和牡丹花，诗句优美清新，李隆基和杨贵妃非常高兴，赏赐了李白。

　　高力士见李隆基十分欣赏李白，心中不快。尤其是之前的一件事让他对李白怀恨在心。有一次，李白在宫中喝醉了，竟伸出了脚，对坐在身旁的高力士说："快帮我把靴子脱了。"高力士一时不知所措，只得给李白脱下靴子。要知道那时的高力士权力很大，文武百官没有一个不巴结他，李白居然让自己给他脱靴子，简直是奇耻大辱，所以他一直找机会想报复李白。于是，高力士在杨贵妃读李白的《清平乐》词时，在一旁说："我本以为贵妃受了李白的侮辱，一定会对他恨之入骨，没想到您这么喜欢他的诗。"杨贵妃惊讶地问道："李学士怎么会侮辱我呢？"高力士说："贵妃您看，诗中有一句'借问汉宫谁得似，可怜飞燕倚新妆'吗？要知道这赵飞燕是歌女出身，虽然后来被立为皇后，但是作风不正，最后被贬为庶人。李白将赵飞燕跟您相比，不是把你看得低贱了吗？"杨贵妃听完恼怒起来，对李白咬牙切齿。后来李隆基几次想任命李白官职，都被杨贵妃阻止了。

　　高力士对唐玄宗一直忠心耿耿，因为他的一切都由玄宗而来。虽然他总是在皇帝身边煽风点火，但是也向皇帝提过一些很好的建议。开元盛世后，李隆基沉湎于酒色中，朝政由李林甫、杨国忠等人把持。当时边镇的力量过于强大，高力士曾经向李隆基反映过几次这个问题，还劝告过李隆基不要把权力给李林甫等人。

　　高力士晚年的时候被流放到了湖南，后来被赦免，在返回长安的路上，他听说两位皇帝都死了，马上精神崩溃，也死在了路上，享年七十三。他的墓，紧挨着唐玄宗李隆基的陵墓。高力士的一生，从贵族家公子到死囚，再到小太监，先后历经武则天、唐玄宗、唐肃宗、唐代宗四朝皇帝，亲历了唐王朝的由盛而衰。

儿媳变宠妃，从此君王不早朝

　　唐开元二十八年（740 年）十月，当时已经五十六岁的唐玄宗李隆基，率领着庞大的随行朝臣，摆开华丽的仪仗，离开京都长安，浩浩荡荡地向位于骊山西北麓山下的温泉宫进发。在这次温泉宫之行后，李隆基颁布了一道诏敕，准许寿王李瑁的王妃杨玉环出家的请求。不久之后，这位道号为"太真"的女道士，就从李隆基的儿媳变成了他的宠妃。

　　唐玄宗李隆基一共有三十个儿子，寿王李瑁是他的第十八个儿子。寿王的王妃杨玉环是一位绝代佳人，雍容华贵，体态丰盈，娇媚动人。当时有一种淡红色的小花，状若杨梅，叶子宛如鸟羽，人们用手一碰，它那羽状的叶子就会很快闭合，叶柄也慢慢垂下，就像涉世未深的娇羞少女，所以叫它含羞草。有一天，杨玉环在赏花的时候，无意中碰到了含羞草，含羞草的叶子立即卷了起来，人们都说这是因为杨玉环的美貌使花儿自惭形秽，羞得抬不起头来，便称杨玉环为羞花美人。

　　那时，李隆基的宠妃武惠妃因病去世了，尽管后宫美人很多，但是没有一个让他觉得中意的。宦官高力士见皇帝闷闷不乐，就给他讲了羞花美人的故事。李隆基听后大喜，立刻回忆起这位儿媳。当初，杨玉环被册封为寿王王妃的时候，李隆基以父皇的身份接受过小两口的叩拜，他还在婚诏中称赞过儿媳。杨玉环的父亲杨玄琰，曾经担任蜀州司户，

第五章
大唐惊变，繁华盛世过眼云烟
* * * * * *

杨玉环生在蜀州，幼年时父亲就死了，被寄养在叔父家，她的叔父当时担任河南府司户，所以杨玉环实际是在洛阳长大的。杨家是隋朝宗室后裔，世代官宦。杨玉环十七岁时，被封为寿王妃，陪伴寿王度过了五个春秋。

就这样，李隆基诏令寿王妃杨玉环前往骊山的温泉宫。尽管寿王李瑁很不情愿，但他十分清楚父命难违，更何况自己的父亲又是当今的圣上。自从母亲武惠妃过世后，寿王李瑁就逐渐被李隆基冷落了，现在父亲要儿媳杨玉环前去侍驾，很显然就是要夺人所爱，但是如果抗旨不从，只会惹来杀身之祸，所以无奈只好从命。杨玉环和自己的夫君辞别后，来到华丽的温泉宫中，陪伴李隆基十几个夜晚。李隆基深深地爱上了杨玉环，和她如胶似漆，再也不愿分离。但是毕竟碍于公公和儿媳的身份，名不正言不顺，自古而来的伦理规范让身为天子的李隆基也不敢公然娶儿媳为妻。

李林甫给李隆基出了一条妙计：先让寿王妃杨玉环出家，绝于滚滚红尘，然后再回到尘世，就可以和皇帝结为夫妻了。于是，李隆基让杨玉环请命出家为已故的窦太后念经纳福，于是杨玉环摇身一变，从寿王妃变成了女道士，法号太真。几个月后，李隆基就把杨玉环接回宫去，册封她为贵妃，宫中呼为娘子，礼数和皇后一样。

李隆基对杨贵妃宠爱备至，整天形影不离，称赞她是自己的解语之花。开元末年，江陵地方进贡了很多柑橘，李隆基将十枚柑橘种在了蓬莱宫，到了天宝十年的秋天，柑橘树结了果，其中有两个柑橘结成了一个果子。李隆基与杨玉环将柑橘拿在手中把玩。李隆基说："这个柑橘好像知道人意一样，朕与爱妃本来是同一个身本，就像这颗果子一样，但是后来我们各自来到人间变成了两个身体，还好我们又相遇了，可以欢乐地在一起，就把这个柑橘叫做合欢果吧。"李隆基和杨贵妃相拥而坐，一起吃了这枚合欢果。

常言道：一人得道，鸡犬升天。因为杨贵妃得宠，杨氏一族也开始飞黄腾达。杨贵妃的三个姐姐韩国夫人、虢国夫人、秦国夫人每天天不亮就去了皇宫，太阳落山才回去，生活十分奢华。虢国夫人有一个夜明枕，她将枕头放在大厅里，光照一室，不用点灯烛；韩国夫人设置了一百枝灯树，树高八十尺，竖在高山上，上元夜的时候点亮，一百里外都可以看见，光明遮掩了月色；秦国夫人有一个七叶冠，是稀世珍宝。有一年上元节，杨家人在长安城街上夜游，与广宁公主的车马争出西市门。杨家的奴仆仗势挥鞭误打了公主，公主掉落在马下，驸马郑昌裔急忙去扶公主，却被杨家奴仆的鞭子抽在脸上。广宁公主哭着告诉了父亲李隆基，不料他并没有惩罚杨家，只下令杀了杨家的奴仆，反而将驸马郑昌裔免了官。于是杨家更加专横，出入禁门没人敢问，京师的长吏都为之侧目。因此当时长安有个歌谣说："生女勿悲酸，生男勿喜欢。"

为了讨杨贵妃的欢心，李隆基可谓煞费苦心。杨贵妃喜欢吃荔枝，每逢荔枝季节，李隆基总要委派专人通过每五里、十里的驿站从四川运来带有露水的新鲜荔枝，当时有一首诗描绘了这个情景"一骑红尘妃子笑，无人知是荔枝来"。除了荔枝，杨贵妃还很喜欢一种美酒，酿酒的水是高山上的清晨甘露，醇香芬芳，清而不淡，浓而不艳。李隆基每次以此美酒与爱妃对饮时，杨贵妃都会露出娇媚的笑容，"回眸一笑百媚生，六宫粉黛无颜色"，"华清笙歌霓裳醉，贵妃把酒露浓笑"。李隆基龙颜大悦，将这种美酒取名为"露浓笑"。

天宝五年，由于杨贵妃恃宠骄纵，得罪了李隆基，被遣回娘家。但是杨贵妃出宫后，李隆基太过思念她，饮食不进，高力士只得又把她召了回来。在这之后，二人的感情迅速升温。

天宝九年，杨贵妃又一次被遣送回了娘家。因为当时杨家人实在太过猖狂，为了给杨家一个下马威，所以李隆基才这样做。这一招果真很灵，杨家人慌了神，可又不好出面求情，杨贵妃更是终日以泪洗面。杨贵妃剪下了一绺青丝，托中使张韬光带给李隆基，李隆基一看到爱妃的青丝，就派高力士将她接回了宫。

第五章
大唐惊变，繁华盛世过眼云烟
‥‥‥‥‥

唐玄宗早年励精图治，重用贤能，直言纳谏，开创了历史上被人称道的开元盛世。后来因为他开始贪恋女色，强夺儿子之妻，公然立于后宫之首，从此埋下了祸根。

国舅杨国忠，外戚专权一手遮天

杨玉环晋为贵妃，杨氏家族就以外戚的地位，享有皇权赋予的种种特权。杨家上到长辈，下至同辈，几乎都蒙受了皇帝的恩泽。杨贵妃的三个姐妹都封为国夫人，兄长张国忠被封为宰相。

杨国忠，本名钊，唐蒲州永乐人。他是杨贵妃同曾祖兄，其实关系并不近，只能算是没出五服的兄妹。杨国忠从小行为放荡不羁，喜欢喝酒赌博，因此穷困潦倒，经常向别人借钱，人们很瞧不起他。三十岁时，他在四川从军，奋发图强，表现优异，但是因为节度使张宥看不上他，只任他为新都尉，任期满后，更为贫困。四川的大富翁鲜于仲通在经济上经常资助他，并把他推荐给剑南节度使章仇兼琼。章仇兼琼一见杨国忠身材魁梧、仪表堂堂、伶牙俐齿，心中非常满意，让他担任了采访支使，两人关系十分密切。

当时李林甫专权，章仇兼琼怕自己的官职难保。恰巧杨玉环被封为贵妃，贵妃的三位同胞姐姐也日益受宠。所以章仇兼琼便利用这一裙带关系，让杨国忠进入朝廷，成为自己的内援。他派杨国忠到京城向朝廷贡奉蜀锦，当杨国忠路过郫县时，章仇兼琼的亲信又奉命给了他价值万金的四川名贵土特产。到长安后，杨国忠把土特产分给杨氏的诸姐妹们，说这是章仇兼琼所赠。于是，杨氏姐妹就经常在李隆基面前替杨国忠和章仇兼琼美言，并将杨国忠引见给李隆基，李隆基封他为金吾兵曹参军。

从此，杨国忠就可以随供奉官随便出入宫中。

杨国忠在长安立稳脚跟之后，便凭借杨贵妃和杨氏诸姐妹得宠的条件，谋取私利。他小心翼翼地侍奉李隆基，投其所好，千方百计地巴结权臣。不久，杨国忠便担任了监察御史，很快又迁升为度支员外郎，兼侍御史。在不到一年的时间里，他便身兼十几个职位，成为了朝廷的重臣。

杨国忠建议李隆基把各州县库存的粮食、布帛卖掉，买成轻货送进京城，他经常告诉李隆基，现在国库十分充实，古今罕见。李隆基率领百官去参观左藏，一看果然如此，很高兴，便赐杨国忠紫金鱼袋，兼太府卿，专门负责管理钱粮。随着地位的不断升迁，杨国忠越来越受到李隆基的信任，他在生活上也变得极为奢侈腐化。

李隆基之所以如此信任杨国忠，除了为了取悦杨贵妃之外，主要是借以牵制李林甫的专权，也为将来取代已经衰老的李林甫做准备。起初，杨国忠为了向上爬，竭力讨好李林甫，李林甫也因为杨国忠是皇亲国戚，尽力拉拢。在李林甫陷害太子李亨时，杨国忠等人全力协助他行事，他在京师设立推院，株连太子的党羽数百家。后来，李林甫与杨国忠由于新旧贵族之间的争权夺利产生了矛盾。当时有一个宠臣叫王铁，他本是李林甫和杨国忠共同嫉妒的对象。但是李林甫为了牵制杨国忠，提拔了王铁，当杨国忠要陷害王铁时，李林甫又帮王铁开脱罪责。杨国忠非常生气，暗中做了手脚，导致李隆基开始疏远李林甫，王铁也被处斩，所有职务全都归了杨国忠。后来，李林甫也死了，李隆基任命杨国忠担任右相，兼文部尚书，杨国忠成为宰相，身兼四十多个职务。

杨国忠好大喜功，动辄就对边境少数民族地区用兵，曾两次发动征讨南诏的战争。第一次征讨时，杨国忠推荐自己的老友和党羽鲜于仲通为剑南节度使，并命其率兵攻打南诏，结果大败，南诏投附吐蕃，对此杨国忠不但没有处罚鲜于仲通，而且还为其邀功。接着，杨国忠又请求第二次发兵攻打南诏。李隆基命令在长安、洛阳、河南、河北等地广泛

第五章
大唐惊变，繁华盛世过眼云烟
* * * * * *

招兵，对于那些不想当兵的人，就给他们带上枷锁强行送到军营，他们的父母和妻儿哭声遍野。第二次攻打南诏也以失败告终。两次攻打南诏，损兵折将将近二十万人，成千上万的无辜将士暴尸边境，田园荒芜、民不聊生。

杨国忠对人民的疾苦一点都不关心。关中地区连续发水灾和严重的饥荒，李隆基担心会伤害庄稼，杨国忠就叫人专拿好庄稼给他看，并说："雨水虽多，但是并未伤害庄稼，陛下可以放心了。"李隆基信以为真。有地方官吏想向李隆基奏报当地的水灾实情，被杨国忠发现了，便叫御史审问他，处以酷刑，从此再也没有人敢如实汇报了。

杨国忠为了笼络人心，发展自己的势力，选官的时候不论贤能，而是按照他定好的名单，直接授官。选官大权由杨国忠一人垄断。

与杨国忠一样同为天宝年间朝廷新贵的安禄山，也深受李隆基的宠遇。但是，安禄山发迹比杨国忠早了很多。当杨国忠还没有担任高官要职的时候，安禄山就已经升任平卢节度使了，之后又兼范阳节度使、河北采访使、御史大夫、河东节度使，又被封为东平郡王。安禄山在朝中对老谋深算的李林甫一直十分惧怕，而对杨国忠则根本瞧不起。李林甫死后，杨国忠接替做了宰相，但是依然无法制服安禄山，便经常向李隆基说安禄山有谋反的野心和迹象，想借着李隆基的手除掉安禄山。可是李隆基认为这只是将相不和，不予理睬。

杨国忠一计不成又生一计，奏请让陇右节度使哥舒翰兼河西节度使，用来排斥和牵制安禄山。还建议李隆基召安禄山回朝，试探他有没有谋反之心。安禄山将计就计，装模做样地向李隆基诉说自己的一片衷心，李隆基更加信任他了，打算让安禄山也担任宰相。杨国忠知道后立即劝阻道："陛下，安禄山虽有军功，但是他目不识丁，怎么能当宰相呢？如果真的让他当宰相，恐怕四夷都会轻视朝廷的。"李隆基只好放弃，让安禄山当左仆射。

从此，安禄山与杨国忠以及唐王朝的矛盾变得更加尖锐激烈，一触即发，再加上杨国忠担任宰相以来，官吏贪污、政治腐败、民怨沸腾，从而导致安禄山发动了以征讨杨国忠为名，实则试图夺取皇位的叛乱。

安史之乱，终招大祸

唐玄宗李隆基在位时，为了加强边境的防御，在重要的边境地区设立了十个藩镇，藩镇的长官叫节度使，节度使带领军队，还兼管行政和财政，权力很大，地位十分重要。按照当时的惯例，节度使一旦立了功，就可能被调到朝廷当宰相。

自从李林甫掌权之后，不但排挤朝廷的文官，还猜忌边境的节度使。担任朔方等四个藩镇节度使的王忠嗣，立了很多战功，他手下的将领哥舒翰、李光弼，都是骁勇善战的名将。李林甫看王忠嗣立了很多战功，威望又高，担心他被李隆基调回京城当宰相，就派人向李隆基诬告王忠嗣想拥戴太子谋反，李隆基听后大怒，差点杀了王忠嗣，还是哥舒翰在李隆基面前苦苦申冤，李隆基才免了王忠嗣的死罪，改为降职。王忠嗣受了冤枉，心里十分委屈，又气愤又难过，抑郁成疾，没多久就病死了。

当时，边境的将领中有一些胡人，李林甫认为胡人的文化程度低，不会被调到朝廷当宰相，就在李隆基面前竭力主张重用胡人，理由是胡人骁勇善战，而且跟朝廷的官员没有联系，值得信赖。李隆基当时最担心的就是边境的将领谋反，就听从了李林甫的话，提拔了一些胡人当节度使。

在这些胡人中，李隆基特别看中一个叫安禄山的人。安禄山，原来没有姓氏，名字叫轧荦山，他的母亲阿史德氏，是突厥的一个巫师，以占卜为业。因为突厥人的战斗一词的发音是轧荦山，所以阿史德氏就用

第五章
大唐惊变，繁华盛世过眼云烟
· · · · · · ·

这个作为自己儿子的名字。安禄山从小就失去了父亲，他与母亲在突厥族里相依为命。后来，将军安波至的哥哥安延偃娶了他母亲为妻，所以轧荦山就改为姓安了。开元初年，安禄山跟着将军安道买的儿子一起逃离了突厥。长大成人后的安禄山通晓六国语言，所以当了个为买卖人协议物价的牙郎。

开元二十年（732 年），张守珪任幽州节度使，安禄山因为偷羊被抓住了。张守珪拷问他，准备乱棍打死。安禄山高声喊叫说："你不把力气留着去消灭蕃族，为什么要打死我！白白浪费了一条生命，还不如让我去打蕃族呢！"张守珪见他高大健壮又语出豪言，就放了他，让他跟同乡史思明一起去抓俘虏，他们英勇又机智，抓住了很多俘虏，于是张守珪就把安禄山提拔为偏将，还将其收为义子。

安禄山曾经在平卢军里当过将官，因为不遵守军令，打了败仗。边境的守将把他押送到长安，请朝廷处分。当时的宰相张九龄为了严肃军纪，就把安禄山判了死刑。李隆基听说安禄山很有才干，就下令把安禄山释放了。张九龄跟李隆基说："陛下，安禄山违反过军令，导致打了败仗，损兵折将，按照军法应该判处死刑，而且据我观察，安禄山不是个善良之人，如果放了他恐怕后患无穷。"李隆基固执己见，没有听张九龄的劝谏，还是赦免了安禄山。因为张九龄总是直言正谏，惹怒了李隆基，被撤了职。安禄山却靠他溜须拍马的手段，一步一步地升了官，当上了平卢节度使，兼任范阳节度使。

安禄山当了节度使以后，就搜罗各种奇珍异兽、金银珠宝，送到宫廷讨好李隆基。他知道李隆基喜欢听来自边境的战功报告，就采取阴险的手段，诱骗平卢附近的少数民族首领和将士参加宴会，在酒席上用酒灌醉他们，然后把他们杀掉，割下头献给朝廷报功。

安禄山还趁着李隆基在长安召见自己的机会，装出一副傻乎乎的样子。安禄山非常胖，而且个子比较矮，腆着个大肚子站在李隆基面前。李隆基指着安禄山的肚子开玩笑说："爱卿，你有这么大的一个肚子，里面装的都是什么东西啊?"安禄山不假思索地回答说:"陛下,我的肚子里没有别的,只有一颗对您赤诚的心。"李隆基认为安禄山真的对自己一片忠心。于是龙颜大悦,封他为郡王,还替他在长安造了一座跟王公贵族一样的华丽府第。安禄山搬进王府后,李隆基每天派人陪他一起饮酒作乐。

安禄山深受李隆基的信任。在与李隆基和杨贵妃共同宴乐时,安禄山每次不先拜皇上而是先拜贵妃。李隆基疑惑地问他:"你为什么不先拜我,而是先去拜贵妃呢?这是什么礼节?"安禄山回答道:"这是我们胡人的礼节,我们只知道自己的母亲是谁,不知道父亲是谁。"李隆基哈哈大笑,觉得安禄山很有意思。安禄山对李隆基说:"陛下,臣只是一个低贱的胡人,却蒙受您的荣宠,但臣没有什么特别的才能可以为陛下所用,实在是诚惶诚恐,我只希望可以为陛下去死。"李隆基听后感到十分受用,于是命一起侍宴的杨贵妃的堂兄杨铦、杨锜、杨氏三姐妹与安禄山以兄弟姐妹相称。

安禄山见杨贵妃十分受宠,知道和她搞好关系对自己十分有利,就在杨贵妃面前大献殷勤,杨贵妃虽然比安禄山小十八岁,但是他却请求给杨贵妃当干儿子,杨贵妃笑而不答。李隆基却鼓励贵妃收下这个"孩儿"。到了安禄山的生日,李隆基和杨贵妃赐给了他丰厚的生日礼物,过完生日的第三天,杨贵妃又召安禄山进宫,要替这个"孩儿"举行洗三仪式。杨贵妃让人把安禄山像婴儿一样放在大澡盆中,亲自为他洗澡,洗完澡后,又将皇室专用的锦绣缎料特制的大褓襁包裹住安禄山,让宦官和宫女们叫他"禄儿",还把他放在一个彩轿上抬着,在后宫花园中来回转圈,嬉戏取乐。李隆基听说了连忙摆驾观看,竟也觉得很有趣,赏赐了杨贵妃洗儿的金银钱物。从此,宫人们都称呼安禄山为"禄儿",对他出入皇宫不作任何约束。

安禄山就这样慢慢地骗取了李隆基的信任,除了范阳、平卢两镇外,又兼了河东节度使,控制了北方边境的大部分地区。他秘密扩充兵力,

第五章
大唐惊变，繁华盛世过眼云烟

提拔了史思明、蔡希德等一批猛将，任用汉族士人高尚、严庄帮他出谋划策，又从边境各族的降兵中挑选了八千名壮士，组成了一支精兵，囤积粮草，磨砺武器，时刻准备叛乱。没多久，李林甫得病去世了。杨贵妃的同族哥哥杨国忠凭着他的外戚地位，担任了宰相。杨国忠本来是个不学无术的人，安禄山打心底里瞧不起他，他也看不惯安禄山，两个人就产生了很大的矛盾。杨国忠经常在李隆基面前说安禄山一定会谋反，但是李隆基太信任安禄山了，根本不相信，没有理会杨国忠的话。

随着时间的流逝，安禄山的谋反迹象渐渐暴露出来了，他向朝廷要求把范阳的三十二名汉将都撤换掉，由他自己另外委派。李隆基亲手写诏书要安禄山回长安，他也推托有病去不了。李隆基开始对安禄山起了怀疑，但是万万没有想到他会这么快叛乱。

安禄山经过周密的准备，决定发动叛乱。这时，正好有个官员从长安到范阳来。安禄山伪造了一份李隆基从长安发来的诏书，召集将士宣布说："我接到了皇上的密令，所以要立即带兵进京讨伐杨国忠。"将士们面面相觑，觉得很突然，但是没人敢对圣旨表示怀疑。

第二天一大早，安禄山就带兵南下，十五万步兵、骑兵从河北平原上进发，一路上烟尘滚滚。中原一带已经有一百年左右没有发生过战争，老百姓有好几代没看到过打仗，看到这阵势，不禁恐慌起来，逃跑的逃跑，投降的投降。安禄山的大军一直向南进攻，几乎没有遭到什么抵抗。

叛乱的消息传到了长安城，李隆基最开始以为是有人造谣，还不相信，到后来警报一个个传来，他也慌张起来，立刻召集大臣商议。满朝官员没有谁经过这样的变乱，个个吓得目瞪口呆，不知道该怎么做。只有杨国忠得意洋洋地说："我早就说了，安禄山要造反，这不是让我说准了吗？不过陛下尽管放心，他的将士不会跟他一起叛乱的，不出十天，一定会有人把安禄山的人头送来的。"

李隆基听了这番话，放下心来。但是没有多久，安禄山的叛军就长驱直入，渡过黄河，占领了洛阳，安史之乱爆发了。

马嵬兵变，贵妃香消玉殒

安禄山趁唐朝内部空虚腐败，联合同罗、奚、契丹、室韦、突厥等共十几万士兵，以讨伐杨国忠为借口在范阳起兵。当时的唐朝因为一直天下太平，刀枪入库、马放南山，一点防范都没有。安史之乱爆发后，叛军一路势如破竹，河北州县立即望风瓦解，当地县令或逃或降，叛军控制了河北大部分郡县，河南的部分郡县也望风归降。叛军攻占东都洛阳仅用了三十几天的时间。安禄山在洛阳自称大燕皇帝，改元圣武。

李隆基听信了宦官监军边令诚的谗言，以防守不得力为罪名，处决了封常清、高仙芝两位元帅，任命哥舒翰为统帅，镇守潼关。由于地势险要，唐玄宗本可以利用这一优势暂时死守，保卫长安。可是李隆基太过急功近利，想要尽快平定叛乱，而且宰相杨国忠痛恨哥舒翰，因此公报私仇，想要借刀杀人。于是杨国忠挑唆皇上，让哥舒翰领二十万大军出战，结果，潼关守军被叛军诱入河南灵宝的七十里隘道，由于一边是山，一边是河，被围困在那里，所以全部被叛军歼灭，潼关遂告失守。潼关一破，都城长安失陷在即，朝廷一片哗然。

李隆基见情况危急，下诏令说要亲自率兵征讨叛贼安禄山，还任命京兆尹魏方进为御史大夫兼置顿使，京兆少尹灵昌人崔光远为京兆尹，兼西京留守，让将军边令诚掌管宫殿的钥匙。李隆基假称剑南节度大使颖王李将要赴镇，命令剑南道准备所用物资。当天，李隆基移居大明宫，夜深之后，李隆基命令龙武大将军陈玄礼集合禁军六军，重赏他们大量金钱，又挑选了骏马九百多匹。趁着天还没有亮，李隆基就带着杨贵妃姐妹几人、皇子、皇妃、公主、皇孙、杨国忠、韦见素、魏方进、陈玄礼和亲信的宦官、宫人从延秋门出发，仓皇逃难，在宫外的皇妃、公主和皇孙也顾不上了。

李隆基一行人路过国库的时候，杨国忠等人请求放火烧掉这里，他对李隆基说："陛下，不要把这些钱财留给叛贼，还不如一把火烧了。"李隆基心情十分低落，叹了口气说："如果叛军来了没有钱财，一定会向百姓征收的，还不如留给他们，这样就能减轻百姓的苦难了。"

天亮后，文武百官入朝，打算面见圣上，到了宫门口，看到仪仗队的卫士们仍然整齐地站在那里，可是等到宫门打开后，发现里面一片混乱，宫人们早上起来发现皇上不见了。于是王公贵族、宫女太监纷纷收拾东西，四散逃命去了。很多宫外的地痞流氓争相进入皇宫和王公贵族的宅第，抢夺金银财宝，还跑到皇宫大殿里四处游荡参观，放火焚烧了国库。几个大臣闻讯赶来，带着部下救火，派人守卫皇宫，杀了那些地痞流氓，局势才慢慢稳定下来。

这时，李隆基等人已经抵达咸阳县的望贤宫，到了中午，他们还没有吃饭，杨国忠就买来胡饼献给李隆基。百姓们看到皇帝居然来了，都觉得很稀奇，纷纷跑出来看，还把自家的饭拿出来，那些饭很粗糙，里面掺杂着麦豆等粗粮，但是皇孙们饿了好长时间，已经顾不得味道好不好了，纷纷争着用手抓来吃，不一会儿就吃光了。李隆基看了不禁落下了眼泪，又心疼又心酸。

有个老人向李隆基进言说："陛下，安禄山包藏祸心，阴谋反叛已经很久了，之前有人到朝廷去告发他的阴谋，但是陛下却常常把这些人杀掉，所以才让安禄山的奸计得逞，现在叛贼杀到了长安，陛下仓皇而逃，好不狼狈。我记得宋璟作宰相的时候，敢于直言进谏，所以天下太平安乐，但是后来，朝廷中的大臣都开始忌讳直言进谏了，只是一味地阿谀奉承，取悦于陛下，所以陛下根本无从得知宫外所发生的事情。如果不是现在安禄山反叛，事情到了这种地步，我又哪儿有机会能够见到陛下，当面诉说呢？"李隆基心中感慨万千，他对老人说："哎，这都是我的过错啊，但是事已至此，后悔已经来不及了。"

李隆基得知哥舒翰被俘，于是就任命王思礼为河西、陇右节度使，命令他立刻赴任，准备向东进讨叛军。李隆基一行人继续前进，来到了距离长安有百里之遥的马嵬驿。李隆基和杨贵妃两个人带着宫女、高力士在驿站内休息，杨国忠和韦见素等人在驿站外等候。

随行的吐蕃使者已经两天没有吃饭了，他们饿得红了眼，拦住了正在骑马四处查巡的杨国忠。杨国忠心情本来就十分烦躁，被人拦住后，大声吼道："快躲开，你们拦我干什么？"吐蕃使者用半生不熟的汉语说："请杨相国大人赏赐给我们一些吃的吧，我们已经两天没吃东西了。""我哪有吃的？你们看看那些护驾的禁军都已经一天没有进食了，他们都没得吃，我怎么可能有食物给你们？"杨国忠一边说一边用手指着不远处的官兵。吐蕃使者没有罢休，接着说："我们昨天都看见了，杨相国大人买了胡饼、麦饭给皇上、皇子和公主们吃了。"杨国忠面对这些节度使不好发火，只得耐着性子说："没错，我昨天是买了吃的给圣上，但那是在望贤宫啊，在咸阳，可是现在我们在马嵬驿，连个人都没有，更别提买吃的了，我现在就是有钱，想买也买不到啊，你们说是不是？"

吐蕃使者和杨国忠正在为食物的事情争吵的时候，李亨和陈玄礼在旁边看到了，向官兵们说："你们看，杨国忠打算谋反！"士兵们不信，李亨和陈玄礼指着站在不远处正和吐蕃使者说话的杨国忠，煞有介事地说："你们不信？那个逆贼正跟胡人们商量要劫持皇上，把你们这些人全部都杀死呢！"官兵纷纷认定杨国忠是叛贼，于是将杨国忠射下马来。杨国忠不知道发生了什么，一头雾水，惊慌失措地逃命，逃到马嵬驿的西门内，被士兵追上来杀死，他的尸体被肢解了，头颅被挂在西门外示众，官兵们又杀了杨国忠的儿子户部侍郎杨暄和韩国夫人、秦国夫人等人。

这时，御史大夫魏方进赶来，气愤地说："你们这些大胆狂徒，竟敢谋害宰相！"士兵们把他也杀了。韦见素听见外面大乱，跑出来查看，被官兵打得头破血流。有人喊："手下留情，不要伤了韦相公！"韦见素才免于一死。官兵们包围了驿站，李隆基听见外面一片哗然，就问发生了什么事，左右侍从回答说是杨国忠谋反了。李隆基走出驿门，命令他们撤走，但是官兵们不答应，都说杨国忠现在谋反被杀，杨贵妃不能再侍奉陛下了，让李隆基下令把杨贵妃处死。李隆基沉思了一会，走进驿站。京兆司录参军韦谔劝说道："陛下，现在众怒难平，情势十分危急，希望陛下尽快作出决断！"说完就跪下叩头，血流满面。李隆基辩解说："杨贵妃平日里住在戒备森严的皇宫里，并不与外人交结，怎么会知道杨国忠谋反的事情呢？更不会与这件事有关联。"高力士在一旁说："陛下，杨贵妃确实没有罪，但是将士们已经杀了杨国忠，而他的妹妹杨贵妃还在陛下身边，官兵们怎么能够安心呢？还望陛下好好考虑一下。"

李隆基见事情没有回旋的余地，只好下令让高力士把杨贵妃带到佛堂里，用绳子勒死。杨贵妃刚刚咽气，从南方送来的荔枝就到了，李隆基看到荔枝，想起平日和爱妃的各种事情来，不禁落下泪来。他叹了一口气，让部下把杨贵妃的尸体抬到驿站的庭中，召来陈玄礼等人，陈玄礼脱去甲胄，叩头谢罪，带领官兵们高呼万岁，整顿军队准备继续前进。

这位被李隆基誉为唐朝第一美人的杨玉环，就这样在马嵬坡香消玉殒了，年方三十八岁。杨国忠死后，他的妻子和儿子以及虢国夫人和儿子，都乘乱逃走，到了陈仓县，也被官兵抓获杀掉了。

繁华过后的凄凉晚景

马嵬驿兵变之后，唐玄宗李隆基带着部下打算到蜀地去。但是在他的队伍中却发生了意见上的巨大分歧。有的人认为不可以到蜀郡去，有的人主张到太原，有的人提议到朔方，有的人说还是回长安比较好，百姓们也堵住了道路，希望皇帝不要离开皇宫和陵寝所在之地。但是李隆基根本听不进去这些反对意见，一心想着尽快入蜀，最终还是毅然决然地西行了。

李隆基带着部分人马在前面先行一步，他让太子李亨留在后面劝慰父老乡亲。百姓们纷纷走出家门，拉住太子骑的马，太子无法前行，人越来越多，竟达到了数千人。太子的两个儿子和李辅国也都劝太子留下来，以便讨伐逆贼。李隆基走了一段路后，发现太子还没有跟上，心中产生了疑虑，他得知情况后，在无奈之下拨给太子两千人马，让他去收复长安。

李隆基自己带着人马一路逃亡到了成都，李隆基、李亨父子于马嵬驿分道扬镳之后，李隆基并没有听任李亨一个人去平定叛乱，自己在成都静待佳音。相反，他在入蜀的途中一直都在关注着平叛大军的情况。李隆基到达成都后的第十四天，李亨从灵武派出使者赴蜀，向李隆基报告自己已经即位。闻讯后，李隆基颁布了《命皇太子即皇帝位诏》，此诏其实已经没有任何作用了，因为太子早就已经即位，李隆基自己成为了太上皇，所以这道诏令徒有虚名，只不过是为自己被迫让位留点面子。诏书中，李隆基说自己尽管已经成为太上皇，但是李亨在处理军国事务的时候必须向他禀告。此外，他还为自己保留了处理政治事务的权力，并用诏令的形式使之固定化和法律化。李隆基命令左相韦见素、宰臣房琯等带着传国宝玉和册书到灵武，举行传位仪式，他还命贾至写了一篇《皇帝即位册文》，文中称赞肃宗有忠孝之诚，其实不过是官样文书。册文写好后，李隆基读了一遍，感叹万千地说："过去先帝传位给我，册文是你父亲贾曾所写的，现在我将传国宝玉和册书托付给储君，是你写册文。"贾至听后，黯然神伤了好久。

李亨在灵武，得到了郭子仪等人的帮助，扩大了军力，南下扶风，举起了平叛的大旗。在顺化的时候，他见到了韦见素等人。韦见素献上了传国宝玉和册书，但李亨不肯接受，假惺惺地说："现在中原还没有安定，我只是暂时总领百官，哪里敢乘人之危，抢夺皇位？"李亨将传国宝玉和册书放在别殿。天宝十四年（755年）的七月，李亨正式登基为帝，改元至德，成为了唐肃宗。

李亨即位后，从河西、安西征调来数万名精兵，又调回了河北前线的朔方节度使郭子仪和河北节度使李光弼所率领的五万军队，灵武一时军威强盛。接着，他又任命了官员和将帅建立起一套新的军事系统，对抗击叛军作了全面的部署。李亨还邀请回纥前来协助，回纥派来精锐的骑兵助战。此时，正好遇到叛军起了内讧，安禄山被他的儿子安庆绪杀了，他的部下不服，战斗力随之削弱，形势急转直下。随着安禄山的被杀，局势逐步稳定下来。唐肃宗李亨将父亲李隆基从成都接回长安。

回到长安后，李隆基住在城南的兴庆宫，李亨对他心怀猜忌、冷漠少礼。毕竟一国不容二主，李亨曾经想杀死父亲李隆基，他派了一队禁军骑马到兴庆宫外的甬道，幸亏被高力士喝退了禁军将士，李隆基这才保住了一条命。从此，李隆基禁言敛行。但是李亨还是对父亲不放心，他逼迫李隆基转移到太极宫去，以方便自己进行监控。所以，虽然名义上是尊李隆基为太上皇，实际上就是把他软禁了起来。

李隆基不再过问政事，侍奉他的仍是龙武大将军陈玄礼和内监高力士，还有他的亲妹妹玉真公主和旧时的宫女。李隆基对杨贵妃的死一直耿耿于怀，他从成都回来后，派人去祭悼她，李隆基把杨贵妃生前很喜爱的香囊珍藏在衣袖里，又让画工画了杨贵妃的肖像，挂在别殿里，每天都要对着画像凝望许久，唏嘘不已。

宦官李辅国为了立功以巩固自己的恩宠，上奏李亨说："太上皇住在兴庆宫，每天与外人来往，尤其是总和陈玄礼、高力士一起密谋，我担心他们会对陛下不利。"李辅国趁着李亨患病之机，强行让李隆基迁居到甘露殿。李辅国率领五百骑兵，剑拔弩张，气势汹汹地拦住李隆基一行人的去路，李隆基吓得胆战心惊，几乎坠下马来，幸亏高力士挺身而出，保护了李隆基，才使得他安全地迁居到甘露殿。事后，李亨没有责怪李辅国，反倒安慰了他几句。

李隆基的几个亲信遭到了大清洗。李亨把服侍了李隆基几十年的贴身宦官高力士以"潜通逆党"的罪名，流放到了巫州，从此，李隆基连一个说话的人也没有了；陈玄礼被勒令致仕；玉真公主被迫移居玉真观。只剩下李隆基一个人，茕茕独处，形单影只，好不凄惨。晚年的李隆基忧郁寡欢，于宝应元年（762 年）在孤独、凄凉中死去了。

第六章

江河残破，赫赫盛唐不归路

　　"安史之乱"使曾经繁荣的大唐王朝逐渐没落，风光一去不复返，中原大地动荡不安、生灵涂炭。唐玄宗的第三子唐肃宗李亨在乱世中登基，一直到死都没有平息大乱。唐代宗李豫即位后，为了平定这场历经八年之久的安史之乱，而采取了姑息政策，虽然最终成功平定，却导致了藩镇割据的局面，并把这个后患留给了自己的子孙。至此，大唐王朝走上了不归路。

第六章
江河残破，赫赫盛唐不归路
· · · · · · ·

艰难太子，唐肃宗趁乱执政

唐肃宗李亨，原名李玙，是唐玄宗李隆基的第三个儿子，从小聪明好学，两岁被封为忠王。李亨的命运可谓是跌宕起伏。

李亨出生在东宫的别殿，他的生母杨氏出身于弘农杨氏，是关陇地区的名门望族。杨氏的曾祖父杨士达在隋代任门下省纳言，武则天的生母就是杨士达的女儿。杨氏的父亲杨知庆因为祖上的原因也当了官。

李隆基在与杨氏成婚的前几天，刚被册立为太子。不久，杨氏怀孕，生儿育女本来是一件很高兴的事情。可是由于当时李隆基和太平公主的关系十分紧张，他担心太平公主会借题发挥，像隋文帝时的太子杨勇、唐太宗时的太子李承乾一样，借口太子沉迷于女色，难当大任而废掉自己的太子之位。因为这种原因，李隆基的内心十分焦虑，便让亲信偷偷弄来一些堕胎药，打算将这个小生命扼杀于杨氏的腹中，但是思来想去，这毕竟是一条小生命，而且是自己的骨血，最终没有狠下心来施行。

李亨出生以后，没能和生母杨氏生活在一起，因为杨氏仅仅是太子的一个小妾，而李隆基的太子妃则是后来做了皇后的王氏。在等级森严的宫廷中，太子妃是正妻，地位要比其他姬妾优越很多。但是太子妃王氏一直没有生育，杨氏知道自己的地位在太子妃之下，不敢独享为人母的喜悦，就提议和王氏一起抚养儿子，王氏很高兴，便把李亨接到自己的身边，对他百般呵护，极为疼爱，就像对待自己亲生的儿子一样。

李亨的兄长李瑛被册立为皇太子。第二年，李亨被拜为安西大都护，安抚河东、关内、陇右诸蕃大使，各设副使，他所任的职务并不出阁就职，从此，唐朝首开诸王遥领节度使的例子。这一年，李亨才刚刚六岁。李隆基特意为诸位皇子选派了老师，给他们授课，李亨有幸以贺知章、潘肃、吕向、皇甫彬等名士为侍读，他如饥似渴地学习知识，文化素养提高得很快。

开元十三年（725年），李隆基在泰山举行了封禅大典。回来后，他在安国寺附近修建了一处宅院，把那些已经长大成人的皇子安置在十王宅中，诸王分院而居，由宦官担任监院使，负责管理诸王的日常活动。李亨以忠王身份居于十王宅中，当时只有十五岁。

李亨在十王宅中一直生活了十三年，直到太子李瑛被废，他被立为了太子。从被推上政治舞台的那一刻起，李亨就被显而易见的政治威胁所包围着。威胁首先来自宰相李林甫，在开元末年之后，李林甫以及后来的杨国忠等宰相成为了对太子李亨威胁最大的政治势力。在太子与李林甫之间的较量与斗争中，李隆基几乎不出面遏制或阻拦宰相李林甫对太子李亨的轮番冲击，因为他并不情愿看到太子李亨羽翼丰满、势力扩张。对于李亨来说，成长在一个太平盛世，成为一位帝王的继承人，很难说是什么幸运的事。在开元天宝之交的七八年里，身为皇太子的李亨尽管偶尔会心情抑郁，但是在这期间，来自宰相李林甫的种种打击还没有能够危及到他太子的地位。李隆基对在十王宅中成长起来的皇三子李亨的政治素养十分了解，所以对他也没有什么不放心的。李隆基也不愿再像当年一日废三子那样剥夺李亨的继承权。所以在天宝四年（745年）之前，李亨伴随着大唐王朝的辉煌岁月度过了一段十分难得的好时光。

天宝五年（746年），对于太子李亨来说，真可谓是个多灾多难的年头。这一年，太子李亨的安宁生活被彻底打破，以往的平静与安谧已经一去不复返。

陇右节度使皇甫惟明，从驻地来到京师长安，向唐玄宗李隆基进献对吐蕃作战中的战利品，并拜访了太子李亨。皇甫惟明向李隆基进谏，大加赞扬了韦坚的才干，韦坚的姐姐是唐睿宗的第五子薛王李隆业的妃

第六章
江河残破，赫赫盛唐不归路
* * * * * *

子，韦坚的妹妹则嫁给了李亨，他还表达了应当将李林甫撤职的态度。李林甫在得悉了皇甫惟明的密奏后，便利用宰相的有利身份，开始准备对太子集团进行反攻。杨慎矜成为了李林甫对付太子集团的得力干将。杨慎矜是隋炀帝杨广的玄孙，李林甫觉得此人可用，便破格将他晋升，并有意让他取代太子集团中的韦坚。

韦坚与太子李亨在市井之中会面，还与皇甫惟明相约夜游，一同前往位于城内的景龙道观。这一次秘密的行动没有逃出李林甫的暗中监视。李林甫立即向李隆基报告：韦坚作为皇亲国戚，与太子和边将私下秘密勾结。李隆基虽然也怀疑韦坚与皇甫惟明有密谋之心，却不想轻易涉及太子，因为三庶之祸的教训实在是太深刻了。于是李隆基并没有进行审讯，而是立刻结案，将韦坚由刑部尚书贬为缙云郡太守，皇甫惟明则以离间君臣的罪名，解除了河西、陇右节度使的职务，贬为播川郡太守，兵权移交给朔方、河东两道节度使王忠嗣。这一处理，只是针对韦坚和皇甫惟明的个人过失，并没有针对太子李亨。所以，太子李亨有惊无险，李林甫也无可奈何。

韦坚被贬之后，他的弟弟兵部员外郎韦芝上疏替他鸣冤叫屈，为了达到目的，韦芝还让太子李亨作证，谁知这样一来，让李隆基大为震怒。太子李亨见状十分恐惧，为了逃脱自己与韦坚兄弟之间的干系，立即上表替自己辩解，并以与韦妃感情并不和睦为由，请求父皇准许他们解除婚约。李隆基看到太子如此坚决，心软了下来，准许他与韦氏解除婚约，和太子共同生活多年的韦妃从此削发为尼，在佛寺之中度过余生。李林甫对韦坚一案大加株连，牢狱为满，逼死了很多人，一直到李林甫死后，此事才停止，而太子李亨的谨慎使他度过了这场政治危机。

紧接着又发生了一件事，作为太子东宫官属的杜有邻被女婿柳勣告发。柳勣生性狂疏，喜欢结交豪杰。柳勣就与太守李邕打成了一片，成为至交。李邕生性豪爽，不拘小节，任职期间多次因贪污被人告发，屡遭贬斥，但是才艺出众。由于案情重大，由宰相李林甫直接负责，李林甫将李邕、王曾、太子李亨都牵连进去。李林甫授意手下指使柳勣诬告，先将案情扩大，又引李邕作证，使案情一下子扩大，大有废太子于朝夕的架势。但是李隆基仍旧态度谨慎，因柳勣、杜有邻等与皇室有亲戚关系特予免死，判杖刑，流放到岭南。但李林甫暗中授意执行杖刑的人，导致杜有邻、柳勣在重杖之下丧命。当时已经七十多岁的李邕被判处死刑。杜有邻一案让李亨十分不安，他为了表明自己的清白，宣布与杜有邻的女儿杜良娣解除婚约。

两次大案，两次婚变，一波未平，一波又起。李亨身心都受到了极大的刺激，尚未到中年，就已经有了白发，有种人到暮年的感觉。

后来，李亨又娶了一位太子妃，她就是后来成为李亨皇后的张氏。张氏的祖母窦氏与李隆基的母亲是亲姐妹，李隆基小时候，母亲窦氏就被武则天处死，是这位姨母将他抚育成人。因此，李隆基一直对姨母心怀感激。即位后，李隆基封她为邓国夫人，姨母的五个儿子也都封为了高官，其中一位还娶了李隆基的女儿。

但是李亨并未因为娶了张氏就放下心，他依旧十分谨慎，就连生活中的一些细枝末节也不敢大意。有一次吃饭的时候，有一道菜是烤羊腿，李隆基让太子李亨割来吃。李亨割完羊腿手上都是油渍，就顺势用一个饼把手抹干净。一向节俭的李隆基看到很不高兴，李亨注意到父亲的表情，就将手擦干净之后，把饼拿起来吃了。这个举动大大出乎了李隆基的意料，让他喜上眉梢。但是，宰相杨国忠在清算李林甫的同时，仍旧是太子李亨的死对头，两个人明争暗斗了很多年。

直到安史之乱爆发后，李亨才找到反击的良机，这就是唐朝历史上著名的马嵬之变。太子李亨同亲信密定之后，派李辅国去拉拢陈玄礼对付杨国忠，杨氏一族被诛杀后。李隆基和李亨父子分道扬镳。李隆基一路艰阻，到达成都。李亨抵达灵武，经过一番布置与筹划，举行了简单的登基仪式，改年号为至德，并派使者前往四川，向李隆基报告这一消息。多年来险象环生的太子生涯从此划上句号，多年的对头杨国忠也已经命丧马嵬坡，登基后的李亨终于可以一展愁容，扬眉吐气了。

良娣弄权，贤良亲王含冤而死

张良娣是唐肃宗李亨的妻子，邓州向城人，她的祖母窦氏，是唐玄宗母亲昭成皇太后的妹妹。在安史之乱刚刚爆发时，李亨随父亲逃离长安，张良娣当时也跟着丈夫一起出逃，在逃难的路上，张良娣十分地照顾李亨，两个人患难与共，恩爱有加。李亨在灵武即位登基后，封张良娣为淑妃，张良娣成为宠妃后，渐渐开始显露出野心勃勃的本性。

在安史之乱的逃亡中，和李亨一起的还有他的儿子李倓，李倓是李亨的第三个儿子，他的母亲是张宫人。途中，李倓看见百姓十分慌乱，便和宦官李辅国进谏他的父亲李亨，劝他收拾兵马，领导大家抵抗叛军，他说："逆胡犯阙，四海分崩，如果不顾及百姓，那国家日后如何复兴呢？现在当今圣上从长安入蜀，如果贼兵把戏道烧毁，那么中原之地就被拱手送给贼兵了。百姓的信任一旦消失，那就不可复合了，如果趁现在还没有消失的时候进行弥合，是可以的，不如把西北的守边之兵收回，召令郭子仪、李泌二将率兵到河北，与西北的守兵一起合力东讨逆贼，克复二京，削平四海，使江山社稷危而复安，宗庙毁而更存，扫除宫禁以迎至尊，这不是作为孝顺的子孙应该做的吗？"

李亨听了李倓的话，同意了率兵北上，在北上的途中，李倓率领骁骑数百，每次战斗都冲在最前面，李倓统军作战，多次击溃了盘踞在关中的叛军。

张良娣因为受到唐肃宗李亨的宠爱，所以权倾一时。她和李辅国勾结，招致当时还是广平王的李俶以及建宁王李倓的不满。张良娣甚至一再恳求李亨立她所生的儿子为太子，李亨的态度一直不置可否，建宁王李倓得知这件事曾经多次向父亲进谏，表示为了大唐中兴坚决反对立张良娣的儿子为太子。没过多久，张良娣的儿子就夭折了，立太子的事情就此搁置。但是张良娣依然在后宫兴风作浪，想要通过李辅国，来干涉朝政。建宁王李倓向李亨报告说："陛下，良娣骄奢恣意，和李辅国内外勾结，一定要多加小心啊。"李亨并没有相信，但是这件事加深了张良娣对李倓的怨恨。

张良娣开始策划打压建宁王李倓的阴谋，她在广平王李俶和建宁王李倓之间制造罅隙来使他们互相产生误会，渐行渐远。张良娣先劝李亨把兵马元帅广平王李俶立为太子，再改任建宁王李倓为兵马元帅。建宁王李倓一下就识破了张良娣的阴谋，直言不讳地劝阻了李亨。

张良娣看一计不成，心中又有了别的计谋。她在李亨面前吹枕边风，她对李亨说："陛下，建宁王恨不得当元帅，所以想谋害广平王。"李辅国也添油加醋地进谗言，也说建宁王李倓因为没有当上兵马元帅而心怀不满，准备谋害广平王李俶。李亨见双方都说了这件事，心中大怒。在张良娣和李辅国两个人的蛊惑之下，不分青红皂白，立刻下令将建宁王李倓赐死。李俶和李泌多次向唐肃宗李亨表明李倓没有罪，李亨自己后来也感到有些后悔，然而为时已晚，一切都无法挽回了。

没有了建宁王李倓这个绊脚石，张良娣和李辅国更加为所欲为，在朝廷中形成了很大的势力，懦弱的李亨也只能听之任之。随着权力的日益加大，李辅国越来越专横，对张良娣也不如从前那么毕恭毕敬了，张良娣想独揽大权，所以和李辅国的矛盾也越来越深。

后来，唐肃宗李亨得了重病，便下诏让太子监国，处理军国大事。张良娣想废掉太子，因为怕日后控制不了他。于是暗中让越王李系入宫，准备拥立他为太子，可是李辅国却支持太子，所以张良娣和李辅国之间的矛盾已经到了水火不容的地步，张良娣打算除掉李辅国，她想借太子的力量，但是太子并没有上她的当。

越王想当太子心切，什么都愿意听张良娣的。张良娣派太监选拔宦官二百多人，全副武装，埋伏在长生殿后面，准备随时发动兵变，等待时机杀死太子。一切安排好后，张良娣召太子入宫，可是他们的阴谋被李辅国知道了，他立刻调集禁军数百人埋伏在凌霄门保护太子，太子刚到达门口，就被李辅国手下的人带到了安全的地方，李辅国自己率兵冲进长生殿，抓住了越王李系等百余人。张良娣吓得躲进了唐肃宗李亨的寝殿，李辅国带兵冲了进来，抓住了张良娣，李亨并不知道兵变的事情，受到了很大的惊吓，张良娣向李亨求救，然而李亨自己连话都说不出来了，病情急剧恶化，当场就驾崩了。没有了唐肃宗李亨，李辅国一手遮天，把张良娣和越王李系都处死了，拥立太子即位，就是后来的唐代宗。唐代宗与建宁王虽然不是一母同胞，却一直兄弟情深，他即位后很快就为建宁王大事昭雪，先追封其为齐王，后来又追谥为承天皇帝，大办丧礼。

平息安史之乱，唐军收复两京

李亨在灵武为诸将所推举，登基为帝，改元至德，成为唐肃宗。李亨一直有个心病，那就是尚未荡平安史之乱的余孽。于是，他开始整顿军队，准备收复两京。

郭子仪被封为朔方节度使，奉诏讨伐叛军。郭子仪是华州郑县人，出生在官宦之家，他的父亲郭敬之曾任绥、渭、桂、寿、泗等各州的刺史。郭子仪自幼好武，后来参加了武举考试，成为了一个武举人，他以武举身份担任左卫长史。由于唐玄宗李隆基统治后期政治腐化，没家族背景的郭子仪在边防一待就是几十年，直到他五十八岁的时候，郭子仪才被提拔，升为开德军使、太原太守、朔方节度右兵马使。

郭子仪推荐了李光弼担任河东节度使，和李光弼分兵进军河北，会师常山，击败安禄山部将史思明，收复河北一带。由于安史之乱初期，名将封常清和高仙芝都被唐玄宗李隆基诛杀，所以郭子仪所带领的队伍成为了大唐军队中最有战斗力的队伍。郭子仪率领部队大败高秀岩部，攻下了静边军和马邑，打通了朔方和太原的联系，使安禄山南下太原，从而夹击关中的计划成为了泡影，并为大唐军队日后东出井径、进入常山提供了有利的条件。

郭子仪率朔方精兵出井径，与河东节度使李光弼一起打击叛军，在九门、嘉山连败史思明的军队，歼灭了安禄山的军队数万人，唐军的声威因此大震。但是郭子仪和李光弼东面战场的胜利并没有挽回大唐军队正面战争的大败，长安被安禄山的军队攻克后，郭子仪、李光弼退守井径，河北诸地皆失。

除了郭子仪，唐肃宗李亨还任命李泌为侍谋军国。李泌字长源，陕西京兆人，是西魏八柱国之一的李弼的后代，是当时有名的道家名士，和李亨是布衣之交。安史之乱后，大唐江山开始破败，李泌暂时放弃了他的升仙梦，奔赴灵武，帮助落难时的旧友、现在大唐王朝的皇帝李亨。李亨对李泌关于军国大事的建议言听计从。李泌和郭子仪两个人成为了大唐王朝平叛安史之乱的文武两大支柱。

按照李泌的进攻计划，大唐的军队应该集中兵力直指安禄山和史思明的老巢范阳，他让郭子仪和李光弼牵制住叛军史思明、张忠志、田乾真、安守忠这四大主力，然后以建宁王李俶率军经塞外进攻范阳，李光弼出井径进攻范阳，攻下范阳，端掉叛军的老窝后，再合力围剿两京。

唐肃宗李亨最初准备接受李泌的建议，但是他身边的很多人持反对意见，他的宠妃张良娣天天吹枕边风，抱怨西北的坏天气，让他早点打回长安，好早点回到以前住的宫殿，过上舒适的生活。除了张良娣，当初帮助李亨登上皇位的有功宦官李辅国和鱼朝恩以及丞相房琯也都是这种想法。在众人的影响下，李亨决定先收复两京。

李亨任命丞相房琯率兵五万，向长安进攻。由于这次的准备并不充分，所以房琯带领的人马在咸阳东征战时，两次被叛军打击，损失了四万多人，元气大伤。后来，李亨进驻凤翔部署反攻之事的时候，李泌再次提出了先取安禄山军队老窝范阳的计划，因为当时李亨刚进驻凤翔，安守忠所率领的人马就在西原大败王思礼的人马，而郭子仪派他的儿子试图强攻下潼关，又被叛军反击，死伤近万人，所以要立即收复两京困难重重。但

第六章
江河残破，赫赫盛唐不归路
· · · · · · · ·

是李亨再次拒绝了李泌的建议，依然把收复两京作为下一步的战略目标。

李亨任命郭子仪为天下兵马副元帅，郭子仪率领军队向西行进，在长安西清渠被安守忠和李归仁的人马大败，退到了武功，郭子仪引咎自贬为尚书左仆射。

看到自己的军队实力不行，李亨想到了雇佣军，他派人向回纥可汗借兵，相约收复两京，收复两京后，土地归大唐，金银财宝美女壮丁都归回纥。这样的条件回纥人当然愿意，因此派出了四千精骑来中原帮助李亨。

天下兵马大元帅李俶、副元帅郭子仪率兵十五万以及回纥的四千铁骑，进入长安西，安禄山的军队出动了十万叛军与他们对抗，大唐军队以李嗣业为前军，郭子仪率中军，王思礼率后军与安禄山的军队展开了激烈的斗争。在唐将仆固怀恩的率领下，回纥军队先是歼灭了叛军的伏兵，又迂回到安禄山军队的阵后，与大唐军队夹击叛军，歼敌六万多人，叛军大败。当天夜里，受到重创的叛军撤出了长安，大唐军队收复了长安。

在长安休整了三天之后，大唐军队直奔潼关，在潼关击退叛军，随即接连拿下华阴、弘农、武关、上郡。面对唐军的来势汹汹，安庆绪将洛阳主力增援陕郡，兵力多达十五万，准备与大唐军队决一死战。双方在新店遭遇，叛军依山列阵、气势颇盛，最初郭子仪在第一战中失利退却，关键时刻又是回纥军队从叛军背后袭击，郭子仪再度率领大军从正面攻击，大败叛军，收复了陕郡。陕郡失利后，安庆绪自知大势已去，带着剩余的人马放弃了洛阳，逃往邺城，大唐军队乘胜收复了洛阳。

两京收复后，回纥军队在洛阳大肆抢劫，安庆绪的部下史思明、能元皓、高秀岩纷纷投降，河东、河南、河北都顺利平定。李亨看叛军大势已去，开始论功封臣，重整家园。

但是李亨的放松，给了安庆绪喘息的机会，安庆绪跑到邺城，招集了旧部六万余人，准备东山再起。

在拥有六十万大军的情况下，李亨再次向回纥借兵三千，随同各路兵马围攻驻守在邺城的安庆绪，但基于郭子仪之前立功过高，这次战役没有让他当总指挥，只派了一个不懂军事的太监鱼朝恩监督全军。没有总指挥的大唐军队将邺城围了个水泄不通，安庆绪破城在即的时候，史思明再度反叛，率领十三万大军增援邺城。史思明大败六十万唐军，各路人马纷纷败退，郭子仪损失惨重，只剩下三千人马退守洛阳。

史思明进入邺城后，杀掉了安庆绪。他分兵四路南下，重新夺取了洛阳，代替郭子仪担任天下兵马副元帅的李光弼退守河阳，抵挡了史思明的进攻，并攻克怀州，生擒史思明的大将安太清。史思明没有被大唐军队消灭，反而被自己的儿子史朝义所杀。史思明一死，叛军陷入了内乱，开始四分五裂，已经无法再组织起大规模的进攻了。

李亨面对突然转变的战局还没来得及反应，他的两个儿子就为争夺皇位开始大打出手，宫廷的内乱让李亨受到了惊吓，不久后就病逝了。太子李俶即位，改名李豫，成为了唐代宗。

唐代宗再次请回纥人来中原当雇佣军，借兵十万，任命年幼的雍王李适为天下兵马大元帅，仆固怀恩为副元帅，进讨史朝义。大唐军队在攻占怀州后，与史朝义在洛阳进行了最后的决战。史朝义在洛阳城外设立了数万个木栅进行防守，仆固怀恩派精锐骑兵和回纥兵在两翼夹击，并率领主力军从正面进攻，大唐军队很快就撕破了叛军的防线。史朝义率叛军在洛阳城西昭觉寺北，和大唐军队决一死战。叛军无法再抵挡大唐军队的猛烈打击，被唐军歼灭了六万余人，俘获了两万人，史朝义仅率领数百人马往东逃走。大唐军队再一次收复了洛阳，历时七年的安史之乱，就这样被基本平定了。

宦官权倾朝野，唐代宗登基除奸

安史之乱发生后，李豫和弟弟李倓一起跟随祖父李隆基和父亲李亨逃离长安避难。李亨被众人拥护在灵武称帝，成为了唐肃宗。作为拥护

第六章
江河残破，赫赫盛唐不归路
······

者之一的宦官李辅国，因为曾经保护李亨于危难之中，因此成为了有功之臣，被李亨重用，权倾朝野。

李辅国，本名静忠，曾被赐名为护国，后来改为辅国。他少年时就被阉割，成为了高力士门下的走狗，后来调入东宫专门服侍太子李亨。在太子身边服侍的李辅国当然希望太子能够成为大唐的天子，所以十分积极地为太子出谋划策。

安史之乱发生后，唐玄宗李隆基带着杨贵妃逃往马嵬坡。将士们认为杨氏兄妹是祸根，早就对他们忍无可忍，所以决定发动兵变，杀了杨国忠和杨玉环兄妹。李辅国也参加了这次兵变。看到失去了左膀右臂的唐玄宗李隆基岌岌可危，李辅国建议太子李亨亲自带领部队图谋大业。因为拥立有功，李亨成为唐肃宗后，十分信任和赏识李辅国，李亨写的诏书由李辅国签署后才能施行，他就像是皇帝的分身，宰相对他执子弟之礼，称呼他为"五父"，百官除了例行的朝见之外，要想进谏也需要经过李辅国的许可才能面见皇帝，李亨本人逐渐被架空，成为了一个任由李辅国摆布的傀儡皇帝。李辅国不同于李林甫，李林甫只是口蜜腹剑，而李辅国因为成为了阉人，所以就试图通过拥有权力来维护自己已经失去的尊严。

李辅国的妻子有个同族叫元载，因为和李辅国有裙带关系，所以元载也受到了李亨的重用，气焰异常嚣张。元载有一位昔日旧友来向他求个一官半职，元载写了一封信给他，打发他走了。这位旧友回到家后，打开了元载给自己的书信，想看看他到底写了什么，但是纸上除了元载的签名，其他什么字都没有，这位旧友十分失望，觉得元载并不想帮助自己。但是抱着试一试的心态，他拿着元载的书信给地方节度使看。节度使看了信，知道元载和李辅国有裙带关系，连忙派出官员接待，留他好吃好喝地住了好多天，还赠给他很多礼物。尽管并没有让他做官，但是这位旧友只是拿出一封元载签过名的纸，节度使仅仅因为元载是李辅国的关系户，就如此热情地接待，间接说明了李辅国权力之大。

在李辅国的提议下，太上皇李隆基被迫移居到别的地方，而高力士则被贬谪。不久之后，李亨因为受到惊吓而得了重病。张皇后想杀掉太子李豫，拥立越王李系为太子，但是李辅国力挽狂澜，和属下程元振一起杀掉了张皇后和李系，让太子李豫可以顺利即位，最终成为了唐代宗。

　　由于唐肃宗和唐代宗两位皇帝都是在他的帮助下登上王位的，所以李辅国居功自傲。作为一名宦官，他竟然对唐代宗说："陛下，您尽管休息，朝廷上的事情可以全让老奴来处置。"可是，唐代宗李豫跟他的父亲唐肃宗李亨不同，他觉得李辅国越俎代庖，十分气恼。但是碍于面子，李豫点点头说："好吧，那外面的事情就交给你了，有你在我很放心。"李豫发了文件，让大家以后有什么事情，一定要先汇报给李辅国，还封李辅国为尚父，之后再封李辅国为司空兼中书令。李辅国十分得意，他觉得唐代宗李豫对自己异常信任，君臣关系非常好，所以更加为所欲为。一个月之后，李辅国的嚣张连一起共事的同僚都看不下去了，另一位大太监程元振挺身而出，表示愿意协助唐代宗李豫除掉李辅国。于是，李豫解除了李辅国的行军司马跟兵部尚书职位，让程元振接管了禁军，又让李辅国搬出了皇宫。李辅国心中不满，但又不想直说，就上书给唐代宗李豫，请求准许他告老还乡，其实这是个老招数。只要李豫否决这个请求，就说明皇帝舍不得李辅国离开。可是，让李辅国意想不到的是，李豫马上就批准了。

　　第二天，李辅国并不知道唐代宗李豫批准了，所以一大早到中书省准备像平时一样处理朝廷事务，结果却被守卫拦在了门外，说他已经被批准告老还乡了，不能再踏进这个门。李辅国又生气又害怕，他急忙进了宫，跟李豫说："老奴无法再侍奉陛下了，请您准许我去侍奉先帝吧！"李豫毕恭毕敬地请李辅国放心，让他不要想太多。

　　其实李豫此时已经起了杀心，想要彻底除去李辅国，又不方便直接下令杀他，所以想出了一个妙计。一天晚上，李辅国的府内进了盗贼，盗贼溜进卧室之后，没有偷金银珠宝，也没有偷古玩字画，而是手起刀落，把李辅国的脑袋砍了下来，扔进了茅厕里，又砍下了他的右臂，包好之后去泰陵祭奠已经过世的唐玄宗李隆基。李辅国的府上有那么多家丁奴仆，居然没有一个人发现盗贼，阻止血案的发生。李辅国的家属报了案，唐代宗李豫知道这件事之后假装很吃惊，下旨赠李辅国为太傅官，予以厚葬，还特地刻了一个木头脑袋给李辅国，同时命令各地捕捉凶手，但始终没有抓到，其实大家心里都明白，盗贼只是个幌子。气焰嚣张的宦官李辅国，最终自食其果，落得个身首异处的悲惨下场。

恃宠而骄，鱼朝恩身首异处

　　鱼朝恩的时代是在唐代宗李豫即位后开始的，李豫在派人杀死李辅国之后并没有吸取宦官专权的经验教训，还是给宦官处理政事的权力，官宦集团依旧凌驾于皇权之上，这就给了宦官鱼朝恩可乘之机。鱼朝恩跟李辅国一样权倾朝野，最后甚至想要逼宫，自己当皇帝。

　　鱼朝恩是泸州人，在唐玄宗李隆基执政时代入宫当的太监。安史之乱发生后，他随李隆基逃出长安，侍奉太子李亨，颇得信任，历任三宫检责使、左监门卫将军，主管内侍省等职务。李亨登基后，鱼朝恩任观军容宣慰处置使职务，负责监领九个节度使的几十万大军。大唐的军队在收复洛阳后，鱼朝恩被封为冯翊郡公，开府仪同三司。宦官程元振倒台后，鱼朝恩开始崛起。

　　吐蕃攻进长安时，唐代宗李豫在仓皇中逃往陕州。当时禁军大多离散，只有鱼朝恩率领神策军从陕郡迎接李豫，军心大振。从此，李豫对鱼朝恩信任有加。有一次，鱼朝恩去国子监视察，李豫特意安排宰相、百官和六军将领集合为鱼朝恩送行，京兆府准备宴席，内教坊负责演奏音乐，为宴会助兴，大臣的子弟们穿红着紫充当学生，站在国子监两边迎接鱼朝恩。看到这盛大的欢迎场面，鱼朝恩十分得意。李豫还下令赏赐一万贯作为学生饮食的费用，因此鱼朝恩每次去国子监都要带上数百名神策军，前呼后拥以壮声势，京兆府照例安排酒宴，一次的花费就在数十万。

鱼朝恩小人得志后，根本不把满朝文武放在眼里，每次李豫召集群臣议事，鱼朝恩都会在大庭广众下谈论时政，欺压大臣，号称强辩的宰相元载也只有洗耳恭听的份儿。

有一次，百官聚会朝堂，鱼朝恩十分严厉地对宰相说："宰相的责任就是要调理好阴阳，安抚好百姓，现在阴阳不和、水旱频生，驻守的军队有数十万，供给缺乏、漕运困难，皇帝为此事担忧，晚上睡不着，吃东西也不香，你这宰相究竟是怎么当的！还不赶紧让贤，你一声不吭地在那里赖着不走想干什么呢？"鱼朝恩的这番话语惊四座，宰相低着头不说话，也没有一个人敢站出来说话。这时，礼部郎中相里造突然站了起来，不慌不忙地走到鱼朝恩跟前说："阴阳不和是观军容使造成的，与宰相有什么关系？现在京师无事，六军已经可以维持安定，为什么又调来了十万大军，军粮因此才会不够，宰相只不过是按照命令办事，又有什么过错呢？"鱼朝恩没想到会有人顶撞他，竟然不知道该说什么好，愤然拂袖而去，十分不满地说："文武百官都是一伙的，他们想要加害于我。"

鱼朝恩被相里造顶撞了一回之后，心中有一肚子气没地儿撒，总想找机会发泄。正好赶上国子监的堂室刚刚修复，要举行庆典，朝臣们都要出席。鱼朝恩来到国子监后，手里拿着《易经》坐在高座上讲学，面对着在座的文武百官，他有意选择了"鼎折足，覆公餗"来讲解，用来讥讽宰相。宰相王缙听了十分生气，而另外一个宰相元载听了却恬然自乐。鱼朝恩觉得这个元载的心理素质非同一般，从此开始提防起元载来，他对别人说："听了我所说的话，如果觉得怒火中烧是合乎人之常情的，如果面带笑容，那这个人实在是深不可测啊。"鱼朝恩的直觉没有错，他最后果然是栽在了元载手中。

鱼朝恩恃宠而骄之后，渐渐地开始目空一切，自以为天下非他莫属，朝廷的政事稍微有不如他意的，就会大发雷霆说："天下的事还能有离

第六章
江河残破，赫赫盛唐不归路
‧ ‧ ‧ ‧ ‧ ‧ ‧

得开我的吗？"李豫听说后非常不高兴。但是此时鱼朝恩手握禁兵，难以禁制，所以李豫一时也没有好办法来对付他，只能听之任之。

鱼朝恩的小儿子鱼令徽十五岁就在朝廷任职了，李豫亲自赐给他绿衣。没过多久，鱼令徽向父亲告状说自己的等级太低了，被别人看不起。鱼朝恩听了十分生气，马上上奏唐代宗李豫说："陛下，老奴的小儿子鱼令徽官职太低，被别人欺负，请求皇上赐予他金腰带和紫服。"当时的紫服是文武官员三品以上才能穿戴的，但是鱼令徽的职位远远达不到。但是还没等皇上准奏，鱼朝恩就下令让人拿来了紫衣。鱼令徽接过紫衣立即向皇上谢恩，皇上嘴上说："你穿上紫衣果然十分好看。"李豫心里十分不痛快，但表面上不敢与鱼朝恩对抗，所以只能强言欢笑。

没过多久，鱼朝恩把冲撞了儿子鱼令徽的官员贬到了岭南。此时，唐代宗李豫意识到，鱼朝恩的权势已经快要到"只知道有朝恩，不知道有天子"的地步了。因此，李豫对鱼朝恩产生了强烈的厌恶之情，虽然竭力掩饰，但有时候还是会表现出来。宰相元载发现唐代宗李豫对鱼朝恩心生恶感，便奏请将其除掉。李豫一时下不了决心，因为毕竟鱼朝恩军权在握、党羽众多，一旦事情没办成，后果将是难以预料的。元载却胸有成足地安慰李豫说："陛下，您只要将此事全权交给我办理，一定能办妥。"于是李豫同意了，嘱咐元载一定要多加小心。

元载的心机很深，鱼朝恩每次上朝，都会有一百多人进行护卫，还让陕州节度使皇甫温握兵在外作为支援。元载就用重金收买了鱼朝恩的心腹，以便掌握他的动向。李豫让凤翔节度使李抱玉改任山南西道节度使，让皇甫温当凤翔节度使，表面上看是投鱼朝恩所好，其实加重了其亲信的地位，为了麻痹他。鱼朝恩还蒙在鼓里，不知道大祸将至。但是鱼朝恩在宫中的党羽觉察到唐代宗李豫的异样，就密报给鱼朝恩，鱼朝恩将信将疑，试探李豫，看他和平时一样对自己恩宠有加，就放下心来。

寒食节的时候，按照惯例，李豫设宴和近臣欢度节日。宴席结束后，李豫传下圣旨，让鱼朝恩留下议事，这有些不大寻常，但是因为那天喝了些酒，鱼朝恩十分高兴，也没多想就坐车去见李豫。鱼朝恩一进殿，李豫就问他为什么如此大胆，图谋不轨。鱼朝恩出乎意料，一下愣住了，但是很快就冷静下来，开始为他自己辩解。鱼朝恩没有意识到大限将至，态度依然十分强硬，根本没有把唐代宗李豫放在眼里。这时，已经被元载收买的鱼朝恩的亲信一拥而上，当场抓住了鱼朝恩，用绳子勒死了他。

鱼朝恩弄权多年，结党营私，已经形成了一股自己的势力，所以李豫有些担心他的党羽闹事，尤其担心会引发禁军的骚乱。于是，李豫下令对鱼朝恩党羽亲信免于追究，并下诏说："你们都是朕的属下，禁军今后由朕来统帅，不要有顾虑。"经过了一番安抚，禁军的心安定下来，没出现什么重大的变故。

李豫是依靠元载的帮助，才杀了鱼朝恩。但是杀死鱼朝恩之后，李豫又开始厌恶元载的专权，元载喜欢聚敛财物，他家珍宝财物不可胜数。李豫一直寻找机会消除他，终于在鱼朝恩死后的第七年，找机会杀了元载。

鱼朝恩和元载死后，唐代宗李豫总算是吸取了教训，不再重用宦官。然而，在李豫手中得到抑制的宦官势力，到了他儿子唐德宗手中，又死灰复燃。

荡平余孽，大乱之后山河日下

宝应二年（763 年），当安史叛军的最后一个祸根史朝义上吊自尽后，历时八年之久的安史之乱终于平息了。举国上下无不为之欢欣鼓舞，百姓们本以为可以就此忘记多年来的战火带来的巨大灾难和无尽的痛苦。但是帮助大唐收复洛阳的回纥军队开始大肆烧杀抢掠，长达三个月之久，城中的大火着了十几天都不灭，死去的百姓多达数万人，血流成河、惨不忍睹。那时正值数九寒天，粮食被抢走了，房屋被损毁了，城中幸存的百姓饥寒交迫，衣不蔽体。由于尸体堆积成山，无人清理掩埋，所以瘟疫蔓延了整座城，中原各地一片萧条。

尽管损失惨重，但是李豫认为叛军已灭，大功告成了。于是，改元广德，大赦天下。唐代宗李豫在经过安史之乱后，开始变得多疑起来，他担心这样的事情会再一次发生，出于对江山社稷的考虑，他招降了安史叛将，对安禄山和史思明的旧将和亲族一律不再追究。但是这样做并没有达到李豫期望的效果，反而适得其反，安禄山和史思明的旧将成为唐朝的节度使之后，形成了藩镇，在各自的统辖区内扩充军队、委派官吏、征收赋税，成为地方的割据势力。

李豫还对各级官吏加封官爵，但是不再过度信任文武百官。他开始无端地猜忌一些忠臣，总是疑神疑鬼地觉得对方要造反。郭子仪在唐肃宗执政时期，因为平叛安史之乱立下大功，被升为中书令，封为汾阳郡王。但是等到唐代宗执政时期，郭子仪虽然依然在朝中威望很高，却被李豫百般怀疑，总是处处为难郭子仪。朝中那些掌握军队的将领看到李豫对功臣郭子仪的态度，纷纷对朝廷有了顾虑，都不想交出兵权和辖区土地，而是千方百计地扩大自己的地盘，招兵买马、扩充实力。这样就使地方割据势力越来越多，藩镇割据的局面一度失控。

成德、魏博、幽州三镇是当时最大的割据势力，被称为河朔三镇。李豫为了缓解矛盾，不仅没有制止河朔三镇的割据势力，反而给他们很高的待遇，一再姑息，这使得其他地方的节度使也更加肆无忌惮，鱼肉百姓、贪赃枉法，甚至在政治、军事、财政上完全独立，形成了独立的王国。他们的职位都是父子或兄弟相袭，或者由部下推举，强迫皇帝承认。李豫对藩镇势力一直敢怒不敢言，一直想找个机会杀杀他们的气焰。

大历十三年（778 年），众多割据势力中的其中一位李正己，觉得尽管自己独霸一方，但是仍然需要笼络一下朝廷。于是他上表李豫，表示愿意对朝廷提供财政的援助，捐赠资金高达三亿钱。当时的朝廷经济十分困难，长安的很多京官要靠借贷过日子。唐代宗李豫很想收下这笔钱，以解财政之渴。但是他知道，这笔钱可不好拿，一旦拿了人家的钱，就等于被李正己收买了，以后他在自己的地盘上胡作非为，朝廷也不敢去指责他。但是李豫转念一想，那李正己本来就已经很嚣张了，如果不收下，他一定会说朝廷不给面子，如果闹僵了，势必是一场恶仗，不仅损兵折将，本来就亏空的国库会雪上加霜的。李豫感到十分为难，宰相崔祐甫给他出了个主意："陛下，李正己既然给朝廷送钱，那您就要显示一下自己的风度。名义上收了，但是不能真的收，而是以朝廷的名义发给李正己的部下当军饷，从李正己那里拿，再用于李正己的部下，这样既不会让李正己落下话柄，又能让将士们感谢朝廷，还能起到很好的宣传作用，让天下都知道朝廷爱军民，不贪财物，这样就树立了好形象，何乐而不为呢？"李豫听了很高兴，按照崔祐甫的主意办。这招果然十分高明，朝廷借花献佛收获了民意，给了地方藩镇势力一个下马威，然而这种小手段对藩镇割据的严峻形势并没有起到太大的作用。

到了唐代宗李豫执政的晚期，很多藩镇的节度使让他十分头疼，这种藩镇割据的局面直到李豫去世也没有得到扭转，他就这样带着遗憾离开了人世。李豫继祖父唐玄宗李隆基和父亲唐肃宗李亨之后，平定了安史之乱，却为此付出了沉重的代价，家不像家、国不像国。因为李豫对藩镇的姑息态度和朝廷的腐败无能，他为李氏子孙留下了如此麻烦的后果，既要重整河山，又要防范地方割据势力的叛乱，真是山河日下、艰难无比。

吐蕃入犯，帝王无力回天

在藩镇割据局面不断形成的同时，由于讨伐安史叛军，西部的军队大部被撤回，吐蕃趁机深入内地，大举进攻唐朝，占领了陕西凤翔以西、分州以北的十余州以及奉天等地，兵临长安城下，唐军接连溃败，京师

第六章
江河残破，赫赫盛唐不归路
· · · · · · ·

大骇，唐代宗李豫慌忙逃到陕州避难，朝臣和士大夫们南奔荆襄或隐藏在山中。

吐蕃的军队占领了长安，他们把唐宗室广武王李承宏立为皇帝，劫掠府库钱财，纵兵烧毁民房，原本繁华的长安城变得满目疮痍、萧然一空。

关键时刻，唐代宗李豫仓促地启用了郭子仪为副元帅，雍王李适为挂名元帅，一起迎击吐蕃。郭子仪积极组织兵力反击吐蕃，他用少数民族士兵虚张声势地恐吓吐蕃，命令长孙全绪率领二百兵马到陕西蓝田，白天击鼓扬旗，夜晚焚烧篝火，让吐蕃军队以为有很多兵马驻守在这里。郭子仪又命令数百人化装潜入长安，组织城里人到处散布谣言："不好了，不好了，郭令公亲自率领大军杀来了！"吐蕃士兵们惊恐万分，在占据了长安半个月后，不战而走，全部撤离长安，陷落的长安就这样被唐军收复了。

唐代宗李豫回到长安后，郭子仪伏地请罪，李豫说道："爱卿为何如此，快快起来，都怪朕没有及早用卿，所以才会落到这种地步啊。"李豫赐给郭子仪免死金牌，在凌烟阁为他画像，以表彰他的兴唐之功。长孙全绪等也被加官进爵，同时削免程元振官爵，让他回家养老。

吐蕃军队撤出长安后，又攻入剑南道的松州、维州、云山城、笼城等地。吐蕃的连年入侵，使得战争十分频繁，唐朝的统治受到了极大的威胁。李豫在凤翔、渭北等地设置了节度使，派重兵驻守于此，抵御吐蕃的进犯。

唐王朝内部此时已经矛盾重重，本是平叛安史之乱的有功之臣仆固怀恩叛唐，他一直自恃功高，不满意李豫对他的封赏，加上他得知李豫想要收回兵权，于是就造反了。他引来了吐蕃、回纥等总共三十万大军，让他们从华阴趋赴蓝田，直取长安。朝廷听说之后十分惊恐，李豫急忙召来了郭子仪，屯驻在长安北面的泾阳城。郭子仪率领先锋部队攻破了吐蕃的军营，斩杀俘虏了数百人。此时，郭子仪派去的另一队人马已经攻破了吐蕃的盐川城，仆固怀恩和吐蕃军队害怕失去后援地，于是决定撤兵，长安城就此获救。

但是仆固怀恩贼心不死，又引来回纥、吐蕃、吐谷浑、党项等数十万兵马入侵鸣沙，大肆烧杀抢掠，兵逼奉天。在此期间，仆固怀恩病死于军中。郭子仪极力说服回纥与唐军联合，两军合力，灵武台西原大破吐蕃，斩首五万，生擒万人，夺回了被吐蕃劫掠的百姓四千多人，缴获的牛、羊、驼、马等绵延三百里内不绝。吐蕃退兵，唐朝边境的紧张局势得到了一定的缓解。

但是唐代宗李豫听信了奸臣元载的话，认为这次击退了吐蕃和回纥的入侵并不是郭子仪的功劳，而是因为佛祖保佑，于是李豫对郭子仪等战将不闻不问，而是大加赏赐了众多僧人。将士们听说后十分寒心，觉得皇帝赏罚不明，于是军心涣散。

此后，吐蕃连年进犯，朝廷不得不花费巨大的财力派重兵驻守边境。吐蕃入侵了灵武、永寿、浑城、盐州、庆州等地，李豫派郭子仪出兵抗击，取得了几次胜利。除了吐蕃，回纥为了掠夺财物，进犯太原，杀害了数万名军民。李豫为了集中力量抵御吐蕃的入侵，对回纥采取了忍让的态度。

不久后，唐代宗李豫患上了重病，不到十天就无法上朝了，他下达了令皇太子监国的诏书，当天晚上就在内殿驾崩了。群臣上尊谥曰睿文孝武皇帝，庙号代宗，葬于元陵。李豫生前虽然采取了一些措施防御吐蕃等外族的入侵，但是由于节度使各自独立，很难控制，没有从根本上解决问题。唐朝和吐蕃的战争各有胜负，双方的损耗都很大，吐蕃因此走向衰亡，唐朝也日渐衰弱。

不忍细读的大唐史

第七章

凄凉晚景，昙花一现怎奈何

唐德宗李适是唐肃宗的长孙、唐代宗的长子，他在位期间，对内严禁宦官干政、废租庸调制、改行"两税法"，还肩负起扫清安史叛军余孽的任务；对外他联合回纥、南诏，打击吐蕃；唐顺宗李诵是唐德宗的长子，他是唐朝所有皇帝中当太子时间最长的皇帝，也是在位时间最短的皇帝，重用贤臣进行"永贞革新"。这两位皇帝都力求革新，但怎奈他们力量薄弱，图志之举的影响如同划破天际的流星，一闪而逝。

贸然削藩，引发四镇之乱

藩镇割据的局势从唐肃宗李亨执政时期开始就有所征兆了，唐代宗李豫执政时期已经形成，到了唐德宗李适执政时期，这种状况已经严重到破坏国家统一的程度了。李适即位之后，励精图治，为了执政严明而远离宦官，整顿吏制，而且崇尚节俭，惩治贪污浪费等现象，推行两税法，增加了朝廷的收入，大大提高了国库的储备，这一系列举措颇有中兴之主的风范。

面对藩镇割据的颓势，急于有所建树的唐德宗李适毅然采取了武力削藩的政策，但是他的一些行动有些操之过急，没有完全考虑自身是否有削藩的条件和能力，导致了一些不该提前爆发的矛盾迅速激化，不仅给自己的统治带来了威胁，还使江山社稷陷入了摇摇欲坠的情形中，最终引发了四镇之乱。

当时，成德节度使李宝臣、淄青节度使李正己、魏博节度使田承嗣、山南东道节度使梁崇义相互勾结，试图把自己的领地传给自己的子孙后代。田承嗣死后，李宝臣等人极力支持田承嗣的侄子田悦继承魏博节度使的职位。李宝臣死后，田悦又极力支持李宝臣的儿子李惟岳继承成德节度使的职位，但是唐德宗李适拒绝了他们的请求。李惟岳见继承无望，就去向田悦和李正己等人诉苦，并暗中共同谋划起兵造反。按照计划，田悦带兵包围了邢州等地，李正己带兵驻守在徐州等地，梁崇义在襄阳起兵响应，扼住北上的运输路线。

　　李适积极应对这次兵变，任命刘玄佐担任宣武节度使去攻打李正己的兵马，派遣昭义节度使李抱真和河东节度使马燧攻打田悦的兵马，派遣卢龙节度使朱滔攻打李惟岳的兵马，派遣淮西节度使李希烈攻打梁崇义，为了给他们助阵，李适还派出负责护卫朝廷的神策军，可谓全力以赴。

　　田悦的大队人马在临洺城下和马燧、李抱真的部队进行了两次会战，大败而归，被围困在魏州。李正己在起兵后不久就死了，由他的儿子李纳继续和朝廷对抗，李纳想夺回徐州，却被朝廷的军队打得节节败退。梁崇义驻守的领地地盘比较小，而且兵马数量也不多，所以很快就被攻破，梁崇义见局势没有扭转的余地，就自杀了。其他几个节度使的状况也不容乐观，战败的战败，归降的归降，战争本来应该就此结束了，但是处理李惟岳领地时分配不均，使得局势发生了大逆转。

　　现任成德节度使李惟岳的父亲李宝臣原有领地冀、沧、深、恒、定、赵、易等州，在重新划分这些领地时，唐德宗李适任命张孝忠为易、定、沧等州的节度使，任命王武俊为恒、冀等州的观察使，王武俊觉得自己功劳大但是得到的奖赏少，不是很满意。李适任命康日知为深、赵等州的观察使，李适又把原本属于淄青镇的德、棣两个州划分给了卢龙节度使朱滔，命他返回卢龙。朱滔最想得到的深州被分给了别人，他为此十分不情愿，驻军在深州不肯离开。当时田悦被围困在魏州，当他知道这件事情后，立刻派部下去游说朱滔，让他把贝州送给自己并出兵救援魏博，以便可以继续维持藩镇割据的局势。朱滔当时正愤恨不已，听了田悦的主意简直正中下怀，答应把深州送给他。朱滔去找王武俊商议行动计划，让他把唐德宗李适派来的使者抓起来，并出兵攻打康日知，出兵救援魏州。当时朱滔军队中有一些将士对此持反对意见，他为了将计划顺利进行，不惜杀死一大批部下。

　　李适派出朔方节度使李怀光率兵反击，朱滔和王武俊刚刚抵达魏州，就和李怀光的军队短兵相接，李怀光在最初的战局中取得了胜利，不再把朱滔和王武俊的军队放在眼里，但是马上就遭遇了惨败。朱滔等人乘胜追击，引来运河的水冲断了朝廷大军的粮道，使他们断了后援，不得不退到魏县。朱滔随后带兵赶到魏县，与朝廷大军隔水相望，互相牵制。

朱滔、王武俊、田悦、李纳四个人见自己的兵马完全可以牵制住朝廷的军队，于是决定各自建立王国，彼此结盟，互相帮助。于是，朱滔自称冀王、王武俊自称赵王、田悦自称魏王、李纳自称齐王，这就是所谓的四王之乱。在这四个王中，朱滔的兵力是最强的，于是其他三个王推选朱滔为盟主，他们制定了一系列和朝廷类似的官制和礼制。

天下大乱，藩镇割据积重难返

在四镇之乱发生的同时，淮西也发生了叛乱。淮西节度使李希烈也自称天下都元帅、太尉、建兴王，与四镇勾结反叛朝廷。李希烈的性格十分残暴，当唐德宗李适想要加封李希烈的时候，时任宰相杨炎进谏道："陛下，您有所不知，李希烈是董秦的养子，董秦十分信任他，但是李希烈为了自己的利益，六亲不认，驱逐了养父董秦，夺取他的节度使职位，这种不守礼法的人，您怎么能重用呢？如果您派他去讨伐梁崇义，战争胜利后，您能保证他不会跟四镇一样自立为王吗？还望陛下三思啊！"尽管杨炎的这番话动之以情晓之以理，但是李适根本听不进去，一心想着尽快改善藩镇割据的局势，还是执意加封了李希烈。

李希烈进攻襄阳，得胜之后果然把襄阳收入自己的私囊中，抓当地的百姓作为奴隶，把那里的财物洗劫一空，看到襄阳已经没有可利用的地方了，李希烈又撤离那里。唐德宗李适没有吸取这个教训，又让李希烈出兵攻打淄青。李希烈奉命来到淄青后，暗中阻挠运河的交通，准备偷袭汴州。

当李希烈看到四镇自立为王时，心里痒痒，也想当王，于是自称建兴王。他出兵攻打汝州、尉氏，围攻郑州，直接威胁到了洛阳，他还派兵驻守在邓州，完全切断朝廷通往南方的交通路线。李适见无法控制住李希烈，一边积极地控制自己直接管理的神策军，一边调集淮西周围的各地军队，一起对付李希烈，但是纷纷遇到了挫败。

战火就这样从河北蔓延到河南，唐德宗李适准备调往淮西前线平叛的泾原兵马途经长安时，士兵们冒着雨雪前行，路上十分寒冷，常年在外打仗也无法回家照顾一家老小，所以希望朝廷能给一笔可观的报酬作为安家费，但是当他们到达目的地时，却并没有得到梦寐以求的赏赐，心情十分不好，再加上供应的饭菜又都是糙米和素菜，士兵们发生了哗变，冲进了城里，把府库里的金银财宝全都抢走了，又占领了皇宫。有人提议让朱滔的哥哥朱泚来做领袖，于是朱泚连夜入宫，自称大秦皇帝，后改称汉元皇帝，年号应天，李适的削藩之战被迫终止，这次兵变就是泾原兵变。

在士兵攻进皇宫之前，唐德宗李适仓皇逃到奉天，成了在唐玄宗李隆基、唐代宗李豫之后的又一位出京避乱的皇帝。李适为此十分心痛，写了一封罪己诏，公开承担了导致天下大乱的责任，李适在诏书中宣布李希烈、田悦、王武俊、李纳等人叛乱是因为自己的失误，他赦免了这些叛乱的藩镇，表示今后对待他们还是会像以前一样。李适开始逐步调整对藩镇用兵的政策，甚至对朱滔也予以宽恕，准许他归顺朝廷。于是王武俊、李纳、田悦等人决定取消王号，上表谢罪。马燧收复河中，李怀光因为兵败而自杀，李希烈被部下陈仙奇杀死，陈仙奇归顺朝廷，李适任命他为节度使。

这场藩镇混战，从四镇之乱开始，一直持续了五年之久，全国人口锐减，生产等方面受到了巨大的破坏。藩镇割据的局面没有得到丝毫改善，尽管四镇取消了王号，但是依然各自割据一方。李适在削藩受到巨大的挫折后，对待藩镇的态度发生了巨大的转变，使登基以来解决藩镇问题的形势和机遇转瞬即逝，藩镇割据积重难返。

"租庸调制" 到 "两税法" 的变革

　　杨炎生于唐玄宗开元十五年，长相十分俊美，学识也很丰富，而且为人豪爽大气。在唐代宗执政时期，杨炎曾在朝中担任官职，负责起草诏令，但是因为宰相元载一案，杨炎受到了牵连，被唐代宗贬了官。唐德宗李适不计前嫌，任用杨炎为宰相，他上任不久，就在经济方面进行了重大改革。

　　按照旧制，天下的钱帛都被贮藏在国库中，一年分四季由官员向皇帝上报具体数额，还有专人负责来核实钱帛的收支情况。后来因为京城中的豪绅很多，索取赏赐不加节制，皇帝为了取用方便，就将国库中的钱帛全部归入内库，由宦官来掌管，掌管内库的宝官最多时竟有三百多人，他们牢牢地把持着内库。杨炎担任宰相之后，决心要革除积弊，他向李适上奏说："钱帛是国家的根本，人生存的命脉，天底下的各种动乱都因此而起，如果由宦官来掌管，那么丰俭盈虚大臣们都无法得知，就无法了解到目前国家的财政情况，经常会出现中饱私囊和贪污腐败的事情，导致国库空虚，国家的根本一旦动摇，那么天下也会随之动摇。"

　　在唐朝初期，朝廷在征收赋税的时候实行租庸调制，就是有田则有租，有身则有庸，有户则有调。这是以人口为本的赋税制度。到唐玄宗执政末年，由于户籍制度的废弛，人口的出生和死亡、土地买卖情况、财产变化情况都很久没有人调查，也没有重新进行登记造册，均田制度已经遭到了严重的破坏。但是在征税的时候，官府不管实际情况是怎样的，只是按照以前的户籍情况向乡里按人头数目收税。安史之乱发生后，户口锐减，但是由于战祸，朝廷到处向百姓征收赋税，也没有一个固定的标准，官吏总是巧立名目，随意增加赋税，新税旧税接连不断，根本没有限度。那些家里人口众多的富人家庭，一般都有朝中官吏或者寺院的庇护，可以瞒报逃税，但是普通的贫穷百姓没有靠山和后台，无法瞒报人口，而征收赋税的官吏借机对百姓进行侵夺，百姓承担不起繁重的赋税，只能成为流民，生活十分困顿。

为了革除这种税收的弊病，增加国家的财政收入，解决对藩镇的军事费用，杨炎向唐德宗李适建议实行两税法。简单来说，就是从征收谷物和布匹等实物为主的租庸调法，改为以征收金钱为主的新税法，一年两次征税，分夏、秋两次，夏税纳税时间不超过六月，秋税不超过十一月。具体内容来说，要根据国家原来的各项财政支出额，确定国家的税收总额，再把这个总额分配到各地，按照地税和户税这两个税种向百姓征收。地税依据两税法实施前一年的耕垦田亩数量来征收。户税的具体征收原则是不论主户、客户，一律编入现在所居州、县的户籍，在所居地纳税。征税标准不再按照人口数量，而是按资产征税，不论丁男、中男，一律按其拥有的资产多少来纳税，资产多的多纳，少的少纳。商人要在经商所在的州县纳税，和当地的百姓所承担的税费数量相同。

两税法是唐代社会经济繁荣、商品货币经济显著发展的结果。这一改革顺应了社会经济发展的历史趋势，又促进了商品货币经济的发展。以货币纳税，在杨炎提出两税法之前，只在局部地区实行过，两税法推向了全国，加速了实物税向货币税的转变过程。百姓们为了纳税，就要出售他们的农作物换回货币，扩大了商品生产的范围。两税法简化了税制，把租庸调及各种杂税合并，这样一来，税目减少了，缴纳时间也集中了，纳税手续变得更加简洁。

李适采纳了杨炎的建议，可是掌管赋税的官吏们大多都反对这种税法的推行，他们觉得租庸调制已经实行了四百多年，以前的规矩不能这么轻易地就更改了，但是李适十分坚持，才使两税法得以贯彻实施。

两税法的推行，在当时确实取得了一定的成效，因此天下人都称赞宰相杨炎的聪明才智。杨炎在财政方面的成就，除了两税法之外，还有将皇室财政与国家财政分开，提出了量出制入的原则，开中国预算制度的先河。

宰相杨炎，疑人不用还是用人不疑

唐德宗李适执政期间，很希望能一展宏图，于是广招贤士，作为自己的得力助手。当时的宰相崔祐甫极力向李适推荐很有文学才干的杨炎。在李适还是太子的时候就曾听说过杨炎的名声，于是欣然接受崔祐甫的建议，任用了杨炎。

杨炎作为一个被贬的官员，能被封为宰相已经是一件很难得的事情了，上任后短短几个月，由于他辅佐得力，不断创下佳绩，因此被赞誉为贤相。宰相崔祐甫患病后，不能再处理政事，另一个宰相乔琳也被免职，这些情况使杨炎得以独揽大权，野心和私欲也不断膨胀。

杨炎性格中的弊端慢慢显露出来，专权不久，他便开始报恩复仇。杨炎一直对元载心怀感激，总想为他做一些事情用来报答知遇之恩。他先奏请李适要求实施元载生前提出的在原州修建城堡的规划。李适就派人去向泾原节度使段秀实征询意见，段秀实十分刚正不阿，直言不讳地指出其中的弊端，他说："在边境建立防线以便抵御外敌侵犯是一件十分长远的事情，应该从长计议，不应该如此草率而为之。而且修建城堡需要很多人力，要大量的去征徭役，现在春天的播种工作刚刚结束，还有很多后续的农事要做，农事是百姓的大事，您应该分清轻重缓急，请等到农耕的间隙再考虑此事吧。"杨炎听说了段秀实的话以后，勃然大怒，认为段秀实想限制自己，于是解除了段秀实节度使的职务，征召为司农卿。

杨炎任命邠宁节度使李怀光代替段秀实的职务，让他率军转移到原州驻扎，又派朱泚和崔宁各统领万名士兵作为他的帮手，让将士们开始筑城，将士们十分愤怒。李怀光作为朔方军帅，法令严苛，接连杀死了几名提出异议的大将。泾州副将刘文喜利用将士们怨恨的心情，拒绝接受朝廷的命令，上奏要求段秀实重新担任主帅，如果不同意，就让朱泚为帅，于是朝廷任命朱泚代替李怀光。可是刘文喜出尔反尔，还是不接受命令，竟然拥兵自守，还请求吐蕃前来援助。许多朝臣害怕引起叛乱，就建议唐德宗李适息事宁人，赦免刘文喜，大事化小小事化了。但是李适没有接受建议，而是命令朱泚、李怀光等人带兵攻打刘文喜，大战一触即发。在关键的时刻，泾州别将刘海宾杀死了刘文喜，这才没有引起边患。

　　杨炎除了以个人喜怒撤换主帅外，还一手造成了刘晏的冤案。在很早以前，左仆射刘晏还在担任吏部尚书的职务，杨炎那时担任侍郎，两个人互相看不顺眼，常有不和。后来到了元载之案的时候，刘晏负责审理，元载被杀，和元载关系很好的杨炎也受到牵连被贬，所以他对刘晏一直怀恨在心。唐德宗李适即位后，由于刘晏长期负责掌管财政大权，许多朝臣都十分妒忌他，就上奏提议罢免他，但是一直没能实现。杨炎担任宰相后，一心想为元载报仇，就在李适面前哭诉道："刘晏和黎干、刘忠翼等人同谋，臣作为宰相不能征讨他，真是罪该万死啊！"杨炎还建议李适剥夺刘晏的财政大权，想要削弱他的势力。李适听从了杨炎的建议，罢免了刘晏关于财政的职务。但是杨炎还是没有罢休，又以刘晏奏事不实为理由，贬他为忠州刺史。当时有个地方官员为了迎合杨炎，诬告刘晏写信给朱泚请求营救，言语有反叛之意。由于杨炎为那位官员作证，所以李适信以为真，秘密派人到忠州杀死了刘晏。

　　但是朝廷上的很多官员都很了解杨炎的为人，觉得这件事有些蹊跷，纷纷为刘晏鸣不平。李正己多次上表，询问刘晏因为何罪被杀，讥讽朝廷听信谗言，还说了杨炎派遣使者前往各镇将过错推给皇帝的事情。李适派宦官到李正己那里核实情况，当他发现事情全部属实，十分愤怒，产生了诛杀杨炎的想法。但是李适没有立刻表露出来，而是想一步一步

第七章
凄凉晚景，昙花一现怎奈何
* * * * * *

地把杨炎的权力夺回来。他提升卢杞为门下侍郎、平章事，改任杨炎为中书侍郎，仍为平章事，但不再纵容杨炎专权了。

卢杞是个相貌丑陋，没有才干的人，杨炎十分瞧不起他，不想和他同时执政，经常假托有病不和他在一起共事，在议事的时候又多有意见不合的情况。卢杞觉得受到了轻视和侮辱，他为人狡诈，为了发展自己个人的势力和威信，对那些不依附自己的人就狠下毒手，他等待着机会，想要把杨炎害死。

当唐德宗李适任命淮西节度使李希烈统领各军讨伐梁崇义的时候，杨炎劝谏说："他是董秦的养子，为人暴虐不堪，让他去平定崇义，日后很难控制。"但是李适不听，还对杨炎更加不满，罢免了杨炎的宰相职务，让他担任了其他职务。杨炎入朝谢恩，没有去中书省与卢杞见面，卢杞觉得杨炎眼中根本没有自己，于是更加恨他。

不久之后，卢杞引荐严郢为御史大夫。严郢担任京兆尹的时候，由于不依附于杨炎，所以杨炎指使御史张著弹劾他，又提拔了与严郢有矛盾的源休为京兆尹。于是，卢杞想利用严郢与杨炎的积怨来打压杨炎。杨炎的儿子杨弘业不学无术，经常违法乱纪，私自接受别人的贿赂，被人告发，严郢审理此案时，顺藤摸瓜地查出了杨炎的其他罪行。杨炎在修建家庙时，请河南尹赵惠伯为他出卖东都的私宅，赵惠伯就把此宅买来作为官署。严郢认为赵惠伯是故意出高价买了杨炎的宅子，变相行贿。此外，更有流言蜚语说杨炎在王气的地方修建家庙，想要改朝换代。李适听说后勃然大怒，将杨炎流放，杨炎预感到前景不妙，写诗感叹："一去一万里，千知千不还。崖州何处是，生度鬼门关。"在半路上，李适又下诏赐死杨炎，终年五十五岁。

贤臣刘晏和杨炎就这样相继死去，这两位大臣虽然有性格上的缺陷，但都力主改革，很有才干。在这之后，朝中的官员变动十分频繁，由于之前发生的叛乱和宦官专权留下了太多的阴影，所以李适经常猜疑，不敢过分相信别人，而且固执己见，导致李适纵有一腔热血和宏图之志，也没能一如既往地执行下去。

误用奸佞，朝臣频频被害

　　卢杞，字子良，滑州灵昌人。他的父亲是御史中丞卢奕，他的祖父是唐玄宗李隆基执政时期的宰相卢怀慎。卢怀慎的才能不及另一宰相姚崇，因此凡事避让，在任期间没有什么特别的功绩，但他为官清廉，生活节俭。卢杞生长在这样一个历代仕宦的家庭中，但他从小就受到家中节俭家风的熏陶，吃粗茶淡饭，穿旧的衣服。他因为父荫担任了清道率府兵曹，历忠州、虢州刺史。因为偶然的机会，他被唐德宗李适慧眼识珠，提拔为御史中丞，后来又升为御史大夫。不过十几天的功夫就升为门下侍郎、同中书门下平章事。

　　卢杞刚升任宰相的时候，朝中还有一个宰相叫杨炎。由于杨炎在朝中任职的时间比较久，资历和权势都比较高，所以对新上的卢杞很是看不起，杨炎为了不跟卢杞在同一个地方办公，就常常称自己身体不适。杨炎的这一举动让卢杞怀恨在心。没过多久，就把杨炎牵连进一个案子里，然后给唐德宗李适进谗言，将杨炎贬到了边疆，又在路上派杀手将他杀掉了。

　　杨炎死后，卢杞又打算害死宰相张镒。张镒很有才干，又对朝廷忠心耿耿，所以深得唐德宗李适的信任，张镒在皇帝面前的风头盖过了卢杞，所以卢杞心中非常恨张镒，一直等待机会对张镒下手。

　　当时有一对兄弟朱泚和朱滔，朱泚靠哗变的将士推举当上了节度使。因为这个头衔来得并不光明正大，所以朱泚就把这个头衔留给了弟弟朱滔，自己入朝拜见皇帝以示忠心。朱泚入朝不久就发现弟弟朱滔有反叛的想法，但是那时他并不想参与进去。朱泚有个部下叫蔡廷玉，想要离间朱氏兄弟，朱滔向皇帝上奏请求将蔡廷玉杀掉。但是李适没有杀死蔡

第七章
凄凉晚景，昙花一现怎奈何
* * * * * *

廷玉，只是把他贬出京城。蔡廷玉觉得被贬谪很委屈，于是投水自尽了。卢杞以蔡廷玉自杀为由上了一道折子，请求将御史郑詹交给三司审察，他说御史的职责就是纠察百官，蔡廷玉一案如此不清，所以应对郑詹也进行调查。郑詹听说这件事后去找张镒征询意见。卢杞一见郑詹进了张镒的房间，马上跟了进去，郑詹来不及走就躲了起来，卢杞假装不知道，和张镒聊起天来，谈话中涉及了机密，张镒只得打断他说："卢大人，这些话不要在这里讲比较好，御史郑詹也在这里。"卢杞故作吃惊状说："哎呀，刚才我说的可都是绝密的事情啊，旁人是绝对不能听到的啊！"于是，卢杞不等三司对郑詹的审察结果出来，就以郑詹偷听机密为由将他杀死了。

这时，朱滔再也按捺不住了，正式起兵造反。因为幽州的军队驻守在凤翔，唐德宗李适正想找个重臣到那里坐镇。卢杞对李适说："陛下，驻守凤翔的将士职位都比较高，要是没有一个宰相去坐镇估计无法指挥他们啊。您能不能派我去？不过我长得实在太丑了，如果我去的话，那些将士肯定不听我的指挥，不如让张镒去吧？"李适想了想觉得很有道理，就派张镒去了凤翔，他就这样从宰相被贬为刺史。卢杞看张镒失去了朝中的大权，终于放下心来。

在他整个仕途中，只要有人表现出对他不尊敬，都会受到他不同程度的报复。郭子仪在为人处世方面经验丰富，早在卢杞刚刚入朝，还没有执掌什么大权的时候就已经敏锐地发觉了卢杞敏感多疑的性格。在卢杞刚任御史大夫的时候，郭子仪患了重病，于是卢杞登门去探望。郭子仪的姬妾很多，他为人坦然，文武大臣去他府上拜见时，他从不让身边的姬妾们回避，但一听说卢杞来访，马上就要身边的姬妾们躲起来。独自一人亲切地接待了卢杞。卢杞走后，姬妾们问郭子仪为什么对这个卢杞如此重视，郭子仪回答说："卢杞相貌丑陋，你们看见他一定会忍不住发笑的，但是他的自尊心又这么强，一定会怀恨在心，有朝一日他执掌了大权，我们郭家会遭受灭顶之灾的。"

卢杞还害死了一代名臣颜真卿。在卢杞刚刚成为宰相的时候，颜真卿已经是三朝老臣了，声誉极高。其实此时的颜真卿年事已高，根本不会对卢杞的前程构成任何威胁，但他觉得颜真卿待在朝中一天，他就一天不得安稳，于是一门心思地寻找陷害颜真卿的机会，想把他赶出朝廷。由于卢杞的各种刁难，颜真卿忍无可忍，责问卢杞道："当年你的父亲在前线杀敌被害，首级传到平原郡，我见他满脸是血，出于对他英勇献身的尊敬，用舌头一点一点把血舔干净，难道你就不能看在你父亲的面子上放过我吗？"卢杞听后做惊讶状，言不由衷地感谢了颜真卿，表示自己并没有为难他的意思，但是背地里却加紧了对颜真卿的陷害。

当时，时任淮宁节度使兼平卢、淄青、兖郓、登莱、齐州节度使，受封南平郡王的李希烈，不愿再居人下，起兵造反，自封天下都元帅，想要改朝换代。唐德宗李适向卢杞询问平叛办法，卢杞没有想到平叛办法，但是却想出一个趁机迫害颜真卿的阴险办法。卢杞对李适说："陛下，李希烈虽然造反了，但不是什么大事，只是年轻人觉得自己立下汗马功劳，所以头脑一时发热，他的部下都很怕他，没有人敢站出来劝导他，要是能有个资格老又受人爱戴的老臣去劝一劝，我相信李希烈会悔过自新的。颜太师是三朝老臣，名声极好，很受人尊敬，要是能派颜太师去，肯定能说服李希烈的，这样不动一兵一卒就能化解这件事，该有多好啊！"李适居然真的信了卢杞的这番话，立刻下令叫颜真卿去慰问李希烈。颜真卿去了之后就被李希烈囚禁起来了，软硬兼施试图迫使颜真卿投降，颜真卿宁死不屈，最终被李希烈折磨致死。

卢杞把颜真卿害死之后，又将李怀光送上了谋反之路。李怀光是渤海靺鞨人，本姓茹，他的先祖迁徙到幽州，李怀光很小的时候就从军了，因在唐军里作战有功而被赐姓李。唐德宗李适登基后，李怀光升任为邠宁、朔方节度使。他奉命抵御吐蕃，颇有成效，吐蕃不敢再南侵了。后来，朱泚和朱滔兄弟造反，李适逃去奉天，朱泚率兵追击。这时，李怀光前往救援，打败了朱泚。救下李适后，李怀光觉得自己功劳很大，口无遮拦地说："卢杞当宰相，既没有谋略也没有才华，横征暴敛，克扣军饷，要是我李怀光入朝，皇上一定会征求我的意见，那时我一定要建议皇上好好惩治卢杞这个大奸臣！"卢杞听说后，计上心来，他对李适说："李怀光立下了大功，是朝廷的栋梁之材，如果皇上命令李怀光乘胜追击，一定可以攻取长安。"李适一听觉得很有道理，就叫李怀光不必入朝觐见了，立刻率兵攻向长安。

李怀光得知后就像被一盆凉水浇了一样，心里失望万分。李怀光一肚子火，干脆公开上表讨伐卢杞和他的同党。卢杞最终惹火烧身，被皇帝贬出了京城，死在了被贬地澧州。

宦官掌军权，埋下祸根

唐朝的时候设置内侍省，由宦官任职，负责管理其他宦官。随着时间的推移，宦官的人数越来越多，最多时达到了三千多人，但最初也只是负责侍奉皇帝、后妃、皇子皇孙的饮食起居、庭院清扫、宫殿守卫，但没有染指军事。到了盛唐时期，宦官的数量进一步增加，受到皇帝赏识的宦官可以担任高官，但绝大多数并没有带兵打仗的经历。安史之乱爆发后，皇帝觉得武将掌握兵权并不可靠，而宦官们没有子嗣，反而更加值得信赖，开始让宦官广泛参与到军事活动中，甚至让他们全面执掌军权。

唐代宗李豫执政时，就非常宠信宦官，任由他们公开索要贿赂，大肆搜刮民脂民膏。唐德宗李适作为太子，看着李豫对这种现象一再纵容，不加以管制，十分着急却又无能为力，他很清楚的知道这样做的弊端，于是刚刚即位就决定对这样的现象加以整治。

当时，李适派了一位宦官去给节度使李希烈颁布赏赐，这个宦官收了李希烈送的一匹骏马、奴婢还有钱财布帛等礼物，这件事被李适知道后，他狠狠地处罚了这个宦官，施以杖刑和流刑。不仅如此，在李适即位的当月，他还将有所图谋的宦官刘忠翼赐死了。此消息传出京城后，那些收受了贿赂或者心里有想法的宦官们都不敢乱来了。

李适即位后，一直坚持疏斥宦官，亲近朝廷官员。但在遭遇"泾师之变"出逃避难后，李适却逐渐改变了对宦官的态度。

唐代宗李豫创设了枢密使一职，由朝中的宦官担任，名义上是帮助皇帝传达命令，按照皇帝传达的旨意办事，实际上是直接代替皇帝处理政事。在权臣鱼朝恩被杀之后，宦官不再统领禁军，唐德宗李适把神策军交给了大将白志贞来统领。但是当泾原镇的士兵路过长安，发动了叛乱之后，白志贞率领的神策军却没有前来镇压叛乱。李适仓皇逃往奉天，只有宦官窦文场和霍仙鸣率领的宦官和亲王随行左右。这件事给李适了很大的震动，他信赖和器重的禁军将领竟然在叛军进城时没有召集来一兵一卒前来保护，而在危难中可以依靠的竟然是自己的内侍宦官窦文场和霍仙鸣所率领的几百名宦官，他们的忠心耿耿让李适十分感动。李适还发现，作为皇帝绝对不能没有自己的近卫亲军，既然军队交付给朝廷官员不能使自己放心，那也只能由宦官来掌管了。于是，李适开始将统领禁军的事宜交付窦文场和霍仙鸣等人，慢慢地改变了即位之初疏斥宦官的态度。

后来，又爆发了李怀光的叛乱，李适把神策军分为左右厢，任命窦文场和宦官王希迁分别为神策军的左右厢都知兵马使，神策军左右厢改称为左右神策军。李适还在北衙禁军中特设了左右护军中尉监和中护军监各二人，也是由宦官担任。李适还将宦官担任各地藩镇监军作为一项制度固定下来，专门为担任监军使的宦官们做了大印，提高了宦官的地位。李适对宦官态度的转变，使宦官成为了他日后政治中枢当中的重要力量。

唐德宗李适的儿子唐顺宗、孙子唐宪宗以及后来的唐敬宗、唐文宗等人都是死在了宦官手中，宦官专权是唐朝晚期政治腐败、黑暗的重要表现，这一情况的形成，与李适对宦官态度的转变有直接关系，所以只得喝下这杯自己亲手酿出的苦酒。

第七章
凄凉晚景，昙花一现怎奈何
* * * * * *

二十六载，皇太子终登帝位

　　唐顺宗李诵在父亲唐德宗李适即位的那年，也就是大历十四年（779年）时以长子身份被立为太子，当时他十九岁，已经初为人父。但是李诵直到贞元二十一年（805年）时才正式即位。这样算来，李诵整整做了二十六年的太子才当上了皇帝。

　　在李诵做太子的这二十六年中，他亲身经历了藩镇叛乱的混战，耳闻目睹了朝廷大臣的互相攻击，所以心智成熟得比较早。李诵从小就十分好学，擅长写书法，尤其是隶书。在"泾师之变"随唐德宗李适出逃避乱时，李诵带着兵马，在长达四十多天的奉天保卫战中，勇敢面对朱泚叛军的进逼。由于太子亲自出战，将士们在他的鼓励下，全都奋勇杀敌，取得了奉天保卫战的胜利，保证了父亲的安全。

　　尽管李诵并没有像唐朝前期的几位皇太子那样波折不断、动辄被废，但是由于郜国大长公主的案子，他也险些陷入了深渊黑洞中。郜国公主是唐肃宗李亨的女儿，她与驸马萧升所生的其中一个女儿成为了李诵的太子妃。郜国公主因此觉得自己地位特殊，所以总是任意出入太子宫。她在丈夫萧升死后，生活极为放荡，与彭州司马李万私通，还和太子詹事李昇等官员暗中结交。于是，有些看不惯人就告发郜国公主淫乱，还精通巫蛊之术，影响非常不好。李适知道以后很生气，因为郜国公主是太子李诵的丈母娘，所以就把李诵狠狠地批评了一通。李诵被骂后惶恐不已，于是请求和自己的妻子离婚。但是李适当时已经萌生了废掉李诵改立舒王李谊为太子的念头。

　　舒王李谊是李适的弟弟的儿子，但是弟弟死得早，李适就将他收养，像宠爱自己亲生儿子一样培养他。但是当时有朝臣认为皇帝废掉亲生儿子的太子之位而改立侄子为太子十分不妥，便为李适详细列举了太子废立的历史经验和教训，分析了唐太宗李世民对废立太子的谨慎原因，以及唐肃宗李亨因为冤杀了建宁王而后悔不已的事例，劝李适不能一时兴起就做决定，要吸取前车之鉴，李适最终还是决定保留李诵的太子之位。

在这之后，郜国公主被幽禁起来，凄凉地死去了。郜国公主的亲属也有很多受到了牵连，她的女儿和皇太子妃被杀死了，她的五个儿子和太子詹事李昇等官员被流放到边境之地。经过这场变故，李诵为人处世变得更加谨慎了，说话也都小心翼翼的。有一次，李诵在庭院里设了宴，邀请了父亲李适，他在院中的湖水里放了好多条彩船，让宫女划船唱歌，李适十分高兴，问他有什么感受的时候，李诵引用诗句作答，没有正面回答，生怕说错话惹怒了父亲。

李诵在父亲面前，只对一件事发表过意见，那就是阻止李适任用裴延龄和韦渠牟等人为宰相。李适晚年的时候，变得敏感爱猜疑，那些直言进谏的大臣都被李适嫌弃和疏远，反而是那些奸佞小人得到了信任和重用，裴延龄、韦渠牟就在其中。他们仗着皇帝的信任，排挤、诬陷其他大臣，盘剥百姓、聚敛钱财，大家都对他们敢怒而不敢言。身为太子的李诵总是找机会，在父皇心情好的时候，从容论争，指出这些人不能重用。所以，德宗最终没有任用裴延龄、韦渠牟入相。但李诵对于其他事情，总是不敢轻举妄动，每逢在李适面前谈论政事时，他总是不苟言笑，很少发表意见，把内心的喜怒哀乐都深藏在心底。但是李诵并不是对天下大事和朝廷政治漠不关心，他私下就常和身边的亲信王伾和王叔文等人谈论天下大事和民间疾苦。

王伾因为善于书法当了李诵的书法老师，王叔文因为善于围棋当了李诵的围棋老师，这两人都是翰林待诏，奉李适之命陪太子学习、娱乐。李诵对自己的老师们十分尊敬，每次上课前都先向他们行礼。王伾和王叔文见李诵很有上进心，就在对弈和书写的间隙向他教授有关治国安邦的事情。

有一次，王伾和王叔文在谈论朝廷中的弊端，李诵在旁边听得连连点头称赞，他说："我想把这些弊端告诉父皇，希望他能够更正。"王叔文却说："我觉得太子的职责是侍膳问安，向皇上尽忠尽孝，不应该对其他的事情品头论足，尤其是政事，因为这样做很可能会让皇上怀疑太子是在收买人心，到时候太子该怎么为自己辩解呢？"李诵听完后恍然大悟，感激地对王叔文说："如果没有先生这番点拨，我恐怕就铸成了大祸啊！"从此，李诵对王叔文更加信任，太子宫中的大小事务都委托他和王伾来谋划。组成了一个以王伾和王叔文为中心的太子集团，其中有一批抱有政治理想的年轻人，其中最为有名的就是刘禹锡和柳宗元。

刘禹锡，字梦得，出身于官宦世家，他的父亲在唐玄宗李隆基执政时期参加过进士考试。刘禹锡自幼好学，二十岁的时候进士及第，又参加了博学宏辞科，荣得高第。他才华出众，诗文誉满天下，被淮南节度使杜佑辟为掌书记，杜佑调任中央担任宰相时，把他一起带到京师，得到了王叔文的赏识，成为太子集团中的重要成员。柳宗元，字子厚，也算是官宦子弟，下笔撰文思如泉涌，是唐宋八大家之一。他和刘禹锡是同年中的进士，参加博学宏辞科以后，被授予校书郎，后被人引荐给王叔文，也成为太子集团中的核心人物。

在这一集团当中，还有一个不能不说的人，他就是日后的宰相韦执谊。韦执谊，出身于京兆名门望族，自幼聪明，中进士擢第，被唐德宗李适拜为右拾遗，召入翰林为学士。年仅二十多岁的他深得李适的信任，经常与皇上吟诗作对，并与裴延龄、韦渠牟等人一起出入禁中，在当时的朝野上非常瞩目。他与王叔文结缘于皇上的生日华诞，略通一些佛教知识的太子敬献佛像作为贺礼，李适对太子的这个礼物非常满意，龙颜大悦，命韦执谊写了赞语，又让太子赐给韦执谊钱帛作为酬劳。韦执谊得到太子的酬谢，按照礼节到东宫去表示感谢。李诵借机郑重地向翰林学士韦执谊推荐了王叔文，就这样，韦执谊与王叔文结交了，因为志同道合，所以关系越来越密切，成为太子集团中地位特殊的核心人物之一。

由于当了太多年的太子，李诵心中十分压抑，心有大志而无法施展，于是抑郁成疾，身体状况很不乐观，突然中风，失去了言语能力。此时的唐德宗李适到了暮年，对儿子的病情十分挂念，经常亲临探视，还派人遍访名医为李诵治病，但是效果并不理想。因为皇上和太子的身体都状况不佳，所以宫中的政治空气顿时变得沉重起来。由于太子李诵一直卧病，唐德宗李适每天都悲伤叹息，卧床不起，病情很快恶化，没多久就驾崩了。李适驾崩后，太子李诵终于继承了王位，结束了长达二十六年的太子生涯。

"永贞革新"的过眼云烟

永贞元年（805 年），太子李诵即位，也就是唐顺宗。他当太子的二十多年中，十分关心朝政。李诵的父亲唐德宗李适是在位时间比较长的皇帝，早期励精图治，但是到了晚年却姑息养奸，纵容藩镇割据四方，还委任宦者以大权，并准许他们到处聚敛财物。

当时，唐德宗李适设立了宫市，名义上是由宦官们替朝廷采买东西，实际是明着抢夺老百姓的财物。他们依着皇帝的权势，随意抑价，甚至白取白拿。与宫市一样霸道的，还有五坊。五坊就是当时替皇帝饲养打猎所用鹰犬的地方，这里也是由宦官掌管，他们为非作歹，到处残害普通百姓。他们假借在老百姓住的地方张网捕鸟雀，用残暴的手段抢夺老百姓的钱物，有的宦官甚至把罗网张到人家门口，不许百姓出入，给了钱才能出门，还有的把罗网盖在井上，如果百姓来打水，他们就训斥百姓惊扰到为皇帝供奉的鸟雀了，又打又骂，直到百姓拿出钱物求饶，他们才肯离去。

李诵做太子的时候，就想对李适建议取消宫市，但是当时王叔文担心皇帝怀疑太子收买人心，危及太子的地位，所以劝阻了李诵。等到李诵即位之后，马上取消了宫市制度和五坊制度，这两项弊政的取消，深得民心。李诵当时已经中风，无法说话，就重用了王叔文和王伾等人进行改革。李诵任命王叔文为翰林学士，让他积极参与朝廷大政的决策，打击宦官势力，革除政治弊端，王叔文上任后进行了一系列的改革措施，史称"永贞革新"。

当时的京兆尹李实是个大贪官，关中大旱，颗粒无收，但是李实却虚报丰收，不但不减少赋税，反而变本加厉，逼迫百姓卖房卖地。当时有人编了顺口溜讽刺李实，被李实知道后，扣上了诽谤国政的罪名残忍杖杀。李诵得知这件事情之后，下诏把李实抓了起来，贬为通州长史，收缴了他贪污的财物，免除了民间积欠的赋税，减轻了百姓负担，百姓听说后无不欢呼雀跃，对唐顺宗李诵充满了溢美之词。李诵还裁减了宫中的闲杂人员，停发了宫中十几个宦官的俸钱，将久闭深宫中的六百多个宫女释放回家，让骨肉得以相聚。

李诵还下令抑制藩镇。当时的节度使通过进奉钱物来讨好皇帝，有的每月进贡一次，称为月进，有的每天进奉一次，称为日进，州刺史甚至幕僚也纷纷效仿，以月进和日进向皇帝进奉。李诵下令除规定的常贡外，不许再有别的进奉。王叔文等革新派也采取了一系列手段对付藩镇割据势力，当时的浙西观察使李锜，还兼任了盐铁转运使的职务，他将盐铁藏在自己的私宅中。王叔文将李锜解职，把大权从藩镇收归中央。此外，剑南西川节度使韦皋也十分猖狂，他派支度副使刘辟总领三川，并口出狂言侮辱朝廷无能。王叔文知道后十分愤怒，派人杀了刘辟。

以王叔文等人为首的革新派，在短短几个月里革除了一些弊政，受到了百姓们的拥护。但是他们却没能触及到当时最为强大、顽固的宦官和藩镇的武装势力。其实，王叔文等人曾经计划过从宦官手中夺回禁军的兵权，这个决定关系着革新派和宦官势力生死存亡的问题。王叔文任用了老将范希朝为京西神策诸军的节度使，让韩泰作为神策行营行军的司马。宦官发现王叔文在试图夺取他们的兵权，大为惊恐，立刻通知神策军诸军不要把兵权交给范希朝和韩泰，所以王叔文等人的计划没能实现。

夺取兵权的未果，给改革的失败埋下了伏笔。因为宦官和藩镇手中掌握着兵权，而革新派只是一帮文人，唯一可以依靠的唐顺宗李诵又重病在身，早在唐顺宗李诵刚刚即位的时候，宦官俱文珍等人就将李诵的长子广陵王李淳立为太子，更名为李纯。李诵早就被宦官们监控，他们随时准备将太子推上皇位作为傀儡，所以革新派无法从根本上撼动宦官和藩镇们。

宦官俱文珍见革新派们频频行动，于是伪造了敕书，罢免了王叔文的翰林学士职务，王伾据理力争，俱文珍才勉强允许王叔文隔三差五地去一次翰林院。王伾还请求宦官起用王叔文为相，统领北军，并让王叔文担任威远军使、平章事等职务，但都被俱文珍拒绝了。王伾知道大势已去，忧思成疾，得了中风，只好回家养病。

与此同时，韦皋请求让太子监国，还请求驱逐王叔文等人。于是，俱文珍等宦官就以唐顺宗李诵的名义下诏，让太子李纯主持军国政事，没多久就拥立李纯即位登基，也就是唐宪宗，唐顺宗李诵则退位称为太上皇。此后李诵很快就被宦官害死。

唐宪宗李纯即位后，革新派纷纷被贬谪，王叔文被贬为渝州司马，第二年被赐死。王伾被贬为开州司马，患病而死。柳宗元、刘禹锡等人被贬为边远州的司马。杜黄裳、袁滋等依附于宦官的官员却纷纷得到了重用。

永贞革新被扼杀后，唐朝的统治变得更加黑暗了，从此，宦官拥立皇帝，朝官分成朋党，变得愈演愈烈，一发不可收拾。

第八章

元和中兴，大唐的回光返照

　　"元和中兴"是唐宪宗李纯在位时出现的盛况。李纯是唐顺宗的长子，作为一个奋发有为的皇帝，他治国有方，平定藩镇叛乱，基本上恢复了大一统的局面，使大唐王朝一度回到了正轨上，因此被称为"中兴之主"。但是令人扼腕的是，李纯在执政后期，为已经取得的成绩而骄傲自满，以至于奸佞不分，对宦官的信任有增无减，最终被宦官谋害。

第八章
元和中兴，大唐的回光返照

· · · · · ·

中兴之君的登基之谜

贞元二十一年（805 年），唐顺宗李诵的长子李纯即位，史称唐宪宗。李纯即位之后，重用贤良，改革弊政，取得了削藩的巨大成果，重振朝廷统治的威望，可以说是一位比较有作为的君主，李纯因为父亲唐顺宗李诵的禅让而即位，但是他登基的过程却隐藏着一个巨大的谜团。

李纯幼年的时候，长安城发生了泾师之变，李适仓皇出逃前往陕西，很多事情没来得及安排，宫中那些没来得及逃走的宗室子弟，全部死在了叛军的手上，李适听说后内疚不已。一年以后，李适回到了长安，发现年仅六岁的皇长孙李纯被宦官藏了起来，幸运地活了下来。李适喜出望外，对李纯格外宠爱。李纯经常被祖父李适抱在膝上玩耍，李适问他："纯儿，你是谁家的孩子呀，怎么被我抱在怀里啊？"李纯天真无邪地回答说："我是第三天子。"这一回答使李适非常诧异，作为一个只有几岁的孩子，李纯就能按照祖、父、子的继承顺序进行回答，无不显示出他的早慧，李适不禁对怀里的小皇孙刮目相看，认为他有天子之相。后来，李适封当时只有十一岁的李纯为广陵郡王。

李纯作为广陵郡王的这十几年中，一直深居内宫，在宦官和老师的陪同下刻苦学习。虽然他是祖父心目中的继承人选，但是却不被父亲重视，迟迟没有被立为太子。直到李纯二十八岁的时候才被立为太子。册封仪式之后仅仅三个月，李纯就开始监国，总揽朝政。

早在李纯被立为太子之前，朝臣陆质就借着侍读的机会，向李纯进言，建议他不要总是埋头读书，应该早日为自己以后的前途进行谋划。李纯义正辞严地说："父皇让先生为我传授知识，没有让您扯其他的事情。"那时的李纯是一个不问世事的郡王，没有人能窥探他的内心。

　　就是这样一位与世无争的太子，忽然得到了父亲的传位禅让，从一个郡王登上了最高权力的巅峰。在李纯登基这一年中，朝野上下发生了很多不寻常的事。曾经向唐顺宗李诵建议让太子李纯监国的剑南西川节度使韦皋，在八月十七日，突然暴病而死。荆南的裴均、河东的严绶也不约而同地给李诵发来奏章，内容和韦皋的提议几乎一模一样。剑南、荆南、河东三地的节度使相距千里之外，却在同一时间内给皇帝上了同一奏章请求太子监国，实在是有些蹊跷。

　　在唐顺宗李诵在位的时候，最看重的是舒王李谊，很多宫中的宦官和朝廷重臣都与李谊有密切的往来，但是就在李纯登基当年，舒王李谊莫名其妙地病死了。

　　除了这些，最可疑的就是唐顺宗李诵的死了。李纯曾经率领文武群臣为太上皇上尊号，他下诏宣称太上皇的旧病没有完全治愈，向全天下宣布了太上皇的病情。但是在这之前，没有丝毫的信息显示李诵生病，在李纯宣布病情的第二天，李诵就死在了兴庆宫，迁殡于太极殿发丧，这一切都充满了疑点。当时朝中有大臣提出了太上皇其实早就死了，之所以向天下通报病情，就是为了掩盖李诵被害死的真相。这位大臣不久之后也莫名其妙地病逝了。

　　其实，如果把这些疑点串联起来，不难发现，从李纯被立为太子，到监国摄政，再到后来的登基为帝，这一系列的过程都像是阴谋篡位。李诵在严密的控制之下，完全丧失了自由，违心地禅让了皇位。协助李纯篡位夺权的就是那些宦官，其中最为恶名昭著的就是权倾一时的俱文珍。

　　唐顺宗李诵即位之初，翰林学士王叔文等提倡革新，为了打压宦官和藩镇势力，发动了永贞革新，宫市制度被强行取消，相当于断了俱文珍等宦官的财路。不仅如此，王叔文等人还计划从宦官手中夺回禁军兵权。俱文珍见事情危急，和李纯结成党羽，阴谋发动了政变，逼迫李诵让太子监国，又让更为志同道合的袁滋、杜黄裳等人当宰相。

李纯即位后，群臣讨论给他上尊号时，一个宰相主张加"孝德"二字，另一个宰相认为"睿圣"的尊号已经可以包括这个含义，不必再单独加了。李纯听了之后，勃然大怒，把这个建议不加"孝德"的大臣贬谪了。李纯对这两个字如此在意，从侧面说明了他心中有鬼，很有可能参与了当初囚禁唐顺宗李诵逼宫，并杀死亲生父亲的一系列事情。

元和中兴，打响削藩之战

元和中兴是指唐宪宗李纯在位执政期间，因为治国有方，使得唐朝的政治统治一度回到了正轨，由于李纯在位时用元和作为他的年号，因而得名。

从安史之乱后，唐朝的国力衰微，全国处于藩镇割据的状态。唐宪宗李纯登基后，从元和元年（公元805年）到元和十五年（公元820年），为削平割据势力，进行了长达十几年的削藩战争。

李纯是一位励精图治的贤能君主，他即位后，熟读贞观和开元年间的事情，把唐太宗李世民的贞观之治和唐玄宗李隆基的开元盛世当作效仿的榜样。为了一改朝廷日益衰弱、藩镇权力日益膨胀的局面，他提高了宰相的权力，改变了对藩镇的姑息政策。

当时，因为夏绥银节度使韩全义入朝，所以他想让自己的外甥杨惠琳担任节度使。但是唐宪宗李纯却任命左骁卫将军李演为夏绥银节度使。

当李演来到夏州时，杨惠琳便公然叛乱，李纯下令让河东和天德的军队前去平乱，兵马使张承金斩杀了杨惠琳，至此夏州杨惠琳之乱被平定。

李纯又下诏讨伐刘辟，他任命高崇文为左神策行营节度使，与山南西道节度使严砺、剑南东川节度使李康等人强强联手。高崇文手下的士兵个个战斗力强大，而且高崇文一直带兵打仗，作战和用兵的策略上都很高明。刘辟畏惧高崇文，决定先和别的节度使交手，他攻陷了梓州，抓住了剑南东川节度使李康。高崇文前去搭救，攻克了梓州，又在接下来的几次战役中打败了刘辟。在攻克成都后，高崇文活捉了刘辟，将他押回长安，刘辟和他的儿子被诛杀，剑南西川叛乱顺利平定。

蜀地被平定后，很多藩镇节度使都心中恐惧，要求入朝，镇海节度使李锜也提出了这样的请求，但到了入朝的时候，他又说自己得了病来不了，在润州叛乱。李纯立刻削去了李锜的宦爵和属籍，派出军队讨伐李锜。镇海军兵马使张子良和润州大将李奉独等人抓住了李锜，朝廷将李锜诛杀，又没收了他的财产，赐给百姓，至此淮海之乱也被平定了。

一波刚平一波又起，魏博节度使田季安去世了，他的儿子田怀谏当了副大使，当时田怀谏只有十一岁，军心不安，李纯试图借机控制魏博。当时魏博三军共同举荐田季安手下的大将田兴执掌大权，将士们想要进行兵谏，田兴知道后，跪在地上请求士兵们，但是将士们已经下定决心，田兴无可奈何，只能请求他们不要伤到田怀谏，将士们答应了，杀了蒋士则等十余人。李纯下诏封田兴为魏州大都督府长史和魏博节度使，赐田兴名弘正，田兴以魏博六州归顺朝廷，李纯就这样成功收复了魏博六州。

元和九年（814年），淮西节度使吴少阳病死了，他的儿子吴元济密不发丧，对朝廷谎称父亲生病卧床，由他代为处理军务。李纯从平定蜀地之后就想拿下淮西，于是授予严绶以山南东道节度使的头衔，加淮西招抚使，让他带领军队攻打蔡州。严绶率军与吴元济对峙，吴元济根本没把严绶放在眼里，他的部下都劝他索性造反。淮西连接山东、河北等地，吴元济纵兵抗衡打响了淮西之役，这是一场十分激烈的斗争。李纯借助十六镇的兵力，历经三年之久，才平定了叛乱，吴元济在长安被斩首，淮西在割据了三十多年后，终于复归朝廷的统治。

因为淮西叛乱的平定，削藩的形势发生了根本变化，朝廷处于优势，得以集中兵力进攻河北、山东的藩镇。王承宗主动献上了德、棣二州，成德至此也归顺了朝廷。

李师道是最后一个被平定的藩王，他在危急的形势下，先投降了朝廷，但很快就反悔了。于是李纯决定要发兵征讨李师道。李师道听说大军逼近，让百姓修缮守城工事，连妇人都要服役，百姓怨声载道，于是李师道的军队中发生了兵变自溃，李师道的部下率兵反叛，抓住了李师道和他的两个儿子，斩杀了他们。为首的是淄青都知兵马使刘悟，于是淄青和所属的十二州的叛乱全部被平定下来。

至此，唐宪宗李纯削藩取得了全面的胜利，连平卢这样的强硬藩镇也遵守了朝廷的约束，基本上结束了从唐代宗李豫开始的长达六十年的藩镇自己任命官吏，不供赋税的情况。但是尽管"元和中兴"削弱了藩镇割据势力，在一定程度上给朝廷统治带来了积极的影响，但是"元和中兴"并没有解决根本问题，所以没能恢复唐朝之前的繁荣景象。

李师道行刺武元衡

武元衡生于唐肃宗乾元元年，他有着高贵的血统，是武则天的曾侄孙，被称为唐朝第一美男子，才华横溢、风度翩翩，诗文写得非常好。他的曾祖父武载德是武则天的堂兄，官至湖州刺史，他的祖父武平一是文人学士，曾任考功员外郎，他的父亲武就曾任殿中侍御史。武元衡出身于名门望族，自幼博览群书，长大后进士及第，担任监察御史，接任华原县令，从此走上了仕途。

当时，驻华原的镇军督将们蛮横无理，百姓对他们又惊又恐。身为华原县令，武元衡却无法制止督将们的横行霸道，所以内心十分郁闷。于是他说自己身患重病，请求辞职，回家闲居休养。唐德宗李适听说武元衡很有才能，就召他回京，给他连升三级，官至右侍郎中，时常召见他询问治国良策，武元衡总是侃侃而谈、对答如流。

等到唐顺宗李诵即位，翰林学士王叔文联合柳宗元和刘禹锡等人进行了永贞革新。王叔文发现武元衡才华出众，就让他加入了自己的集团，一起进行革新。当时的革新派炙手可热，而且有皇帝的支持，是出人头地的好机会，但武元衡觉得王叔文等人的集团有朋党之嫌，拒绝了王叔文的邀请，王叔文很生气，觉得武元衡不识抬举，就给他降了职。刘禹锡为武元衡鸣不平，想让他担任其他职务，也被武元衡婉拒了，刘禹锡看自己的好心没有得到回应，心中也很不痛快，所以武元衡又一次被降职。

其实当时的武元衡就已经看出永贞革新的不切实际，所以宁愿一再被降职，也不去蹚那浑水。果然，永贞革新很快就失败了。

唐宪宗李纯即位后，十分赏识武元衡，提拔他当了宰相。这一年，武元衡刚刚四十九岁，年富力强，正是施展才华的年龄。当时的西川节度使高崇文是一介武夫，根本不会管理地方政务，李纯知道武元衡能够担此重任，但是又不舍得让他离开京城，就任命他为剑南西川节度使，兼任宰相。李纯对武元衡寄予厚望，武元衡也壮志在心，怀着一腔热血来到西川之后，他却发现高崇文离开后，把所有的财物都带走了，这里成了一座空城。

面对一无所有的西川，武元衡颁布了很多优惠措施，让百姓们休养生息，大力发展农业，使西川的经济在一年之后就得到了恢复，府库重新变得充实。武元衡在西川任职的七年中，受到了百姓和朝廷的一致称赞。李纯将武元衡召回朝廷，继续担任宰相。

武元衡回朝之后，面对的最大问题还是藩镇割据。由于藩镇的节度使是地方的最高行政长官，掌握诸多权力，导致朝廷政权的弱化。藩镇制度最早设置是为了抵御外敌。到了后来，藩镇的势力逐渐增强，开始不服朝廷的管理，唐德宗李适曾经试图削藩，反而引起了节度使起兵叛乱，虽然后来勉强平定了叛乱，却再也无力抗击藩镇势力，只能无奈地发布罪己诏，不再约束藩镇。

但是唐宪宗李纯的态度却十分强硬，直接对藩镇以武力讨伐。李纯在连续除掉了几个割据势力后，宰相武元衡审时变势，指出应该进一步削藩，继续攻打淮西，不能有丝毫犹豫，李纯深表赞同，派李师道和王承宗出兵。这两个人表面上虽然支持朝廷，但是暗地里却支持淮西节度使吴元济。他们偷偷招募了数百名地痞无赖，攻入朝廷的转运院，烧毁了大量的钱财、布帛、谷物，摧毁了唐军的后勤补给地。不仅如此，他们还派人潜入京城，准备刺杀宰相武元衡和御史中丞裴度。因为如果这两个人死了，其他朝臣就不会再提用兵镇压藩镇的事情了。

一天早上，天还没亮，长安城里静悄悄的。一队侍卫提着灯笼，簇拥着宰相武元衡出了府邸，刚走出没多远，武元衡突然听到黑暗中有人高喊了一声："熄灭灯笼！"侍卫手中的灯笼全被熄灭了，周围变得一片漆黑，白刃闪闪、暗箭乱飞，侍卫们抵挡不住，四下逃跑。武元衡骑在马上，被重物击中左腿，钻心的疼痛让他摔下马来，胸口挨了一刀，当场就死了。刺客砍下他的头回去报功。天亮之后，巡逻兵士发现有人被杀，调查之后发现竟然是当朝宰相遇害了。与此同时，御史中丞裴度也遭到了袭击，他跟武元衡一样在上朝的路上遭遇刺客。他被连刺了三刀，却没被击中要害，裴度跌进沟中，刺客以为他已经死了，停止了追杀，裴度幸运地躲过了一劫。

朝中的两位重臣一死一伤，京城一片哗然。李纯立刻下诏，让骑兵护送大臣上下朝，宰相所过之处，路人必须回避，但是大臣们仍然十分恐慌，去上朝的时候都是战战兢兢的。可气的是，刺客行凶后竟然留下字条，威胁破案的官员如果捉拿他们，就杀死他们，办案的官员吓住了，不敢再去搜寻线索。眼看着案子一再被拖延，当时任左赞善大夫的白居易，上疏请求加快抓捕凶犯，朝中权臣们觉得他多管闲事，将其贬为江州司马。

兵部侍郎许孟容去觐见李纯，哭着说："陛下，这可是惊天大案啊，之前从没发生过宰相去上朝却被刺客在路上杀害，如果不能抓捕他们，这可是朝廷的奇耻大辱啊！请您下令尽快破案，以告慰宰相的亡魂。"李纯被这番话感动了，立即下诏擒拿刺客，抓获刺客的人有重赏，授五品官，隐匿刺客的人灭族，还派兵在京城长安和东都洛阳展开大搜捕。李师道手下的一名士兵悄悄去告密，说刺客是李师道派去的，而且他已经秘密带兵潜入了洛阳，预谋叛乱。李纯听说后立刻派兵围剿，捉拿了李师道及其党羽数千人，刺客也全部落网，斩首示众。

李吉甫和《元和郡县志》

唐代有一位修史纂志的著名宰相，他就是赵郡李氏家族的李吉甫。出身名门望族的李吉甫自幼勤奋好学，博览群书，知识渊博，为日后修史著书奠定了基础。

他二十七岁的时候就担任了太常博士，受到宰相李泌和窦参的器重。后来，李吉甫被外放为明州长史，历任柳州刺史和饶州刺史等职务。唐宪宗李纯继位后，让李吉甫返回朝廷，把他召入翰林院，担任了翰林学士，并改任中书舍人，赐予紫衣。

西川节度副使刘辟叛乱后，大部分的朝臣都认为蜀地地势险要，易守难攻，不主张出兵讨伐。宰相杜黄裳却极力主张出兵讨伐，还推荐了神策军使高崇文担任伐蜀主帅，李吉甫也赞成出兵讨伐。西川平定后，李吉甫又建议让高崇文和严砺分别担任西川、东川的节度使，让他们相互牵制。

李吉甫因为曾经被外放十多年，深知百姓的疾苦，所以奏请皇帝，让节度使属下的各郡刺史独自为政，建议禁止州刺史擅自拜见节度使，同时禁止节度使以岁末巡检的名义向州县的百姓征收苛捐杂税。李吉甫觉得镇海节度使李锜骄横跋扈，有反叛的危险，所以劝李纯召他回朝，加以控制。但是三次征召都被李锜以患病为由搪塞过去。后来，李锜果然发动叛乱。李吉甫建议李纯派兵攻打李锜，顺利平叛，李吉甫因此获封。

李吉甫原本和窦群等人关系很好，但是窦群担任御史中丞后，和李吉甫产生了矛盾。后来，李吉甫患病，让医生留宿在家，窦群却抓了医生，禀报皇帝说李吉甫结交术士。李纯查知实情后，贬谪了窦群等人。虽然有惊无险，但是李吉甫通过这件事知道自己在朝中树敌过多，就辞去相位，出镇淮南。他在淮南的三年里，率领百姓修筑了几个水利工程，灌溉农田近万顷，还免去了当地百姓数百万石的欠租，深得民心。

李吉甫因病去世时，时年五十七岁。他生前除了担任宰相，更引人注目的就是他编纂的一系列书籍。他撰写了《六代略》三十卷，《元和国计薄》十卷，《六典》诸官职《百司举要》一卷，《删水经》《元和十道图》《元和郡县图志》等著作。

其中最有名也是流传最广的就是《元和郡县图志》。这本书详细地记载了唐宪宗元和年间全国的疆域政区、建置沿革、山川物产、户口变迁等情况。各卷叙事文字之前都有绘制的地图，所以称为《元和郡县图志》。但是该书在流传过程中地图都已经找不到了，仅仅剩下文字，所以改称《元和郡县志》。

李吉甫撰写《元和郡县图志》这样一部地理学著作，和他当时的政治思想有着密切的关系。他生活在一个藩镇割据的战乱年代，有着一颗忧国忧民的心，当宰相以后更深切地感受到国力衰弱和藩镇的巨大威胁，所以急切地希望讨平藩镇，维护朝廷统治。他认为掌握山川形势、户口物产和交通要塞等全国地理状况，是事关兴替安危的大事。

《元和郡县图志》作为一部全国地理总志，对政区沿革地理方面有非常系统的描述。每一县下都写了当地的发展沿革和名胜古迹等，还作了一些必要的考证。李吉甫在写书的时候本着实事求是的严谨态度，对于那些弄不清楚的问题，没有武断地下结论，而是抱着存疑的态度。

这本书在自然地理方面的资料也相当丰富，写了附近山脉的走向、水道的经流、湖泊的分布等。全书共记载水道五百五十余条，湖泊一百三十多处，不仅记载了那些为人所知的大川大泽，还记载了一些不怎么引人注意的小河流，他还对各种地貌特征进行了详尽的描述。

在经济地理方面，李吉甫在每个府、州之后都写有贡赋一项，这是这本书首创的。上面记录的贡品大多是当地的土特产，包括著名的手工艺产品和矿产、药材等，对当地的水利设施和工矿业以及其他经济资料也有记载。

李吉甫的《元和郡县图志》总结和发展了前代地理学著作的优点，还有自己的创新，所以称得上是一部划时代的地理学著作，给后世带来了深远的影响。

元和礼佛，韩愈冒死上疏

唐宪宗李纯在力主削藩的过程中，可以算是一位英明的君主，但是在削藩战争胜利后，他却开始自以为是、忘乎所以。尤其是到了晚年，

第八章
元和中兴，大唐的回光返照
* * * * * *

李纯竟然迷信起佛法来。

佛教在两汉之际传入中国，一开始只是在少数百姓中流传。汉代灭亡后，在魏晋南北朝混乱时期，佛教得到了广泛地流传。到了唐代中期，佛教达到了鼎盛阶段，与中国本土的道教、儒学并称"三教"，相互形成鼎足之势。佛教在唐朝的盛行严重影响了政府的财政收入，给征兵、劳役、官吏等方面都造成了极大的困难，百姓的积怨很多。

凤翔的法门寺里有一座宝塔，叫护国真身塔，塔里供奉着一根骨头，据说是释迦牟尼佛留下来的一节指骨，每隔三十年才开放一次，供人瞻仰礼拜。佛骨是佛涅槃后，火化所留下的遗骨和骨灰，又称为佛舍利，或舍利子，也有以佛身的部位而命名的，如佛顶骨、指骨、佛牙等。在佛骨中，以释迦牟尼佛的舍利子最为珍贵，据传两千五百年前释迦牟尼涅槃，弟子们将他火化之后，从灰烬中找到了头顶骨、牙齿、中指骨和八万四千颗舍利子。

唐宪宗李纯听说后就想把佛骨请进宫中，认为这样做能够求得风调雨顺，国顺民安。于是，他特地派了几十人的仪仗，到法门寺把佛骨隆重地迎接到位于长安的皇宫里供奉，再送到寺庙里，让长安的百姓瞻仰。王公大臣们见皇帝如此虔诚，不管是不是信仰佛教，都想去凑个热闹，千方百计地寻找瞻仰佛骨的机会。有钱的捐了香火钱，没钱的就用香火在头顶和手臂上烫几个香疤，算是对佛祖的虔诚。

当时，朝中有一位大臣叫韩愈，字退之，他不仅是一位直言敢谏的大臣，还是著名的诗人、文学家、哲学家、思想家，是唐宋八大家之一。韩愈向来不信佛，更不要说去瞻仰佛骨了。他对这种铺张浪费迎接佛骨的活动极为不满意，他给唐宪宗李纯上了一道奏章，劝谏他不要再干这种迷信的事情。他说佛法在中国古代是没有的，在汉明帝以后才从西域传了进来，历史上凡是信佛的朝代，寿命都不长，所以他认为佛是不可信的。

李纯收到这封奏章后，大发雷霆，立刻把宰相裴度叫了过来，气愤地说："爱卿，韩愈说我信佛过了头，人各有志，他不信佛我可以不追究他，但是他竟然说信佛的皇帝寿命都不长，这不是在咒我死吗？就凭这一点我就不能饶了他，一定要把他杀掉！"宰相裴度连忙替韩愈求情，并且说好话安慰皇帝，直到李纯的火气慢慢消退。

　　除了宰相裴度，替韩愈求情的大臣还有很多，李纯碍于面子就没有杀掉韩愈，只是把他贬谪到潮州去当刺史。但是韩愈仍然不服软，坚持自己的主张，写诗道："一封朝奏九重天，夕贬潮州路八千。欲为圣明除弊事，肯将衰朽惜残年。"

第九章

死水微澜，灭亡的深渊

在中国封建历史上，皇位的继承模式多种多样，但是像唐穆宗的三个儿子：唐敬宗、唐文宗、唐武宗三兄弟这样，连续地即位为帝的情况就少之又少了。这三位君主都是由宦官助力推上王位的傀儡，他们不思进取、政治昏庸。此时，大唐王朝已经是一潭死水，尽管唐文宗也曾试图革除宦官，但怎奈无力回天，只能看着李氏天下一步步地走向灭亡的深渊。

皇三子逆袭，凭母贵登基

在古代都是母凭子贵，但是到了唐朝却有一些子凭母贵的事例，唐穆宗李恒就是其中之一。李恒原名李宥，是唐朝的第十二位皇帝，唐宪宗的第三个儿子，最初被封为建安郡王，后来又封为遂王。他的母亲是懿安皇后郭氏。

李恒出生前，他的父亲唐宪宗李纯已经有了长子李宁和次子李恽，排行第三的李恒本来无望于太子之位，但是他却有一个势力强大的母亲，郭氏是对大唐王朝有再造之功的尚父郭子仪的孙女。然而长子李宁和次子李恽的母亲都是普通的宫人，在这种情况下，究竟是选择哪一位皇子作为太子，让李纯一直犹豫不决。

李纯登基四年之后，心中的天平逐渐向长子倾斜了。此时的李宁已经十七岁，他知书达理，举止很符合礼法，深受李纯的喜爱。于是，李纯在大臣李绛早立储君以杜绝奸人觊觎王位的建议下，宣布了立长子李宁为太子的决定。但是太子的册立仪式费了很大一番波折，本来应该在春天举行的册立仪式，由于遭遇了连日的大雨，时间一改再改，一直拖了好几个月。

在这之后，事情发生了让人意想不到的转折，刚当了两年的太子李宁竟然在十九岁的时候病死了。李纯悲痛万分，为太子李宁废朝十三日，还特别制订了一套丧礼，加谥为惠昭。长子李宁的突然死亡，使李纯不得不为选定太子而再度陷入艰难的抉择。

由于次子李恽的母亲地位低下，所以宫廷内外都建议李纯选立郭氏所生的皇三子李恒，但是最受皇帝恩宠的宦官吐突承璀则建议应当按照次序立次子李恽。其实李纯也有意立次子为太子，但是李恽的母亲地位确实卑贱，很难在朝廷上得到支持，而且郭氏一族在朝野上下的势力实在是太强大了，所以，立皇三子李恒的呼声占了上风。李纯无可奈何，只好顺从众意，下诏立皇三子李恒为太子，举行了盛大的册立大典。其实李纯心里对这位太子并不满意，吐突承璀猜到了皇帝的心意，一直为皇次子李恽悉心经营。

在刚刚册立李恒为太子整一年的时候，拥立太子的朝廷官员又上表请求李纯立郭氏为皇后。但是李纯觉得将郭氏册立为贵妃已经是后宫最尊贵的角色了，所以以种种借口拒绝了这个建议。在这之后，太子李恒的生母郭贵妃，在朝野内外广结党羽，从宦官中的神策军中尉梁守谦到王守澄等人。

后来，唐宪宗李纯因为服用了方士柳泌的丹药，身体极度恶化，吐突承璀加紧了改立皇次子李恽的计划。太子李恒听说后十分紧张，向他的舅舅郭钊征询意见，当时担任司农卿的郭钊嘱咐李恒，一定要专心尽孝道，不要考虑其他事情。

元和十五年（820年），李纯驾崩。梁守谦和王守澄等人立即拥立太子李恒即位，就是唐穆宗。吐突承璀和皇次子李恽还没来得及行动，就一起被送上了黄泉路。

唐穆宗李恒即位登基后，之前的惊恐和抑郁瞬间消失了，他对帮助自己登基的人都给予了不同程度的赏赐。他把生母郭贵妃册立为皇太后，报答她多年来为自己当上皇帝而进行的辛苦经营。李恒对父亲李纯的亲信和宠臣分别处以诛杀和贬谪的惩罚。此外，他也没有忘记把犯有自己名讳的地名统统改掉，恒山改为镇岳，恒州改为镇州，定州的恒阳县改为曲阳县。这样，唐朝的又一代新君主开始了自己的执政生涯。

享乐皇帝三部曲

　　作为大权在握的当朝天子，皇帝的三部曲就是荒淫乐。从唐高祖李渊晚年开始疏于朝政一心享乐，到唐太宗李世民贞观中后期的骄奢自大，到武则天晚年养男宠的行为，再到唐玄宗李隆基后期沉迷于杨贵妃的美色，几乎没有哪个皇帝能逃得过这三部曲的诱惑。

　　唐穆宗李恒即位的时候已经二十六岁，他在登基后没有专注于政治，而是纵情享乐、毫无节制。在父亲李纯治丧期间，李恒就毫不掩饰自己对游乐的喜好。等到李纯葬于景陵以后，他就带着亲信和随从去打猎取乐了。

　　唐穆宗李恒继位之后，沉溺在玩乐中，但是在任用臣子方面还是值得肯定的。因为幽州和镇州反叛，所以李恒想挑选有威望的大臣出任太原节度使代替裴度，统率部队向北征讨幽州和镇州。在李恒还是东宫太子的时候，当时的羽林将军李听有一匹骏马，李恒叫自己的亲随去劝李听把骏马送给自己。但是李听认为身负守护皇宫的重任，不敢献马给太子。李恒当了皇帝之后，重用了李听，因为他认为李听在羽林军的时候，没有因为自己是太子就把骏马交出来，而是丝毫不讲情面地拒绝了，这样刚正不阿的人一定可以胜任这个职位，于是任命李听担任了节度使。

　　但是李恒做的很多事情都不符合一个皇帝的身份。他每隔三天就会去神策左右军一次，同时会驾临宸晖门、九仙门等地，为了观赏杂耍等表演。到了李恒的生日，他异想天开地为自己制订了一套庆祝方式，但是朝中大臣都觉得自古以来还没有这样的做法，实在不成体统，他才算作罢。但是他在宫里大兴土木，修建了永安殿、宝庆殿等。当永安殿修成后，他在那里看戏游玩，高兴极了。李恒还在永安殿与中宫贵主设密宴取乐，他的嫔妃都去参加了。除了修建宫殿，他还命人在皇宫的庭园中修建巨大的假山，但是因为事故，假山倒塌，七名工人被压死。但是李恒并没有因此停下自己大兴土木的行动。他花重金整修装饰京城内的安国、慈恩、千福、开业、章敬等寺院，还特意邀请吐蕃使者前去参观。

夏天到了，李恒又去宫中的鱼藻池游玩，但他发现池水在父亲执政时期就已经淤积了，于是他命令神策军对淤积的水面加以疏浚。等到池水开通后，他就在鱼藻池开设宴会，看宫女们乘船嬉戏。九九重阳节快到了，李恒想宴请群臣，担任拾遗的李珏等人劝谏他说："陛下，您刚刚登基，年号还没有修改，而且先皇刚刚下葬，如果就这样在内廷举办大型宴会，恐怕不太合适吧？"李恒根本听不进去，在重阳节那天，不仅设宴邀请群臣，还把他的舅舅郭钊兄弟、朝廷贵戚、公主驸马等人都召集到宣和殿一起饮酒。

过完重阳节，李恒又觉得没意思了，他下诏准备前往华清宫，早上出发晚上归来。但是此时，西北少数民族正在引兵进犯，神策军中尉梁守谦带着神策军的四千人和八镇兵前去抵御敌人，形势十分紧张，御史大夫李绛、常侍崔元略等人跪在延英殿门外恳请皇帝不要在此时出游。但是李恒竟然对大臣们说："朕已经决定成行了，阻拦也没有用了，不要再上疏烦我了，你们都退下吧。"第二天一早，李恒就从大明宫的复道出城，前往华清宫，随行的还有神策军左右中尉的仪仗以及六军诸使、诸王、驸马等上千人，一行人一直到天色很晚才回宫。

对于李恒整日沉迷于游乐，不理朝政的行为，大臣们一起劝谏："陛下，酒宴也摆过了，华清宫也去过了，现在边境局势紧张，形势每天都会变化，请您暂时不要出去游乐，在宫中专心政务，如果前线有紧急的军情奏报，才能及时禀报给陛下。另外，您经常与倡优戏子在一起玩乐，对他们毫无节制地大肆赏赐，您花的可都是百姓的血汗钱啊，他们又没

第九章
死水微澜，灭亡的深渊
* * * * * *

有功劳，怎么可以乱加赏赐呢！"李恒当时心情好，觉得这些挺好玩，就问宰相他们都是些什么人。宰相回答说是谏官，李恒就对郑覃等人的话加以肯定，还说会按照他们所说的去做。李恒的这一态度让宰相们十分欣慰。但是，李恒对自己说过的话根本没往心里去，说完就忘记了，依旧我行我素。

对于大臣们劝谏自己不要总是宴饮玩乐，李恒觉得无法理解，因为在他看来，经常宴饮欢会，是一件很值得高兴的事情。他对大臣丁公著说："听说文武百官们在外面也经常设宴玩乐，我觉得挺好的呀，这不正好说明了现在天下太平、五谷丰登吗？我感觉非常欣慰。"丁公著却不同意这种看法，他对李恒说："宴会确实是一件高兴的事情，但是凡事过了限度就不好了。前代的文人雅士们，遇到良辰美景会置酒欢宴或者清谈赋诗，这些都是雅事。但是国家自天宝之后，酒宴变得喧哗，以玩乐为主。您身居高位、手握大权，却成日与那些杂役一起吆三喝四地喝酒，如果上下相效，慢慢地成为了一种风俗，这会造成多少弊端啊！"李恒听完他的这番话后也觉得十分道理，表示会虚心接受的，但就是坚决不改，大臣们也觉得无可奈何。

直到有一次李恒在禁中与宦官内臣等人打马球，发生了意外，一位内官如同遭到外物打击一样突然坠马。李恒见状十分恐慌，停下来到大殿休息，但是忽然感觉双脚不能着地，一阵头晕目眩袭来，他倒在地上无法动弹，医生来诊断的结果是中风，于是李恒从此卧病在床，无法外出游玩，变得老实了。

李恒中风之后，身体一直没有恢复，病中的李恒开始琢磨起长生不老来，于是和父亲一样迷恋上了丹药。当时朝中有大臣上疏劝谏，对李恒服用金丹的事情提出了劝阻，但是李恒固执己见，坚持服用丹药，没过多久就驾崩了，当时只有三十岁，就这样结束了自己纵情享乐的短暂一生。

青春皇帝，有其父必有其子

　　唐敬宗李湛是唐穆宗李恒的长子，母亲是恭僖太后王氏。他被封为景王之后，又被立为太子。李恒驾崩后，太子李湛即位枢前，当时只有十六岁。

　　李湛的父亲李恒生他的时候还是个半大的孩子，正值青春鼎盛时期，李恒生性贪玩，斗鸟、斗狗、斗蛐蛐样样精通，总是想尽办法享受生活，根本把自己还有个儿子这件事忘在了脑后，无心教育孩子。李湛就这样被父亲放养了，整天被一群宦官们围着团团转，一起琢磨怎么玩。久而久之，李湛就养成了自大任性、放荡不羁的性格。

　　作为未来皇帝的接班人，李湛要拥有执政能力和治国的才能，这些能力和才能需要通过学习来获得，但是李湛对书本有种天生的仇恨感。李湛四岁的时候，他身边就有好几个负责教他读书的老师。后来李湛做了太子，太子太傅、太子侍读每天都围着他转，向他传授知识，把《论语》《尚书》等教给他。但是李湛经常翘课，好几个月都不去上课，他的老师韦处厚、崔郾等人看在眼里急在心上。崔郾在担任翰林侍讲学士期间，连续半年都没给李湛上过一堂课，却被提拔为负责草拟圣旨的中书舍人。崔郾觉得心里有愧，就对李湛说自己没有给他上过课，却白白得了赏赐，实在过意不去，让李湛免了他的职务。李湛急着去玩，就赶紧说自己平日里实在是太忙了，没有时间听课，哪天有空一定去听。崔郾听到李湛有去听课的想法，十分欣慰，又啰里啰嗦地说了很多大道理。李湛很不耐烦，给了他一笔赏钱，打发他走了，又接着去玩乐了。

　　唐敬宗李湛是一个玩乐高手，却不适合当皇帝。他即位后，根本不

第九章
死水微澜，灭亡的深渊
* * * * * *

关心国家政事，而是沉迷于玩乐中，他简直就是李恒的翻版，但他的游乐无度比父亲李恒还严重。李湛当上皇帝的第二个月，一天到中和殿击球，一天转到飞龙院击球，第三天在中和殿大摆宴席。

李湛一心想着玩乐，连例行的早朝也不放在心里，群臣已经来到朝堂准备议事了，可是李湛却睡到日上三竿。大臣们为了参加朝会，天不亮就要起床准备，所以缺少睡眠，皇帝又迟迟不来，他们只得一直在朝堂上站着，有的大臣坚持不住以至于昏倒。在大臣们的催促下，过了很久，李湛才来到朝堂。退朝之后，左拾遗刘栖楚对这一做法极力劝谏，他不断叩头，额头血流不止。李湛看了很受感动，但是跟他父亲一样固执己见，就是不改，后来一个月也难得上朝两三次。

官员崔发曾将犯了法的宦官中使抓进了县衙，李湛听说陪自己玩的人被抓起来了，勃然大怒，下令将崔发关押起来。不久后，因为春天到了，李湛要去南郊进行祈福大典，大赦天下。崔发和其他犯人一起被带来等待赦令。这时，忽然冲进来几十个宦官，他们手里拿着木棒，对着崔发就是一顿暴打，打得他头破血流，牙齿脱落，晕了过去。过了好久，崔发才醒了过来，那些宦官又想继续打他，还好御史台的人好言好语地阻拦了那些宦官，崔发才幸免于难。原来是李湛一直对崔发怀恨在心，现在要大赦天下，崔发也会被释放，但是李湛又不想放过他，于是派宦官们去收拾崔发。

为了让李湛能够上朝理政，地方官员李德裕进献了《丹扆箴》六首，对皇帝进行劝谏，李湛命令翰林学士韦处厚起草了一道诏书表扬了李德裕，但是对自己的问题仍然油盐不进。

李湛喜好大兴土木，在他即位之后，一年四季都没有停工的时候。各级官员和工匠都怨声载道。杂役张韶与苏玄明纠集了数百名工人杀入了右银台门，当时李湛正在清思殿打马球，听到张韶等人的喊杀声，狼狈逃到左神策军避难。左神策军兵马使康艺全带兵入宫，把已经攻进清思殿并登上御榻吃东西的张韶等人杀死。接着，又发生了马文忠与季文德等近一千四百人图谋不轨的事件，当事人被抓住后，全部被施以杖刑。大臣们认为这些事件的发生都跟李湛沉湎于游乐，给不法之徒以可乘之机有关系。李湛像往常一样，认同大臣们的说法，但是依旧我行我素。

一天，李湛忽然想去骊山游玩，大臣们都极力劝阻，他就是听不进去。拾遗张权舆在大殿叩头进谏说："陛下，从周幽王以来，去骊山游玩的帝王都没有好结局，秦始皇葬在那里，国家二世而亡，唐玄宗在骊山修行宫，遭到了安禄山造反，先帝去了一趟骊山，回来没多久就驾崩了，还望您三思啊。"李湛听了这话，反倒引发了极大的兴趣，他兴奋地问："骊山真的有如此凶恶吗？要真是这样，我还真是应当亲自去一趟，来验证你的话是真是假。"于是，他不顾大臣的反对，带着随从前往骊山，当天就回到宫中。他对身边的亲信说："那些给朕叩头的人说的话，也不一定全都是真的啊！"

唐敬宗实在是太喜欢玩了，他也实在是太会玩了。李湛特制了一种箭，用纸制作的箭头，中间是空的，在里面放入麝香或者龙涎香之类的香料粉末。李湛让宫中所有的宫女和嫔妃都集中在一起，让她们离自己有一定的距离，然后用这种纸箭射她们，被射中的宫女或嫔妃，身上就会沾上香料粉末，浑身散发出浓烈的香味，但是不会有任何疼痛感。当时这种纸箭被宫嫔们称为风流箭，宫嫔们都希望自己能被纸箭射中，因为只有这样才能得到皇帝的宠幸。

李湛还很喜欢到鱼藻宫观龙舟竞渡，他给盐铁使下诏，说自己想要建造竞渡船二十艘，要求他们把木材运到京师来。李湛为了自己玩乐，随口一说，就用去了当年国家转运经费的一半，朝中的大臣张仲方等人极力反对，李湛才很不高兴地勉强答应把建造竞渡船的数量减去一半。

李湛很喜欢打马球，喜欢观赏摔跤、拔河、龙舟竞渡之类的游戏，只要一提起玩，他从来都是乐此不疲。他让禁军的将士们和宫内的人都要参加。他在宫中举行了一次盛大的运动会，项目很多，有马球、摔跤、散打、搏击、杂耍等，大家觉得好玩，全都很踊跃地参与。最有意思的是，李湛命令左右神策军的士兵们以及宫人、教坊、内园分成若干组，骑着驴打马球，一直进行到深夜方才罢休。

除了打马球，李湛还很喜欢打猎，他白天没玩够，晚上也带着人去猎狐狸，称之为打夜狐。宫中的宦官许遂振、李少端、鱼弘志等人因为与他打夜狐配合得不好而被革职。他还专门豢养了一批大力士，出资万贯让各地选拔大力士进献，他去哪儿都让大力士们跟着，很舍得在他们身上花钱。有时候力士们恃宠而骄，冒犯了李湛，轻则辱骂，重则鞭挞，还将他们发配到边疆，搞得这些大力士们和宫中的宦官心中充满了怨愤。

多行不义必自毙，李湛这种肆无忌惮的玩乐，很快就把自己送上了穷途末路。在他又一次出去打夜狐回来之后，依然兴致盎然，又与宦官刘克明、田务澄、许文端以及击球军将苏佐明、王嘉宪、石定宽还有一些大力士们一起饮酒。李湛酒过三巡，进到屋里更衣。这时，大殿上的灯烛忽然熄灭了，宦官刘克明与击球军将苏佐明等人合谋将李湛杀死了。

李湛当时只有十八岁，正是青春飞扬的年纪，除了十七岁被害的唐哀帝之外，唐敬宗李湛算是唐朝皇帝中最短命的了，但这一切都是他贪图玩乐、咎由自取。李湛死后，群臣为他上谥号为睿武昭愍孝皇帝，葬于庄陵。

文宗之道，同父所生天差地别

李昂，原名李涵，是唐穆宗李恒的第二个儿子，唐敬宗李湛的弟弟，他的母亲是侍女萧氏。在李湛被害死后，他被宦官王守澄等人拥立为皇帝。

宦官刘克明和击球军将苏佐明等人合谋杀害唐敬宗李湛后，假冒李湛的旨意选立了绛王李悟来主持政事。这样的做法是多年以来宦官拥立新帝的惯用手法，朝中的大臣们知道以后心领神会，都已经见怪不怪了。但是宦官刘克明对此还不满意，利欲熏心的他盘算着如何剥夺其他宦官手中的权力，让自己大权在握。刘克明的想法惹恼了内枢密使王守澄和杨承以及神策军左右护军中尉魏从简和梁守谦。在唐朝末年，担任左右枢密使和左右神策军中尉的四位大宦官被称为"四贵"，他们是宦官中权力最高的人，倍受尊敬。

王守澄等人在一起秘密商定对策，他们动用了能够掌控的所有禁军力量将唐穆宗李湛的次子江王李涵迎入宫中，三朝元老大臣裴度等朝廷官员也十分支持他们的这个做法。神策军中尉派出的精锐部队将刘克明和苏佐明等人全部杀掉，绛王李悟也死于乱兵的刀下。

由于没有先帝李湛的遗嘱，所以江王李涵究竟应当以什么样的理由和方式登基即位，让王守澄等人着实费了一番脑筋。他听从了翰林学士韦处厚的建议，先以江王李涵的名义宣告平定了叛乱，说明他有功于朝廷，然后再由文武百官上书，劝谏他登基，这个举动说明李涵受到了群臣的拥戴，最后再以太皇太后的名义颁布册文，下令指定江王李涵为继承人，然后举行册立新君的大典，这样就可以名正言顺地登上帝位了。

就这样，江王李涵改名李昂，在紫宸殿身穿外素服和文武百官见面，正式在宣政殿即位，成为唐文宗。李昂即位后，将自己的生母萧氏，也就是穆宗贞献皇后，上尊号为皇太后。

亲政后的李昂一直有重用外戚的打算，但是他的生母萧氏是异乡人，来京之后父母很早就过世了，家中只有一个弟弟，但也失去联系很久了。为了寻找到舅舅，李昂拿出了优厚的待遇，令母亲出生地的地方官员四处寻访，一连找到三个人都自称是李昂的舅舅，但最终发现都是假冒的，真正的国舅根本无从寻找。那时，李昂的这个举动成为了两京百姓茶余饭后的谈资和调侃对象，他们在大街小巷见面时，都会互相打招呼说："你是阿舅吗？"

第九章
死水微澜，灭亡的深渊
* * * * * *

唐文宗李昂的生母萧氏被立为皇太后之后，居住在大内。唐穆宗李恒的母亲也就是李昂的祖母懿安太皇太后郭氏，居住在兴庆宫。唐敬宗李湛的母亲宝历皇太后王氏居住在义安殿。这三位太后被称为三宫太后。李昂每五天一次给她们问安，逢年过节都会亲自前往各宫谒见。对于祖母太皇太后郭氏，因为具有拥立之功，所以李昂对她更是礼数有加，经常前往郭氏所在的兴庆宫探望，还让文武群臣和内外的命妇也到宫门外问候郭氏的起居。在宰相的提议下，为了让太皇太后郭氏和宝历皇太后的称号有所区别，李昂将居义安殿的宝历太后改称为义安太后。每到元宵节的时候，李昂都会率领诸王和公主在咸泰殿上灯，宫殿被照得亮如白昼，李昂将三宫太后请来，为她们奉酒祝福。当时，每个季节都会将当季的新鲜瓜果赐给三宫太后，但是李昂认为说赐不太妥当，显示不出对她们的尊敬，于是将赐改为奉，可见李昂是个多么仁孝的皇帝。

李昂不仅是个十分孝顺的人，还提倡勤俭。为了减少宫中的开支，他下令让很多宫女出宫与家人团聚。他不再让各地进供珍奇的宝物，把专门饲养供皇帝玩乐的飞鹰走马等玩物的五坊停废了。在饮食方面，李昂从来不会铺张浪费，遇到各地发生灾荒，百姓挨饿受冻的时候，他更是主动减少膳食。李昂过生日的时候，不许宫中杀鸡宰牛，只用瓜果蔬菜做菜庆祝，文武百官要在宫中为他设宴祝寿、进献礼物，也都被李昂拒绝了。

李昂禁止大臣们和皇子皇孙们衣着华丽，有一位驸马因为戴了很贵重的头巾遭到了斥责；有一位公主因为穿着的衣裙超过了宫中的规定，被罚两个月的俸钱以示惩罚；有一位大臣穿着木棉布做的粗厚衣服拜见皇上，李昂见到他的衣服十分欣慰，觉得此人是个廉洁的臣子，大加赞许，他自己也做了一件这种布料的衣服，文武百官见状纷纷模仿，导致这种布料的价格不断上涨。

李昂在位期间的所作所为，和哥哥李湛相比，简直是天差地别。李湛几个月都不上一次朝，李昂却每逢单日上朝，而且每次的时间都很长。

他从朝廷用人问到国库储藏，从各地灾情问到水利兴修，从大政方针问到具体措施，了解了国家的情况后，他还详细地和大臣们一起研究解决办法。为了不影响单日上朝议事，他要求把节假日的时间尽量安排在双日。李昂还十分重视任用谏官，专门铸造了谏院大印，改变了谏官进奏表章的时候，要到其他部门盖章造成奏事泄密的情况。

李昂不喜欢音乐歌舞和郊游玩乐，他总是趁着上朝理政的间隙，博览群书。他曾对身边的人说："若不能初更的时候亲自处理政事，二更的时候观览群书，我有什么资本去做一位贤明的君主呢？"他很喜欢诗词歌赋，经常就诗赋中的词句和大臣们探讨。有一次，他在庭园中欣赏牡丹花，忽然问起身边的人说："哪位爱卿知道，现在京城中被人们吟诵的牡丹诗，哪个人写的最传神？"大臣们说："前朝刘禹锡的'唯有牡丹真国色，花开时节动京城'很有名，中书舍人李正封的'国色朝酣酒，天香夜染衣'的诗句也是非常妙的。"李昂听了之后大加赞叹。

除了诗词歌赋，李昂还很喜欢读史书，非常仰慕那些历史上的名君贤臣。他读了《贞观政要》之后，非常崇敬贤臣魏征，就派人到处去寻访魏征的五世孙魏暮，把他召入朝中让其担任右拾遗的职务。他很喜欢把那些饱读诗书，很有政治主张的大臣们召到宫中，一起讲谈经义、评论文章。当时的翰林学士柳公权就常常被李昂召来，两个人经常聊到深夜，不知不觉中蜡烛都燃尽了。

在李昂即位之初，进士出身的刘蕡直陈宦官专权，认为现在国家所面临的政治危机都是由于宦官专权导致的，他还论述了藩镇割据、奸臣当道的危害，引起了李昂心中极大的震动。但是那时的李昂羽翼还没有丰满，不敢任用他。但是随着时间推移，李昂在朝中的根基变得越来越稳定，就开始着手解决宦官专权的问题了。

李昂任用了宋申锡当宰相，让他铲除宦官势力，但是由于时机不成熟，计划太过仓促，没能成功。李昂在第一次尝试失败后，没有放弃，又重用了郑注、李训等人来铲除宦官。郑注因为精通医术被重用，李训出身名门，因为精通《周易》被重用。郑注和李训两个人很善于揣度人心，口才极佳，但是心狠手辣，为达目的不择手段。郑注本来是大宦官王守澄推荐而被重用的，但是他没有知恩图报，反而建议李昂剥夺王守澄的实权并将他毒死。在下葬王守澄的时候，郑注和李训计划让所有的宦官都为王守澄送殡，然后让随行的亲信怀藏利刃，将这些宦官全部杀死，但是这个计划没能实现。除了斩杀宦官之外，他们还盯上了当时担任山南东道监军的陈弘志，这个人一直被认为是当年杀死唐宪宗李纯的人，李训建议李昂派人将陈弘志召回京城，并将他杀死在回京的路上。

郑注和李训铲除宦官的行动产生了一些效果，但是后来发生了甘露寺事变。事变之后，宦官们又变得盛气凌人了，天下大事从此都由宦官所掌管的北司来决定，南衙宰相机构只负责写文书而已。当时唐文宗李昂有一首诗"辇路生春草，上林花发时。凭高何限意，无复侍臣知"，正是他面对宦官专权凄凉无奈的内心写照。

开成年间，全国各地的水旱蝗灾不断，彗星频现，城里经常会有火灾发生。李昂十分着急，发了安抚百姓决定对他们进行赈济的诏书。他甚至一度对宰相说，如果上天再不下雨，他就退居到兴庆宫，另选贤明之主统治天下。开成五年（840 年）的新年，被焦虑忧思萦绕的唐文宗李昂，还没有来得及接受文武群臣的朝贺，就病逝在大明宫的太和殿里。

甘露之变，功亏一篑为哪般

唐文宗李昂执政时期发生的甘露之变，是中国历史上宫廷争斗最为惨烈的流血事件，一天之内六百多名朝臣惨遭杀害，皇帝李昂也被宦官软禁起来，被家奴们控制。从唐穆宗李恒之后的八个皇帝中，有七个都是由朝中的宦官拥立即位的，所以皇帝为了保住帝位，只得纵容宦官。

宦官在秦汉时期就出现了，到了东汉后期，宦官的势力达到了顶峰。魏晋南北朝时期，随着豪强政治的发展，宦官的势力随着内廷职责的缩小而迅速萎缩。到了唐朝，宦官弄权的现象再次死灰复燃，宦官势力作为一股强大的政治力量，甚至可以左右朝政，把皇帝变成傀儡。

中唐以后，宦官掌握了中央禁军，出任地方监军，形成了从地方到中央的宦官监军网。同时设立枢密使，也是由宦官出任，枢密使可以参与国家决策。内侍省、神策军中尉制、枢密使制，并称唐代的三大宦官制度。

唐太宗李世民到唐睿宗李旦时期，是唐朝宦官势力开始抬头的阶段。唐中宗李显复位后，韦后当政，为了扩大内朝的权势，她发展了宦官势力，宦官人数多达几千人。李显还派宦官外出监军，开启了唐朝宦官监军的先河。从唐玄宗李隆基到唐肃宗李亨、唐代宗李豫三朝，是宦官势力发展最为迅速的阶段。李隆基宠信的宦官高力士更是显赫一时。安史之乱是宦官专权的重要转折点，在这之后，唐肃宗李亨因为藩镇割据，开始对武将猜疑，更加宠信宦官，让他们内掌军队，外监诸将，权力从内廷向外朝延伸，最终形成了专权的格局。当时的宦官李辅国身兼数职，掌握了朝廷中的大权。唐代宗李豫即位后，利用另一个宦官程元振，杀了专横跋扈的李辅国，将禁军交给程元振掌管，结果使程元振的权势超过了李辅国。程元振之后的大宦官是鱼朝恩，他掌管了中央警卫部队神策军，权势气焰又高出一等。到了唐德宗李适和唐顺宗李诵二朝，宦官监军和专典禁军制度化，宦官不再掌握禁军。但是唐德宗年间发生了泾原兵变，宦官窦文场和霍仙鸣因为护驾有功，被起用为禁军统领。唐宪宗李纯到唐昭宗李晔末期，是宦官专权的鼎盛期。

甘露之变就是发生在这样一个时代背景之下。那时，唐文宗李昂刚刚即位不久，他对宦官专权乱政的行为深恶痛绝，于是让李训担任宰相，

第九章
死水微澜，灭亡的深渊
· · · · · ·

让郑注担任凤翔节度使，计划内外结合，将宦官势力全部铲除。

李昂是由宦官从十六王宅中迎出来立为皇帝的，他的祖父唐宪宗李纯和哥哥唐敬宗李湛都是被宦官杀害的，他的父亲唐穆宗李恒也是宦官拥立的。宦官最初是以一种特殊的奴婢身份出现的，但此时的宦官却手握军权，可以控制禁军，指挥朝政，已经不再是最初意义上的宦官了。于是李昂决心铲除宦官势力，但是他本身是由藩王登上皇位的，既没有东宫的侍者，也没有心腹重臣，他开始在资历不深的朝官中寻找可靠之人，帮助自己成就大业。最先被李昂看中的是翰林学士宋申锡。但是李昂和宋申锡密谋铲除大宦官王守澄的事情，不幸被泄密。王守澄等人还没等宋申锡行动，就抢先倒打一耙，诬告宋申锡企图谋反，于是宋申锡遭到了贬谪，死在了开州。

宋申锡死后，李昂又开始重新物色人选。李训与郑注应运而出，他们以清除宦官为己任，利用牛、李两党的矛盾，将李宗闵和李德裕这两个牛李党魁首贬逐流放，他们的党羽也受到牵连，牛、李两党几乎被清除一空。他们又利用宦官之间的矛盾，把与王守澄不和的左神策军中尉韦元素、枢密使杨承和、王践言三个大宦官迁到地方去作监军。接着，他们又利用与王守澄有矛盾的宦官仇士良，把王守澄除去，改任左右神策军观军容使、兼十二卫统军，听着名头很大，但是实际上是夺去了他的实权。没过多久，李训和郑注又派宫中的使者李好古到王守澄的府第中赐毒酒，逼他自杀。

铲除宦官的行动取得了一定的胜利，但在这之后，关于如何铲除所有宦官的问题，李训和郑注发生了争执。郑注打算利用王守澄出殡的机会，一举歼灭所有宦官。但是李训则密谋了甘露之变，在那个计划之前就先一步实行了。

一天早朝的时候，文武百官全都来了。左金吾卫大将军韩约禀报说在金吾左仗院中有甘露夜降石榴树，请皇帝亲自前往观看。其实树木上凝结有甘露，本来是一件再平常不过的事情了。但是天降甘露一般发生在夏秋两季，而此时已经到了初冬，地处北方的长安城已经十分寒冷了，不太可能出现甘露。所以，当有人禀报有甘露降临的时候，文武百官都觉得这是一种吉兆和祥瑞，都纷纷向李昂拜贺。金吾左仗院在含元殿的左前方，李昂和文武百官到了含元殿内，命宰相李训及中书、门下两省官员前去核实。李训去金吾左仗院察看之后禀报说："陛下，好像树上并没有甘露啊，实在是不敢轻易下结论。"李昂又命左右神策军中尉仇士良和鱼志弘等宦官再去查看。但他们并不知道，此时的金吾院中早已设下了伏兵，等着他们到了金吾院内，就群起而杀之。

仇士良和鱼志弘等人走后，李训急忙召来守在丹凤门外的士兵入宫作为接应，但将军王璠却因为害怕而不敢前行，王璠手下的士兵虽然到了含元殿下，却吓得不能正常走到含元殿内。另一支由郭行余统领的接应部队压根就没有来。

一时间，含元殿下乱成了一团麻。仇士良和鱼志弘等人，正在由韩约陪同前往金吾院。韩约因为心中有鬼，紧张得面色发白、汗流不止，仇士良觉得有些奇怪。就在这时，一阵风吹来，幕布被吹得飘了起来，露出了埋伏起来的士兵。仇士良看到以后大惊失色，连忙逃出金吾院，奔往含元殿。守卫想把殿门关上，却被仇士良的一声厉喝吓得吃了一惊，没来得及把殿门关上。李训急忙让卫兵护驾，但是被宦官抢先了一步，他们把李昂扶上了软舆，准备回宫。李训想要阻止，却被仇士良击倒在地。京兆少尹罗立言率领京兆府的三百多人赶来，御史台中丞李孝本率领军队也赶来了。大殿之上一片混乱，宦官死伤十多人。李训抓住软舆阻止宦官把李昂抬进宫，但是李昂见大势已去，便呵斥李训放手，被抬进了宣政门，宦官们把宫门关上，高呼万岁。

文武百官见皇帝落入了宦官手中，知道大事不妙，四散而去。李训等人看到大势已去，骑马逃出长安城。不久之后，宦官们调集禁军开始大开杀戒，李训、郑注、王涯、舒元舆、王璠、郭行余等十七人被杀，他们的族人也无一幸免。

第九章
死水微澜，灭亡的深渊
* * * * * *

这就是甘露之变，以宦官的胜利而告结。唐文宗李昂差点被废，此后干脆成了宦官手中的傀儡，最后抑郁而终。此后，宦官们的气焰更为嚣张，胁迫天子，下视宰相，把朝中大臣们视为草芥，大唐王朝就这样一天一天地衰弱下去了。

牛李党争，明争暗斗搅朝纲

牛李党争是指唐朝统治后期以牛僧孺、李宗闵等人为领袖的牛党与李德裕、郑覃等人为领袖的李党之间的争斗。这场争斗从唐宪宗李纯执政时期开始，到唐宣宗李忱执政时期才结束，一共持续了将近四十年的时间，最终牛党获胜。牛李党争是统治集团内部争权夺利的宗派斗争，所以也称为朋党之争。

牛党的成员大多是科举出身，属于庶族，门第卑微，靠寒窗苦读考取进士，才得以担任官职。李党的成员大多出身于世家大族，门第显赫，他们往往依靠祖上的高官地位得以进入官场，称为门荫一族。

唐玄宗李隆基执政时期，牛仙客以兼领朔方节度使和河东总管的身份入朝为宰相，标志着藩镇势力打入中央政权的开始，首开藩镇节度使独立行使人事任免权的先河，从此节度使和宰相可以平起平坐，拥有完全相等的职权。牛仙客死后，宰相杨国忠与藩镇将领安禄山的矛盾逐渐激化，安禄山发动了安史之乱。战乱平定后，形成了中央与藩镇对立的藩镇割据局面。当时是唐宪宗李纯执政时期，当朝宰相武元衡因为要攻打淮西节度使而被平卢节度使的刺客刺杀，这时的皇帝和中央政权早已失去了往日的权威，皇权无力控制局面，致使各种党争愈演愈烈，整个朝廷成为了官僚、宦官、藩镇将领争权夺利的竞技场。所以，藩镇割据势力与中央政权的矛盾成为了牛李党争的重要条件之一。

除了藩镇割据的前提条件，宦官集团的内部斗争为牛李党争提供了后台。随着宦官势力的不断膨胀，他们侵害到了官僚集团的利益，于是官僚集团与宦官集团便展开了一场争权夺利的激烈斗争。牛李党争的两派官僚集团完全依附于朝廷中的宦官势力之下。

唐宪宗李纯在位期间，有一年长安城中举行了选拔人才的考试，举人牛僧孺和李宗闵在考卷里直言批评了当时朝廷政策的得失。考官看了之后觉得这两个人很符合选拔的条件，就把他们推荐给了李纯。

这件事情传到了宰相李吉甫，也就是李德裕的父亲耳里。李吉甫见牛僧孺和李宗闵两个人居然敢批评朝政，揭露他的短处，十分生气，为了不让他们对自己不利，李吉甫就想出一个坏主意。他跑到李纯面前，哭着说："陛下，牛僧孺、李宗闵这两个人与考官有私人关系，所以才被推荐给您，他们根本没有真才实学，只会胡言乱语，如果真让他们入朝为官，那势必会对您的威望造成威胁，还望您一定要三思啊！"李纯看到李吉甫说得情真意切，竟然信以为真，就把考官们降了职，也没有提拔牛僧孺和李宗闵，这件事引起了朝野的一片哗然，文武大臣们争相为牛僧孺和李宗闵等人鸣冤叫屈，谴责李吉甫嫉妒贤能。面对舆论的压力，李纯只好将李吉甫贬为淮南节度使，选了其他人担任宰相。

因为父亲李吉甫被贬谪，所以他的儿子李德裕也对牛僧孺和李宗闵两个人产生了极大的不满。唐穆宗李恒长庆元年（821年），由礼部侍郎钱徽主持进士科的考试，右补阙杨汝士为考官。中书舍人李宗闵的女婿苏巢和杨汝士的弟弟以及宰相裴度的儿子裴撰等人及第。前宰相段文昌觉得礼部贡举不公平，都是通过关系录取的人选。李恒询问翰林学士李德裕、元稹、李绅等人，他们也都说段文昌所说的是实情。李恒派人进行复试，结果原榜中十四个人中仅有三个人勉强及第，钱徽、李宗闵、杨汝士都因此被贬官。李宗闵觉得这件事是李德裕在报复自己，于是怀

第九章
死水微澜，灭亡的深渊
∙ ∙ ∙ ∙ ∙ ∙ ∙

恨在心。牛僧孺很同情李宗闵，跟他结成一派，李德裕也拉拢一些士族出身的官员自成一派。于是，朝中从此开始分为了两个党派，他们双方各自从自己派系的私利出发，互相排斥。

唐文宗李昂即位后，李宗闵通过讨好宦官，当上了宰相，他向李昂推荐牛僧孺，也让他当上了宰相。这两个人拥有大权后，合力把李德裕排挤出了朝廷，到西川担任节度使。李德裕任西川节度使的时候，接受了吐蕃将领的投降，收复了重镇维州。这本来是大功一件，但是牛僧孺却对李昂说："陛下，只是收复德州根本算不上是好事，如果因此跟吐蕃产生了罅隙，那可就得不偿失了啊！"李昂听了觉得有道理，就下令把降将和城池交还给吐蕃，李德裕十分气愤。后来，朝中有大臣告诉李昂，说把维州城还给吐蕃是一件失策的事情，十分遗憾，还帮助李昂分析了这件事，让他明白了这其实是牛僧孺用来排挤李德裕的手段。李昂追悔莫及，开始疏远牛僧孺。

唐文宗李昂虽然勤于政事，但是十分没有主见，总是一段时间起用牛僧孺，一段时间又起用李德裕。这两派的地位也随之变化，一旦其中一派得了势，另一派就会被打压，朝政被弄得乌烟瘴气。

牛、李两派为了争权夺利，不得不去讨好朝中拥有大权的宦官。李德裕在担任淮南节度使的时候，被监军的宦官杨钦义召回京城。李德裕觉得此次回去以后一定会掌握大权，于是设了酒席为杨钦义送行，还给他准备了一份大礼。唐武宗李炎即位后，杨钦义就在李炎面前夸赞李德裕多么有能力，多么有才干，于是李炎让李德裕当了宰相。李德裕上任后把牛僧孺和李宗闵都放逐到了南方。

唐武宗李炎去世后，唐宣宗李忱即位。牛党成员白敏中担任宰相，牛党又纷纷被重新起用，牛僧孺和李宗闵等人又被调回了朝廷，重新担任重职。牛僧孺等人上台后，开始极力打压李党，很多李党成员遭到了罢斥，被贬出了京城，牛党获得了最终胜利。李党的主要人物李德裕被赶到了遥远的崖州，没过多久就忧郁而死。牛李党争就此画上了句号，结束了长达四十多年的争斗，他们的争斗没有带来任何好处，只是再度加深了朝政的混乱，助长了宦官专权。

会昌法难，唐武宗灭佛

唐武宗李炎，本名李瀍，是唐穆宗李恒第五个儿子，唐文宗李昂的弟弟。李炎刚当上皇帝没多久的时候，设斋邀请僧人和道士来讲法，但是只赐给道士紫衣，并没有赐给僧人。虽然这只是一件不起眼的小事，却向所有人释放出一个明确的信号，就是新皇帝不喜欢佛法。

从唐朝建国开始，就以道教为国教，佛教和道教之争从没间断过。李炎在位期间做的最有名的一件事就是灭佛，称为会昌法难，与北魏太武帝和北周武帝的灭佛合称为三武之厄。会昌法难虽然只有短短的六年时间，但是李炎灭佛的缘由却早在安史之乱时期就已经产生了，如果往更早之前追溯，甚至可以到大唐初年，也就是唐朝皇帝将道教始祖老子李耳尊为祖先的时候。

从魏晋以来形成的门阀制度虽然到唐初已经衰落了，但是社会影响力依旧很大。李氏家族并非名门世家，所以当了皇帝之后就想抬高自己的家族背景，他们决定尊道教的始祖李耳为祖先，道教在唐代就拥有了很高的地位。李氏家族特别渴望长生不老，因此主张通过服用丹药获得长生不老的道教受到了欢迎，但是具有讽刺意义的是，唐太宗李世民、唐宪宗李纯、唐穆宗李恒、唐敬宗李湛、唐武宗李炎和后来的唐宣宗李忱，都是为了求得长生不老而服用丹药，结果中了丹药的毒，有的一病不起，有的直接被毒死了。

唐武宗李炎非常迷信道教的长生之术，他在位期间崇道排佛，将太

第九章
死水微澜，灭亡的深渊
* * * * * *

上玄元皇帝老子的诞辰定为降圣节，全国休假一天，在宫中设置道场，在大明宫修筑望仙台，拜道士赵归真为师，非常迷信长生不老之术和仙丹妙药。

当时，有的道士为了打击佛教，编造并散布"李氏十八子昌运未尽，便有黑衣人登位理国"的故事，十八子就是李唐皇室，黑衣人就是僧人。这些居心叵测的道士们还说望仙台之所以没有成仙的道士，就是被佛教的黑气阻碍了成仙的道路。为了维护道教，李炎不准百姓使用独脚车，因为他认为独脚车会碾破道的中心，引起道士们的不安。为了防止黑气上升，防止黑衣天子出世，李炎还禁止民间豢养黑猪、黑狗、黑猫、黑兔、黑羊、黑驴、黑牛等动物。

不过，唐武宗李炎灭佛的根本原因还是经济问题。佛教的过度泛滥严重影响了生产力的提升。由于武则天执政时期，大兴佛教，导致佛寺和僧人泛滥，僧人本来应当念佛修为，因为备受重视，都坐拥大量的地产，成为了大地主。到了唐中宗李显执政时期，大兴佛教加大了政府财政上的支出，使得国家府库空虚，有很多壮丁因为寺庙的待遇好，都出了家，遇到外患时僧人不能出征打仗。大量的寺庙还侵占了原本是农田的土地，导致农作物减产，遇到灾年，寺庙不能解决众人的饥饿，反而每年都需要大量的粮食来供养僧人。安史之乱时，郭子仪和禅宗六祖神会做了交易，让神会通过私卖度牒来换取钱财，佛教徒的数量因此失控，僧人们鱼龙混杂、良莠不齐。

另外，唐朝的很多重臣都是儒家学派的，比如李德裕、韩愈、杜牧等人，他们以巩固皇权道统为口号，坚决抵制佛教。中唐以来，国力大为衰落，从前那种对外来文化兼容并包、完全开放的心态丧失殆尽。不论是灭佛兴道，还是重佛抑道，都是因为对宗教的偏执，而不是从文化角度考虑。

会昌二年（842 年）开始，李炎下令限制佛寺的僧侣人数，不得私自剃度，限制僧侣蓄养奴婢的数量，很多寺院被拆毁，大量的僧侣被强迫还俗。会昌四年（844年），李炎下旨不许供养佛牙，同时规定代州五台山和泗州普光寺、终南山五台寺和凤翔府法门寺等存有佛指骨的地方，严禁再继续供养和供人瞻仰，如有信徒送来一钱，就要杖打二十，如果这些地方的僧人接受信徒的一钱，也要杖打二十。会昌五年（845年）的时候，灭佛的规模扩大化了。李炎下令让四十岁以下的僧人全部还俗，规定五十岁以下的没有祠部度牒的僧人也要还俗，就连从天竺和日本前来求法的僧人也被强迫还俗。

这次大规模的灭佛行动，一共拆除了寺庙四千六百多所，拆掉招提和兰若四万多所，二十六万的僧人还俗成为国家的两税户，没收寺院所拥有的膏腴上田数千万顷，没收奴婢为两税户十五万人，增加了政府的纳税人口，扩大了国家的经济来源。此外，还拆废寺院和铜像、钟磬，所得金、银、铜一律交付盐铁使用来铸钱，铁交付本州铸为农器。

唐武宗李炎一边灭佛，一边急切地想得到道士们炼制的仙丹妙药，得道成仙。道士赵归真告诉他，有一种仙药只有在吐蕃才能得到，请求前往采制。这个理由实际上是赵归真找机会脱身，但是李炎没有放他走，答应派其他人去，还问他炼制丹药到底需要什么药，让他开具一个明细，赵归真无计可施，只好随便开出一个炼制仙药所需的药材清单：李子衣十斤，桃毛十斤，生鸡膜十斤，龟毛十斤，兔角十斤。这其实是一个永远无法备齐的单子，但是李炎鬼迷心窍，竟然真的派人到各地去求购。

李炎急切地等待着收集药材的人早日回来，就在此时他坚持不住，病倒了。由于他常年服用所谓的仙丹妙药，身体受到了丹药中毒素的侵蚀，他变得容颜消瘦、性情乖戾。赵归真为了掩饰真相，告诉李炎说这是得道成仙的必要过程，是在脱胎换骨，属于正常情况，所以身边的大臣劝他少服用丹药，他也不听。会昌六年（846年）的新年朝会，由于李炎病情加重，也没有举行。

第九章
死水微澜，灭亡的深渊
· · · · · · ·

道士们为了拥有权力，依然竭力编造谎言欺骗唐武宗李炎。他们说生病是因为皇帝的名字瀍从水，与唐朝崇尚土德不合。土胜水，所以瀍被土所克制，不吉利，应该改名为炎，炎从火，与土德相合，可以消除灾祸。但是改名并没有给李炎带来好运，他的病情还是日渐加重，已经说不出话。

唐武宗李炎的这次会昌灭佛，使经过了隋唐盛极一时的发展而来的佛教八宗，在晚唐时走向了西山日暮中。虽然后来唐宣宗李忱即位后，停止灭佛，并在一定程度上加以恢复，但那是因为过激地灭佛给当时的社会带来了不稳定因素，根本不是真的为了兴佛，佛教在中国从此开始走向下坡路。

功与过，自有后人评说

唐武宗即位的过程十分波折。唐文宗李昂曾想立唐敬宗李湛的儿子晋王李普为太子，但是晋王李普五岁的时候就不幸夭折了。于是，李昂立了儿子鲁王李永为太子，但是太子李永忽然死了。接连受到丧子之痛的李昂不敢再立自己的儿子了，于是立了李湛的第六子陈王李成美为太子，但是还没来得及行册礼，李昂就一病不起了。神策军左右护军中尉仇士良和鱼弘志以太子年幼多病难当重任为由，要求重立太子。他们将李昂的五弟颍王李瀍也就是李炎，从十六宅迎入宫中，他在二十七岁的时候登基为帝，成为了唐武宗。

唐武宗李炎信奉道教，与道士多有往来，这使他增加了一些了解社会现实的机会。李炎在读书方面虽然不如李昂，但是他少了一些书生意气和迂腐，更知人善任，面对现实，敢于向宰相当面认错，尤其是他信任和重用李德裕，使得李炎在会昌年间内忧外患交织的时刻，能够沉着应对，渡过难关。李德裕提出的政归中书的政策，还使国家渐渐恢复了元气，史称会昌中兴。

李炎即位之初，在宦官仇士良等人的胁迫下，他开始大开杀戒，唐文宗李昂的妃子杨氏、陈王李成美、安王李溶等人都被赐死了。仇士良又把枢密使刘弘逸等人杀死，以解除对其权势造成的威胁。宰相李珏和杨嗣复被贬往外地，李炎本来打算将二人处死，但在李德裕的强烈请求下，赦免了他们。宦官仇士良见李德裕的势力日益增长，便散布流言蜚语，想诋毁李德裕的名声。仇士良对禁军说宰相要削减禁军的衣粮和马匹的草料费用，想以此激怒禁军闹事。李炎知道以后派人到神策军中宣布御旨，说此事纯属空穴来风，跟宰相没有关系，从而稳住了局面。仇士良的阴谋被揭穿后，李炎剥夺了他对禁军的控制权。仇士良发现形势不妙，以退为进，称身体有疾提出辞职，李炎顺水推舟，改任他为内侍监。

仇士良被退居之后，对来送他的其他宦官说："不能让天子有闲暇，一旦闲暇他肯定会去读圣贤之书，见儒学之臣，听了大臣的劝谏，他就会深谋远虑，减少玩乐，我们所受的恩宠就会变薄，权力就会变轻。为了我们的前途考虑，最好的办法就是囤积财货，多养鹰马，每日以打球狩猎等声色迷惑天子的心志，越是极尽奢侈，就越会让天子高兴，他就不会停息。这样一来，天子必定排斥经术，倦怠政事，我等就可以大权在手了。"这是宦官仇士良的经验之谈，但这套经验在李炎身上却不太灵验。仇士良退职不久就病死在自己的府邸中。

李炎继位后，在政治上进行了一系列的改革。由于唐代的官俸不高，许多官吏的薪俸收入还不能养家糊口，许多地方官吏的薪俸发放不及时，这样就难免让官吏们心生他念，转而剥削百姓。而且唐代的人们重内轻外，官员都不愿到外地去任职，特别是那些边鄙之乡或者气候条件恶劣的地方，造成了京师和一些繁华的地方官吏过多，而有些地方则缺官少吏。李炎立法极为严峻，尤其是对官吏贪赃枉法的惩治更是从重从严、绝不姑息。会昌四年（844 年），李炎听从李德裕的话，裁掉了官吏两千多人。后来，李炎加尊号后宣布大赦，但仍将官典犯赃与十恶、叛逆、故意杀人等罪行并列，不在赦免的范围之中。李炎在严惩贪腐的同时，提高了官吏的收入，发放养廉银，贷款给官员帮助他们还清债务，这些措施在一定程度上改善了官场风气。

在朝廷中，宰相具有十分重要的地位，从某种意义上来讲，宰相辅佐的好坏，其权力行使的是否充分，直接关系到了朝政的优劣。安史之乱后，唐初那种以中书、门下、尚书三省为政务中枢的体制逐渐解体，最终被翰林、枢密和中书门下组成的新中枢取代，宰相的权力逐渐被削弱。特别是甘露之变以后，天下事都由北司决定，宰相只是负责写文书而已，宰相几乎成了宦官专权的附属品。因此，李炎加强了相权，对于抑制宦官权力的扩张，提高朝官的威望，保证政令统一出自宰相府，有很明显效果，起到了积极的作用。

唐朝后期，官吏腐败是当时的一大弊端。李炎决心追根溯源、整顿吏制。他对选拔官吏进行了较为严格的控制，企图从官吏的来源入手。他严格了进士选拔制度，选拔真才实学的人。严格的选举，自然有助于官僚队伍素质的改善。他还对新科进士的实授作了较为严格的规定，对官宦的门荫特权进行了限制。李炎还整肃了政风，严禁官员无节制的游宴，取缔了进士曲江集宴，促进政风的廉洁和政府形象的改善。

对于形成已久的藩镇割据，李炎也十分重视。其中，平昭义之乱是唐王朝干涉地方藩镇割据的最后一次胜利，对于提高唐中央朝廷的权威和增强对地方藩镇的控制力有着积极的意义。战争结束后，各地的割据藩镇重新遵守朝廷命令，唐朝在形式上获得了统一。除了藩镇，李炎还派兵击败了回鹘，稳定了漠北，谋划了西域，稳定了边疆。

唐武宗李炎统治时期，禁止官吏与民争利，以改善朝廷在百姓心中的形象。李炎提倡官吏们只要拿自己的俸禄就好，不要和别人争夺就业的机会，这样让每个人都可以获利，每一户人家都可以自足。会昌年间，唐代的户口比安史之乱期间增加了一倍多，人口也逐渐出现了恢复的趋势。

会昌六年（846年），唐武宗李炎因为服食丹药，一病不起，与世长辞。他成为了继唐太宗李世民、唐宪宗李纯、唐穆宗李恒之后，又一位因为服食丹药而死的皇帝。

不忍细读的大唐史

唐宣宗李忱是晚唐的诸多皇帝中难得的一位贤明之君，被人称为是可以与唐太宗李世民相媲美的"小太宗"。李忱是李氏家族中唯一的一位以皇太叔身份即位的皇帝，面对政权上的重重危机，他积极地寻求治国之道，勤于政事、整顿吏治、击败吐蕃、收复河湟、安定塞北、平定安南。唐宣宗使风雨飘摇的晚唐迎来了一段安定繁荣的时期，历史上称之为"大中之治"。

一代明君"小太宗"

在唐朝末期的诸位皇帝中，唐宣宗李忱是值得称道的一位，即位的时候已经三十七岁。唐宣宗大中年间，政治相对清明，社会也比较稳定，李忱本人也能够勤俭节约，赏罚有度，可以算是一位贤君，因此被人称为"小太宗"。

唐宣宗李忱原名李怡，是唐宪宗李纯的第十三个儿子，唐穆宗李恒的弟弟，唐敬宗李湛、唐文宗李昂、唐武宗李炎的叔叔。他虽然是唐宪宗的亲生儿子，后来被封为光王，但是母亲郑氏只不过是一名身份卑微的宫女。由于母亲地位卑微，李忱出生以后自然享受不到其他皇子那样的宠爱，只能在一个无人注意的角落里默默地成长。他从小就显得呆滞木讷，和其他皇子在一起的时候一句话都不说，宫里宫外的人都以为李忱的智商有问题，唐宪宗派太医给他检查却查不出问题，只好禀报说长大些就会好的。但是李忱长大成人之后，这种情况不但没有好转，反而越发严重了。

宫中的人纷纷猜测，这可能和李忱在唐穆宗年间遭遇的一次惊吓有关系。当时李忱去谒见懿安太后，不料正好遇到有人行刺，虽然是有惊无险，但从此以后李忱就变得更加沉默寡言了。此后无论大小场合，李忱就成了专门被人取笑和捉弄的对象。有一次，唐文宗李昂在十六宅中宴请诸王，席间大家欢声笑语，只有李忱一声不吭，李昂就拿他开玩笑说："谁能让光叔开口说话，朕重重有赏！"于是诸王一哄而上，对他百般戏谑。可是李忱始终都像木头一样站立在那里，不管别人如何戏弄他，他连嘴角都不动一下。李昂在一旁笑得前仰后合，其他人也哄堂大笑。可是后来的唐武宗李炎却没有笑，他觉得一个人可以在任何时间、场合都不为外物所动，如果不是真的愚笨，那就是深不可测。李炎觉得李忱并不傻，所以觉得有些不寒而栗。

等到唐武宗李炎登基之后，那种不寒而栗的感觉始终挥之不去。李炎越来越觉得李忱内心深处极有可能藏着一些不为人知的东西。他觉得身边留着这么一个深不可测的人，迟早是个祸害。于是，种种意外事故开始频频降临到李忱身上。

当时宫中的贵族流行打马球，皇帝喜欢和亲王们一起切磋球技，李忱经常突然从马上坠落，或者在宫中走路的时候忽然被东西绊倒，从台阶上滚下去，摔得鼻青脸肿、遍体鳞伤。

冬天的时候，下了大雪。李忱和诸位亲王随同天子出游。李忱又一次从马背上跌落，昏倒在冰天雪地之中，众人竟然没有发现。等到夜深了，李忱醒了过来，正好有个巡警路过，将他送回了十六王宅，他才没有被冻死在雪夜里。但是心怀不轨的李炎以为李忱这次回不来了，所以当李忱又在十六宅出现时，李炎既惊讶又生气。

唐武宗李炎气急败坏，密令自己的亲信宦官将李忱抓起来，在密室里关了好几天的禁闭，捆起来扔进了大明宫的厕所中。宦官仇公武看不下去了，便冒死救出了李忱，他把李忱藏在了私家车上，偷偷送出了长安城。李忱离开长安之后，一路向东，隐姓埋名，逃到了浙江安国寺削发为僧，直到后来重返朝中。

等到唐武宗李炎驾崩后，谁来当天子成为了一个难题。光王李忱成了第一人选，因为让这样一个呆傻的人当皇帝，方便控制，是一个非常好的傀儡。可是令文武百官没有想到的是，登基之后的李忱从一个一言不发的呆子，变成了一位强势的帝王，完全超乎了人们的想象。李忱执

第十章
无力回天，晚唐贤君"小太宗"
* * * * * *

政之初，把权贵、奸佞和宦官全都镇住了。江河日下的晚唐时期，竟然又冒出了一位中兴之主，大家对他大加赞许，都称他为"小太宗"。

唐宣宗李忱很会当皇帝，不但一举消灭了牛李党争，还奇迹般地遏制了藩镇割据和宦官当权，又从吐蕃人手中将河湟失地全境收复，这一区域已经沦陷了近百年，李忱缔造了晚唐的最后一抹辉煌。

当年，李忱被宦官所救，又是被宦官们拥上了皇位，所以他在位期间，对宦官问题只是加以约束，并没有铲除。他曾经御赐玉带给宦官马元贽，谁知马元贽将御赐之物送给了宰相马植，马植带着玉带上朝，被李忱认了出来。朝臣与宦官勾结，这件事犯了朝廷大忌，但是李忱考虑到马元贽掌握着神策军的大权，而且自己是被马元贽等人拥戴上台的，所以只是取消了马植的宰相资格，没有做太多的惩罚。尽管如此，这一次的敲山震虎效果并不差，宦官和朝臣们都变得收敛、谨慎起来。

李忱一直把先祖唐太宗李世民当成榜样，将他开创的贞观之治作为奋斗目标。他叫人把《贞观政要》写在屏风上，经常站在屏风前阅读。李忱还叫翰林学士令狐绹每天朗读《金镜》给他听，只要是听到重要的地方，他都会让令狐绹停下来评论一番。李忱虚心纳谏、从善如流，群臣都觉得他威严不可仰视。据说朝中的宰相在延英殿与皇帝讨论政事时，每次都会汗流浃背。

李忱重用唐宪宗朝的后人。当他遇见杜胜，听说他是唐宪宗时期宰相杜黄裳的儿子，马上提拔了他。当他见到裴念，得知他是唐宪宗时期宰相裴度的儿子，马上提拔为翰林学士。

李忱很喜欢微服私访，他骑着一头毛驴，早出晚归。一旦发现了优秀的官员，马上予以提拔重用。有一天，他在渭水边打猎，发现当地的百姓焚香祈祷，打听了一下发现是县令李君奭治理有方，深得民心。于是他让李君奭做本州的刺史。还有一次，李忱在泾阳狩猎，樵夫说县令李行言有勇有谋，他回宫后就把李行言的名字写在了含元殿的柱子上，很快提拔了他。

吐蕃与唐王朝的关系时好时坏，成为唐朝政权不稳定的因素之一。吐蕃不时入侵唐朝腹地，给社会安定和百姓的生产生活都造成巨大的影响。从唐武宗以来的吐蕃内乱，削弱了吐蕃的实力。到了唐宣宗初年，吐蕃占有的秦、原、安乐三州以及原州七关，都归附了唐朝。这成为了唐宣宗时期对少数民族取得的一项重大胜利。

由于唐宣宗李忱任用贤能，采取了一系列的政治措施，所以唐王朝一度出现了好局面，颇有贞观遗风。但是，由于李忱不可避免地受到了当时社会条件的限制，所以很多措施无法贯彻实行。

大中之治，牛李党争的终结

唐宣宗李忱在位虽然只有十三年，但是他以皇太叔的身份登基，终结了困扰李唐王朝多年的朋党之争，自有他的过人之处。他励精图治，堪称一代明君，尤其是他从谏如流，足以媲美唐太宗李世民。

但是由于李忱从年少时起就沉默寡言，任人欺负，所以当他在宦官的扶持下登上王位时，文武百官本以为他只是一个愚笨无能的傀儡皇帝。令人没有想到的是，他第一次朝见文武百官的时候，从容自得，处理政务的时候，果断自信。朝野上下这才发现李忱的才能一直没有显露出来，是一个深藏不露的人。

有一次上朝的时候，李忱看了一眼李德裕，然后对文武百官说："每次上朝，李太尉看我的时候，我都会觉得不寒而栗。"这是李忱对李德裕发出的挑战和警示。李德裕在唐武宗朝担任宰相的时候，因为有很大的功劳，所以十分狂傲。

当时朝中有很多大臣都批评李德裕，说他利用手中的大权公报私仇，打击牛党的人员，而且手段十分狠毒，在朝野上下造成了十分紧张的政治气氛。唐宣宗李忱也很看不惯李德裕。

李忱即位不到一个月，唐武宗还没有下葬，他就让李德裕为荆南节度使同平章事，诏书一下，朝野震动。李德裕所提拔的官员纷纷落马，唐武宗所宠信的道士赵归真被杖杀，轩辕集流放岭南。等到唐武宗下葬后，李德裕调任东都留守，但同平章事被解除。第二年冬天，唐武宗朝的吴湘冤案被重新审理，李德裕因此被贬为潮州司马，后来又被贬为崖州司户，死在了被贬的地方。

李德裕死后，李忱开始大力提拔之前被李德裕所排斥的官员。其中牛党成员自然首当其冲，被流岭南的五大骨干李宗闵、杨嗣复、李珏、牛僧孺、崔珙在同一天北迁。文学之士马植因为不被李德裕信任而没有得到重用，李忱让他担任了刑部侍郎，充盐铁转运使。白敏中原本被李德裕提拔，但是李忱即位后，白敏中立刻倒戈，竭力攻击李德裕，成了唐宣宗朝的政治红人，被任命为宰相，由他引荐的崔元式、韦琮等人，大多是李德裕担任宰相时所不看重的人。魏谟入相也和他与牛党来往密切有很大的关系。崔铉与李德裕关系很不好，也被李忱拜为宰相。李德裕在位时所重用的名将石雄，向李忱请求一镇终老，遭到了拒绝，石雄最终抑郁而死。李忱为了打压李德裕的势力，有些做法甚至超出了理智。当时，有一个叫做丁柔立的官员，他在前朝被李德裕压制，但是在李德裕接连被贬黜后，丁柔立竟然站出来为他鸣冤，李忱以阿谀李德裕的罪名贬丁柔立为南阳尉。

尽管唐宣宗李忱并不是一个十全十美的人，但他勤俭治国、体恤百姓、减少赋税、注重人才选拔，执政期间曾经烧过三把火，一把火使权豪敛迹，二把火使奸臣畏法，三把火使阉寺夺气。这些措施使得唐朝的国势有所起色，阶级矛盾有所缓和，百姓的生活渐渐富裕起来，使腐败的唐朝统治出现了"中兴"的大好局面。

当时由唐宣宗李忱铸就的中兴局面，也被称为"大中之治"。李忱

致力于改善中唐以来所遗留下来的种种社会问题。对内致力于改善安史
之乱所遗留下来的问题，贬谪李德裕，结束牛李党争，抑制宦官势力过
分膨胀，打击不法的权贵和外戚。对外他不断派兵击败了吐蕃、回鹘、
党项、奚人，收复了安史之乱后被吐蕃占领的大片失地，克复河湟，拓
疆三千里外，告成宗庙，雪耻二百年间，使得大唐国势重新振作起来。

高枕无忧，严津宗亲稳江山

　　唐宣宗李忱出身卑微，他的母亲郑氏是作为叛将的侍妾进入后宫的，
本来是给郭贵妃当侍女，后来偶然被唐宪宗临幸后怀孕，生下了一个儿
子。所以皇室宗亲们都瞧不起她，作为她的儿子，李忱虽然同为皇子，
却没有被溺爱过，因此养成了勤俭节约、温良恭俭的优良品德。李忱即
位后，宫中的用度几乎到了吝啬的程度，他不仅自己十分节约，对宗室
的亲属和子弟也要求十分严格，他时常提醒他们一定要遵循宫中的制度。
　　李忱的长女万寿公主是皇后所生，因为聪明伶俐，深受李忱的宠爱，
他专门请来老师教授公主礼仪和道德。当公主到了适婚年龄，李忱亲自
为她选择佳婿，他想招一个既是士族出身，又考中过进士的驸马。他看
中了校书郎、右拾遗郑颢，郑颢是唐武宗时期的状元，也是唐宪宗时期
宰相郑絪的孙子，学问和门户都非常合适。万寿公主下嫁，是当时一件
轰动朝野的大事。按照朝廷的礼制，公主出嫁的时候应该使用银饰装潢
的豪华车马，但是李忱却要求女儿使用一般大臣使用的铜饰车马，万寿
公主十分委屈。不仅如此，李忱还一脸严肃地告诫她说："你虽然是我
心爱的女儿，但是嫁鸡随鸡，嫁狗随狗，到了夫家一定要严守妇道，不
能因为你是皇帝的女儿就慢待和轻视夫家，你要胆敢仗势凌人，我一定

不会轻饶你的，也不得干预朝政，太平公主、安乐公主之祸，不可不戒。"

万寿公主出嫁后，有一次，李忱听说驸马的弟弟郑颛得了重病，马上派宦官前去探望。宦官回来后，李忱专门询问："你看到公主了吗？她在哪儿？"宦官回答说："陛下，公主正在慈恩寺观戏，并不在府中。"李忱大怒，深有感触地哀叹道："我有时候会怪士大夫家不愿娶公主为妻，但是顾及我的面子只好接受，我还觉得他们不识抬举，现在我总算明白他们为什么会这么想了。"于是他让身边的宦官立刻把公主叫回来，让公主站在台阶下，冷落很久，然后当面斥责道："哪里有小叔子生病的时候，做嫂子的自顾自去看戏的道理？这要是传出去，别人不光说你，恐怕还要说朕没有教育好你了！"公主一看父皇发这么大的火，吓得连忙跪地求饶，表示从今一定会做个贤惠孝顺的好妻子、好儿媳、好嫂子，维护父皇的好名声。李忱语重心长地对公主说："国有国法，家有家规，在宫中你是公主，在郑家你就是媳妇、儿媳、嫂子，所以要守妇道。"听了父皇的谆谆教诲，万寿公主连忙准备了许多礼物，回到郑府探望小叔子去了。

李忱的二女儿永福公主也到了婚嫁的年龄了，佳婿难觅，他只好公开给女儿征婚。万寿公主的驸马郑颢想到了同为进士的朋友于琮，于琮的父亲也是科举出身，因为性情耿直，不攀权贵，只做了一个小官，于家四兄弟全是进士出身。郑颢对于琮说："你虽然有才华，但是不擅长说场面话，也不会结党营私，恐怕一辈子也难等到做官升迁的机会，现在我的皇帝岳父公开招驸马，这正是你的一个机会。"于琮觉得有理，就前去应征，李忱如获至宝，立刻让永福公主与于琮订婚，公主也对这个未婚夫很满意。有一天，永福公主陪父皇吃饭，席间，因为一点小事，竟然当着父皇的面发起了脾气，把筷子都摔折了。李忱吃了一惊，勃然大怒道："你当着父皇的面就敢耍脾气，这样怎么能嫁到士大夫家里去呢？"于是当即传旨，解除了永福公主的婚约，让四女儿广德公主下嫁于琮。广德公主贤良淑德，对丈夫于琮家里十分尊重，家里有婚丧嫁娶，她都会和其他儿媳妇一样，按老少尊卑顺序站在队列里，从不显示自己的特殊身份，很为世人称道。

李忱的生母郑太后有个弟弟叫郑光，在河中做镇守官。郑光进京朝见皇帝，李忱见他言语粗俗，并不是一个有真才实学的人，就把他改任为级别比较低的右羽林统军，也不让他负责什么实际事务，只是看在母亲郑太后的面子上，给郑光一个挂名头衔。

唐宣宗李忱这种把皇室宗亲管理好，不偏不倚的做法，让朝中的文武百官心服口服，忠诚地效力于朝廷。国家得到了更好地治理，李家的江山才能坐得更稳，作为皇帝才能高枕而无忧。

知人善用，重科举爱儒士

唐宣宗李忱是一个知人善用，善于选人和用人，重科举爱儒士的皇帝，所以他不仅坐稳了李家的江山，还让已经日落西山的晚唐出现了一缕难得的曙光。

在李忱看来，选拔和任用官员的时候能够明察慎断，是成为一个明君的必备条件，是治理好一个国家的重要方面。当时，成为官员的主要途径就是参加科举考试。所以，李忱非常重视科举制度，很爱惜儒士。每当有新上任的官员，李忱一定会问他有没有中过举人、进士等。如果这个人回答是举人或者进士出身的，有考取过功名，李忱会龙颜大悦。有时候，他甚至会放下其他朝政，与新上任的官员攀谈起来，问他们参加科举考试的时候做的是什么考题，写了哪些诗赋，主考官员的姓名是什么，还会把这些人的名字和他们所写的诗赋文章的名称，派人记录在

第十章
无力回天，晚唐贤君"小太宗"
* * * * * *

大殿中的柱子上，以备日后仔细品读、欣赏。如杲听到有的人品学兼优，胸有大略，但是没能通过科举考试的时候，李忱会扼腕叹息、伤心不已，默不作声地退朝回宫。为了了解科举制度在民间的实行情况，李忱还经常微服私访，打扮成普通书生的模样，去书馆和茶室等文人云集的地方，和那里的读书人和普通百姓聊天，听取人们对科举取士的看法和建议。如果遇到了非常有才华和见解的人，他就会把他们选拔到朝中或者地方上为官，并不看他的出身如何，最看重才华、人品和能力。

李忱还改革和完善了选官制度。为了不埋没人才，他改变了从前选官的时候只看家世资历的规定，允许观察使、刺史如果特别有能力和才干的可以进行试用，然后根据他的工作情况决定是否正式任用。同时，他还把户口的增减列为官员升迁的标准，规定观察使、刺史任期届满后，如果所负责的管辖州县的户口增加了，那就加以升迁，如果百姓离开，那就会被免职，而且三年之内都不能再被任职。由于刺史是地方的主管官员，负责传达政令，最为接近百姓的生活，皇帝可以通过他们了解到民间的疾苦。所以，李忱总是亲自负责刺史的考核工作。他规定刺史上任前要来朝中进行考核，能者上任，庸者罢免。李忱要求宰相在拟定和推荐一些中央高级官员的时候，首先要看看他是否担任过刺史、县令等基层官员，如果没有担任过，就不予推荐。那些担任过刺史、县令，但是为官期间有过贪污受贿或者频繁调动职务情况的，也不能被推荐。他规定刺史、县令一旦任命，必须任满三年才可以进行工作调动。

为了选取更多优秀的人才为朝廷效力，不使人才被埋没，唐宣宗李忱扩大了科举取士的规模，以便选拔更多的有志之士。他以亲自到民间调查得来的意见为基础，对科举制度做了进一步的完善和修改。李忱强调，科举取士不用必须遵循某种特殊的规定，无需过于重视人才的出身和背景，也不用避讳人才和朝廷或者地方官员的关系，只要是真才实学的人，都可以获得中选的机会。李忱为了使科举考试更为公平，毫不留情地严厉处罚那些违反了科举制度、弄虚作假、徇私舞弊的考生和考官。

在一次选取举人的考试中，考官因为收受了贿赂，故意泄露考题，李忱知道后勃然大怒，马上派人进行了详细的调查，当即下诏将参与这起泄题事件的所有官员都处以免职或者降职的处分，还对他们进行了罚款，将当时已经被录取的十名举人的资格全部取消，贪污受贿的主考官被斩首。李忱对于这件事的处理，给朝野上下带来了很大的影响，起到了敲山震虎的作用，对那些科举考试中的徇私舞弊现象予以了很大的打击。

唐宣宗李忱积极地改变了前朝的一些弊政，从官员任用和科举选拔等方面，提高了官员的执政能力，使国家法令得到贯彻，百姓得以安居乐业。

金丹误身，李氏家族的宿命

唐朝的皇帝大多数都笃信道教，为了能够长生不老，对道家的长生炼丹术格外痴迷。无论是开创了"贞观之治"的唐太宗李世民，还是实现了"元和中兴"的唐宪宗李纯，抑或是创造了"会昌中兴"的唐武宗李炎。虽然他们都算得上是治国理政的贤君，但无一例外，都是因为想要长生不老而服用仙丹，却被仙丹误命。被称为"小太宗"的唐宣宗李忱，也没能逃脱这个恶性循环。虽然他喜欢佛教，即位后一改唐武宗李炎灭佛的行为，停止了会昌法难，让佛教重新兴盛起来。

但是到了晚年，因为长生不老的诱惑，他开始相信道教，还拜了衡山道士刘玄靖为师，下令整修唐武宗李炎在大明宫建造的望仙台。但是由于谏官的强烈反对，他才不得不把修建工程停了下来。但是，他对长生不老术的热情依旧不减。

第十章
无力回天，晚唐贤君"小太宗"
......

　　大中十二年（858 年），李忱为了能够得到长生不老的法门，派人到岭南的罗浮山寻找道人轩辕集，想向他讨教长生不老的秘籍。朝廷中的官员们纷纷向李忱提出劝谏，谏官的意见尤其尖锐，不断上书反对。李忱已经沉迷之中，根本听不进去那些劝他的话，但是又不想得罪大臣们，就派宰相去做解释工作，他对宰相说："爱卿替我转告谏官们，就说就算是道术再高明的方士也不会蛊惑我的，我只是听说轩辕集是一代高士，所以想跟他聊聊天，看看他到底有多么高明而已，让他们不要过分担心。"

　　这个轩辕集是唐代的道士，生于陕西轩家桥，祖籍是河南归德府睢州。他年过半百的时候，依然面色红润，如同年轻人一样，留着一头垂地长发，仙风道骨，目光炯炯有神，在黑暗的屋子里也能看到他闪亮的双眼。轩辕集擅长炼制各种丹药，为人治疗疾病。

　　轩辕集曾经进过宫，但是李忱即位后，为了抑制道教，恢复佛教，就将他流放到了岭南罗浮山中。但是李忱为了同他讨教长生不老之术，又派人把轩辕集重新召回长安。轩辕集对李忱说："陛下，您必须废止歌舞女色，不吃荤，去掉食物的滋味，对待悲哀和喜乐都不动声色，对待恩德与施舍要不偏不倚，自然会与天地合德，日月齐明，何必另外再求长生不老的方法呢？"

　　李忱曾经沉迷于女色，终生不立皇后而恣意临幸宫妃，一共生有二十三个子女。见到李忱不听自己的劝告，依旧沉迷于女色，轩辕集态度坚决地请求重回山中修炼。李忱挽留他说："先生不如再多留一年吧，等我在罗浮山给你建的道观建成后再走也不迟。"但是轩辕集丝毫没有继续留下的意思。李忱很不解地问："先生为何这么着急地舍我而去，难道是国家有灾难吗？您知道朕能拥有天下多少年吗？"轩辕集取笔写下四十，但十字挑上，就是十四年，这一数字正好与李忱在位的时间相同，让人不禁感觉冥冥之中，兴替自有定数。

　　有一次，吴越之地的官员进献了一名绝色女子，李忱十分宠爱她。

但是有一天，李忱忽然说："昔日唐玄宗有一个杨玉环，就弄得天下大乱，到了今天都还没有完全平定，我怎么可以步他的后尘呢?"于是他把这名女子召到跟前，对她说："美人，朕不能留下你。"李忱的侍臣说："陛下，您可以将她放出宫。"李忱却说："放她回去，我肯定会想念她，不如赐她毒酒一杯吧。"于是这名国色天香的女子就这样莫名其妙地死了。其实，李忱鸩杀越女绝非是真正担心自己会沉溺于女色，而是通过处死绝色美女这件事，向天下召示，自己不荒淫也不贪色。

晚年的唐宣宗李忱开始相信一个叫李元伯的江湖术士的话，服用他炼制的金丹，丹毒发作后，李忱的身体每况愈下，随着丹毒越来越深，李忱的后背上出现了大面积的溃烂，整月都无法上朝，最终一命归西，享年四十九岁，葬于贞陵，庙号宣宗。李忱聪明细致，胸有大略，不徇私情，能够虚心纳谏，在位期间，政治比较清明，在生活上勤俭节约，爱惜百姓，可以说是唐晚期难得的一位贤君。

最令人遗憾的是，这位"小太宗"在立储问题上过于纠结。李忱喜欢第三个儿子夔王李滋，不喜长子郓王李温，所以迟迟没有立太子，导致他死后宦官王宗实和亓元发动了政变，将李忱托付的宦官王龟长、马公儒、王居方全部杀死，拥立郓王李温即位为帝，也就是唐懿宗。李忱在立储问题上的迟疑不决，加上临终前竟然托孤宦官，导致了政变的发生，让刚刚看到一丝曙光的大唐王朝，又重新掉进了更加黑暗的深渊中。

唐懿宗李漼是唐朝最后一个以长子身份即位的皇帝，也是最后一个在长安城中平安度过自己帝王生涯的皇帝。李漼只顾个人享乐，骄奢淫逸、不思进取，整日游宴无度、沉湎酒色，把作为天子的责任完全抛到脑后。他任相不明，在位期间更换了二十一位宰相，使得唐朝政局更加风雨飘摇，致使唐宣宗时期的大中之治带给唐王朝的一线希望也因此消失殆尽了。

第十一章

末世长安，风雨飘摇的唐王朝

骄奢淫逸，朝纲混乱几多难

　　唐宣宗李忱虽然是晚唐时期一位比较有作为的皇帝，但是到了晚年的时候开始听信道士的胡言乱语，追求长生不老之术。他最终因为服用了太多的丹药，丹毒发作，后背溃烂而死。李忱有十三个儿子，李温是长子，本该立他为太子，但是因为李忱并不喜欢这个儿子，所以在大臣们请立太子的时候，李忱拒绝道："朕还没有老，如果现在就立太子，不是把我当废物吗？"于是大臣们就没敢再提这件事。直到李忱病重，才准备下诏立太子，他想立自己喜爱的第三子李滋为太子，但是宦官们偷偷改了圣旨，将李温立为太子，改名李漼，他就是日后的唐懿宗。

　　唐懿宗李漼，是唐朝最后一个以长子即位而且是最后一个在长安城平安度过帝王生涯的皇帝。但是在李漼在位的十五年里，他骄奢淫逸，宠信宦官，迎奉佛骨，面对内忧没有危机意识，遭遇外患也不以为然。李漼的不思进取把唐宣宗在位期间重新点燃起来的一线光明彻底熄灭了。

　　李漼即位的第二年，安葬了唐宣宗，改元为咸通。使用这一年号据说是因为唐宣宗所作的一首曲子中有"海岳晏咸通"的句子。李漼改元时想起了他的父亲，但是君临天下以来的言行举止却几乎看不到唐宣宗的影子。唐懿宗李漼的咸通之政与唐宣宗李忱的大中之政相比起来，也是相距遥遥，无法相提并论。

　　李漼在位期间，国内不断爆发农民起义，南诏也不断派兵侵扰。在初步平定了内乱和外患之后，李漼以为天下太平了，开始一心沉溺在吃喝玩乐上。

李漼对宴会、乐舞和游玩的兴致远远高于国家政事，对上朝的热情明显不如饮酒作乐。李漼在宫中的时候，每天设一个小宴，三天摆一次大宴，每个月在宫里要大摆宴席十几次，宴会上摆着很多奇珍异宝，节目的花样也很多，让人应接不暇。

除了饮酒，李漼还很喜欢观看乐工优伶的演出，他一天也不能不听音乐，就算是外出到四周游历，也会带上乐坊的这些人。李漼宫中供养着五百多名乐工。李漼高兴的时候，动不动就赏赐这些人，多则上千贯钱。有时，他在宫中厌烦了，就到长安郊外的行宫别馆去住几天。由于他来去不定，行宫负责接待的官员随时都要备好食宿，以便迎接皇帝。那些需要陪同出行的亲王们，也要随时备好坐骑，以备李漼随时招呼他们一起外出，大家都敢怒不敢言。

李漼每次出行，宫廷内外的随从多达十多万人，费用开支之大难以计算，这笔费用成为了国家财政开支的一项沉重的负担。对于这件事，担任谏官的左拾遗刘蜕屡次提出并劝谏，希望皇上能够以国家大局为重，勤俭节约，把钱省下来体恤边将、关怀百姓，减少娱乐，专心于政事。对此，李漼根本听不进去。

有一天，李漼心血来潮，竟然把唐高祖献陵以下到唐宣宗贞陵的十六座帝陵统统祭拜了一遍。唐朝皇帝的陵墓坐落在关中渭北的高原上，距离长安路途遥远，出行只有马车，还要带上众多的随从和祭祀物品，不是三两天就可以回来的。朝中不可一日无君，李漼却离开了那么久，不理朝政，只顾自己高兴。

游乐和歌舞，成为了李漼日常生活中不可或缺的内容。在他的表率作用下，整个官场都弥漫着一种穷奢极欲、醉生梦死的风气。

爱女暴死，懿宗大开杀戒

唐懿宗李漼一共有八个女儿，同昌公主是长女，也是最受李漼疼爱的一位公主。同昌公主的闺名叫李梅灵，母亲是号称长安第一美人的郭淑妃。同昌公主从母亲身上继承了天生丽质的容颜，明眸善睐，聪明伶俐，而且性格温顺，善解人意，十分招人喜欢，从小就被李漼视为掌上明珠。

李漼虽然是唐宣宗李忱的长子，但是李忱并不怎么喜爱李漼这个长子。所以，李漼在做皇子的时候，一直都是战战兢兢的。在很长一段时间里，李漼在自己的王府里，沉迷于歌舞和美人的温柔乡之中，他认为只有这样才可以暂时忘记恐慌。在李漼还没当上太子的时候，郭淑妃只是王府中的一位侍姬，但是因为她长得十分美丽，所以受到了李漼的宠爱。在李漼所有的姬妾里，郭侍姬最会体贴和抚慰他，甚至愿意冒着生命风险，为夫君品尝可疑的食物。

后来，她生下了女儿梅灵，小梅灵说话很晚，但是开口说的第一句话，就是祝贺父亲的话。不久之后，李漼就被宦官拥立为太子，登基为帝。喜出望外的李漼从此把女儿当成自己的福星，十分宠爱。他封郭氏为淑妃，梅灵则封为同昌公主。

同昌公主渐渐长大了，她不但外表美得闭月羞花，而且还精通琴棋书画和女红。她能在一张普通大小的锦被上，绣出三千多只色彩斑斓的鸳鸯。李漼和郭淑妃千挑万选，为女儿选中了茅科进士韦保衡作为同昌公主的驸马。韦保衡不但风度翩翩，而且才华出众。

李漼为了同昌公主的出嫁，几乎把大唐王朝的国库翻了个遍，把所有他能看得上眼的东西都送进了同昌公主的新府邸。李漼为同昌公主营造的公主府，拥有旷古未有的奢华，就连打扫用的簸箕，都是用金丝编织的。同昌公主出嫁以后，李漼心疼女儿不能保持从前享受的待遇，就不停地往公主府里送珍奇的食物。

尽管备受娇宠，但是同昌公主的为人还是十分谦和的。她经常宴请丈夫的族人以及朋友，并让他们共同分享自己的珍宝。有一次，韦家人想要连夜看戏，同昌公主就让侍者捧出红色的琉璃盘，在盘中放上夜明珠，照得整个厅堂如同白昼，让韦氏一族能高兴地看戏。

然而，婚后的第二年，同昌公主忽然生病了。这可急坏了唐懿宗李漼，为了给同昌公主治病，他广召天下的名医。但是时间一天天地过去了，同昌公主的病情非但没有改善，反而一天天地加重了。李漼和郭淑妃将太医院的二十几个御医全都派到同昌公主府，为公主诊治。

那时的医生给女性贵族诊病的时候，望诊不能直接观察，要通过帷帐，切脉的时候不能接触到皮肤，只能悬丝而诊，问诊和闻诊也只能勉强通过别的女眷描述来判断，好似盲人摸象，这样做的后果既难为了医生，也对诊治病人疾患造成了不利。而且御医在给皇帝及其家人治病的时候，往往不敢下无把握之药，以避免承担责任。如果诊得皇家的病人脉象凶险，御医也只敢说脉象还好，开些甘草、陈皮、白术、茯苓等不痛不痒的药。一旦皇家的病人有个三长两短，朝廷追究御医的用药，也只能以医术平庸或者不恪尽职守而予以处分，不至于掉脑袋。

就这样折腾了一番，御医们弄不清同昌公主究竟得了什么病，但他们知道公主已经是病入膏肓了。惊恐的御医们商量了一个主意，列出了一个绝无仅有的奇珍异品的药方送到皇帝那里，希望皇帝凑不齐药材，到时候御医们就可以因此逃过难关。但是御医们显然低估了皇帝的爱女之心。李漼居然很快就派人拿来了所有的药材。无计可施的太医们只好将这些药熬成汁水状，灌进了同昌公主的嘴里。同昌公主最终还是离开了人世，当时她还不满十八岁。

第十一章
末世长安，风雨飘摇的唐王朝
* * * * * *

驸马韦保衡眼看着公主死在眼前，作为丈夫，他非常清楚同昌公主在皇帝心目中的地位。他开始琢磨推脱自己干系的办法，保住自己在皇帝心中的地位。想来想去，最好的办法就是找一些替死鬼，用他们来消解皇帝心中的怒火。

于是，他向李漼控诉，说是因为御医们没有好好地为公主诊治，用药不当，以致延误了病情，害死了公主。当时被悲佐冲昏了头脑的李漼一听女婿的话，立即诛杀了为同昌公主治病的韩宗昭和康守商两位太医，并且灭了他们的九族。其他二十多名太医也都被砍了头，他们的家族总共三百多人都被投入大牢。杀完太医，李漼又把同昌公主的侍从全部抓起来，觉得他们没有尽到保护公主的职责，才让公主生了病，逼迫他们全部自杀，为公主陪葬。

心怀鬼胎的韦保衡又将同昌公主的死与政治挂起钩来。他鼓动李漼，将三十多个与自己平日不和的大小官员或贬谪或处死。说他们妒嫉同昌公主和韦家的恩宠，与御医串通，用药害死同昌公主。

这场突如其来的风波，对于那些无辜者来说，无疑是一场飞来横祸，被击中的还包括当朝宰相和兵部侍郎等朝廷大员，甚至还有同昌公主的姑父于琮。于琮和韦保衡同为驸马，于琮的妻子是李漼的妹妹广德公主。于琮辈份比韦保衡高，而且人品和才学也远出其上，这一直让心胸狭隘的韦保衡嫉恨不已。于是借着同昌公主之死，使了些手段，将于琮一家发配到了南疆。广德公主知道韦保衡不会就此放过于琮，她向哥哥请求让自己随丈夫一起去，以便照顾他。有了公主在身边充当守护神，韦保衡就不敢再对于琮下手了。

唐懿宗李漼因为同昌公主之死而大开杀戒的举动，在朝廷内外引发了各种议论。中书侍郎、同平章事刘瞻认为皇帝这样做会引起众怒，可能会给朝廷带来不可估计的后果。刘瞻认为虽然二十几位御医已经不能复生，但是如果把身陷大狱的三百多位太医的亲友释放出来，也许可以起到安抚民心的作用。刘瞻的奏词有理有节，无可挑剔。然而，李漼早已认定是太医害死了自己的爱女，不肯宽容他们的家族。

刘瞻又联合了京兆尹温璋犯颜直谏，措辞更加激烈。他们的行为激怒了李漼，李漼当即降旨，将刘瞻调为荆南节度使，温璋贬为崖州司马，责令他们三日内离京赴任，免得他们再啰嗦。个性情耿直的温璋当天夜里就在家中服毒自尽，李漼听到温璋的死讯，还恶狠狠地说他恶贯满盈，死有余辜。

在刘瞻离开长安赴任以后，韦保衡已经大权在握，他编了各种莫须有的罪名，把刘瞻的门生故友三十多人，全部贬到遥远荒僻的岭南。为了进一步压制刘瞻，以防再生事端，他硬说刘瞻也参与了太医谋害同昌公主的事件。当时已经昏了头的李漼竟也信以为真，又把已贬为荆南节度使的刘瞻贬为康州刺史。

为了同昌公主的死，唐懿宗李漼折腾了好几个月，弄得朝廷上下乌烟瘴气。等到这一切稍微安定下来，李漼决定为爱女举行盛大的安葬仪式。陵墓十分奢华壮观，陪葬的物品更是琳琅满目，送葬场面之大，绝非历代公主可比。同昌公主的棺椁，也是超出礼制的。李漼亲自为女儿写了挽歌，并勒令文武百官都带着金银器物和各自的吊辞来参加葬礼。在血腥的屠杀和放逐之后，李漼觉得为女儿报了仇，将同昌公主追谥为文懿。

任相不明，危机加重

唐懿宗李漼在位期间，沉湎于游乐，对宴会、乐舞和游玩的兴致远远高于国家社稷，但他的昏庸不仅在于沉迷欢宴游乐，不理朝政，更在于他用人无方。

第十一章
末世长安，风雨飘摇的唐王朝

李漼即位后没多久，就罢免了刚刚任命的宰相令狐绹。令狐绹，京兆华原人，字子直。他的性格十分温和，精通文学。他在唐文宗李昂时期中了进士，开始从政生涯，先后担任过弘文馆的校书郎、左拾遗、左补阙、户部员外郎、右司郎中等职务。唐武宗时期，他担任湖州刺史。唐宣宗时期被起任宰相，令狐绹的父亲令狐楚也曾经在唐宪宗时期担任过宰相，令狐绹之所以能够升任宰相，在某种程度上是唐宣宗感动于令狐楚对唐宪宗的忠诚。唐宣宗是晚唐最后一个比较强势的皇帝，令狐绹一直以一种小心翼翼的态度处理着他们之间的君臣关系，一直担任宰相直到唐宣宗去世。令狐绹的性格胆小懦弱，这也许是他能够在强势的唐宣宗面前担任宰相长达十年之久的其中一个原因。唐懿宗时期，令狐绹出任为河中节度使，后来先后担任了宣武、淮南等四镇节度使，后召入朝内，辅政十年，拜司空、检校司徒，封凉国公。庞勋起义军攻占徐州时，令狐绹被任命为徐州南面招讨使，但是屡被庞勋所败，唐懿宗李漼大为光火，决定罢免他，改任白敏中。

白敏中，字用晦，华州下邽人，祖籍太原，自幼丧父，随兄白居易等人学习，后考中进士，早年曾入李听幕府，后历任大理评事、殿中侍御史、户部员外郎、翰林学士、中书舍人、兵部侍郎等职务。唐宣宗继位后，白敏中以兵部侍郎加同平章事头衔成为宰相，后改任中书侍郎兼刑部尚书，又升任右仆射、门下侍郎，封太原郡公。白敏中作为宰相被授邠宁节度使，并讨平党项叛乱。后来，白敏中历任西川节度使、荆南节度使，拜司徒，加太子太师。唐懿宗李漼继位后，白敏中回朝，被授为门下侍郎、同平章事，又升侍中、中书令。

白敏中虽是前朝老臣，但在入朝时不慎摔伤了腿，一直卧病在床，三次上表请辞，李漼都不批准。白敏中有病不能上朝，正中李漼下怀，因为可以借故不理朝政。右补阙王谱说："陛下，白敏中从正月摔伤后就开始卧病在床，已经有四个月了，陛下虽然已和其他宰相探讨国家大事，但是时间都很短，请陛下缩减游宴玩乐的时间，增加和宰相们讨论天下大事的时间。"这番话让李漼十分不舒服，想要把王谱贬出朝廷去担任县令，但是其他朝臣认为王谱是谏官，只是谈论国家大事，按照规定不应该被贬斥。李漼只好暂时作罢，将此事交给宰相复议，那些宰相不顾国家体制，认为王谱不仅是对皇上劝谏，也涉及到了宰相白敏中，同意将王谱贬为县令。

唐懿宗在位期间，如同走马灯一样共任用了二十一位宰相，分别是令狐绹、白敏中、萧邺、夏侯孜、蒋伸、杜审权、杜悰、毕诚、杨收、曹确、高璩、萧置、徐商、路岩、于琮、韦保衡、王铎、刘邺、赵隐、萧仿、崔彦昭。由于唐懿宗李漼对政事的兴致不高，所以宰相在处理政事方面的权力还是很大的，可以发挥很大作用。但是李漼任用的宰相不是碌碌无为之辈，就是爱财如命之流。

宰相杜悰就是个尸位素餐，外号叫秃角犀的人。宰相路岩是个拉帮结派，贪污受贿，蛮横不法的人。曾经有个官员向李漼报告说，如果抄了路岩亲信的家，可以获得国家两年的军费。李漼并不相信，把这个告状的官员痛骂了一顿，从此没人再敢提意见了。路岩和后来任宰相的驸马韦保衡狼狈为奸，当时的人们称他们为牛头阿旁，意思就是他们两个像厉鬼一样邪恶可怕，可见他们贪污堕落已经到了相当严重的程度。长安城的百姓把宰相曹确、杨收、徐商、路岩等人的姓名编了一首歌谣："确确无论事，钱财总被收。商人都不管，货赂几时休？"

与唐宣宗李忱不轻易授予官职和赏赐不同，唐懿宗李漼对于官职和赏赐毫不在乎，他总是随自己的心情，想赏赐谁就赏赐谁，封官也是随心所欲。有个伶官叫李可及，擅长音律，歌声宛转动人，听完连疲倦都能忘掉。李漼的爱女同昌公主死后，李可及谱写了一首《叹百年舞曲》，歌词凄恻，曲调婉转，听完不禁流下眼泪，这首歌让李漼的思念之情深受抚慰，所以把他封为威卫将军。授予伶官朝廷官职，这是在唐朝是史无前例的。唐太宗时期，对工商杂色之流的任职做了严格限制，对这些人仅限于赏赐财物，但是不可以赏赐官职。后来，唐文宗想要授予一个乐官职务，因为遭到谏官的强烈反对而作罢。唐懿宗李漼授予李可及朝廷官职，宰相也提出过反对意见，但是他根本听不进去。李可及的儿子娶妻，李漼特意赏赐给他二银樽酒，其实里面不是酒，而是金翠。

　　除了任相不明，李漼还随意破坏科举取士制度。科举取士是唐朝最为主要的入仕途径，进士科享有崇高的声誉。本来每年春天都要由礼部负责考试选拔进士。但是到了唐懿宗时期，他的亲信不需要参加礼部考试，就可直接以特敕赐及第的方式被授予进士出身，皇帝的敕书代替了礼部的金榜。这给科举取士带了个开后门的不好开端，加快了李氏家族衰落的脚步。

裘甫起义，山雨欲来风满楼

　　"小太宗"唐宣宗李忱驾崩刚刚半年，唐懿宗李漼在天子的宝座上还未坐稳的时候，在浙东掀起了一次震动唐王朝的裘甫起义。

　　裘甫，剡县人，出身于贫苦农家，早年以买卖私盐为业。唐朝后期，宦官与朝官互相勾结，中央统治与地方藩镇、藩镇和藩镇之间的矛盾日益激化，政治黑暗，社会矛盾变得日趋尖锐。唐宣宗之后，唐朝的整个局势变得江河日下，到了唐懿宗时，已经一发不可收拾了。为了满足奢侈无度的物质需求，朝廷加紧了对土地的掠夺，土地兼并的程度空前激烈，宦官们贪得无厌，利用职权搜刮民脂民膏，享有特权的贵族官僚也一个个都如狼似虎。此外，由于唐懿宗礼佛，广建寺院，僧侣们拥有很多土地和奴隶。再加上唐晚期时经常遇到天灾，天灾人祸交织在一起，压得百姓们难以喘息，根本无法生存。

　　当时，东南地区物产丰富，经济发达，是朝廷的财政命脉，也是榨取百姓极为残酷的地区。在繁重的苛捐杂税和疯狂的层层搜刮下，身处在水深火热中的浙东农民们揭竿而起，拉开了唐末农民起义的帷幕。

面对裘甫起义，浙东的地方军队根本不堪一击。当裘甫占领了象山县后，象山县的上属州明州的官府，不但不敢派兵前去镇压，反而吓得在白天就把城门关得严严的。其实，裘甫的兵力不过百人，根本没有强大的军队。但是地方军队由于长期不作战，武器都已经锈烂不堪，士兵不足三百人。

裘甫见状，又挥兵指向剡县。浙东观察使郑祗德在仓促间凑起了一支军队，前来拦截，可是不但没有拦截成功，反而被裘甫使用计策打得几乎全军覆没。

乘着战争的胜利，裘甫顺势拿下了剡县。进入剡县之后，裘甫由于声望很大，吸引了各地迫于生计前来投靠的人，没过多久就聚集了三万多人。裘甫把这些人分为了十二个队伍，自称天下都知兵马使，改元罗平。他让刘胜担任军师，让刘庆和刘从简担任大将，在剡县大量囤积粮食，制造兵器。

起义军的势头一天比一天强，震动了浙江，又震动了中原。郑祗德一边向朝廷告急，一边向邻地求救。邻地的军队虽然愿意前来支援，但是要求郑祗德支付一笔费用，而且要价极高，但是战斗力不强，根本无法与裘甫军进行交战。

裘甫相继攻克了上虞、余姚、慈溪、奉化、宁海等地。郑祗德连连溃败，他是文官，根本不适合带兵打仗，只会纸上谈兵，应该调换武将。但是选遍了朝中的武将，竟没有一个人合适。最后还是选了一名文官，让在安南享有盛名的前安南都护王式代替了郑祗德，担任浙东的观察使。

王式走马上任前，被皇帝召见，问他用什么方法来镇压。王式回答说："陛下，只要能得到大量的士兵，一定可以大获全胜。"可是在一旁的宦官听了，连连反对说："陛下，如果发兵，人数多的话花费也大，朝廷现在已经亏空，实在不应该浪费国家的财政开支。"王式据理力争地说："臣自然该为国家节省开支，可是兵多破贼时间会比较短，这样反而节省费用。如果兵少，不但不一定能够破贼，还会拖延时日，贼势将更盛，江淮的叛贼群起而响应，到那时，国家用尽全部兵力攻打江淮，也不一定打得过，一旦失去了江淮，与江淮交通隔绝，那么上自朝廷，下至禁军，军费全无着落，岂不是开支更大吗？"皇帝终于被王式说通，调发了各地的军队，归王式指挥，形势开始逆转。

王式精通兵法，十分有名。正和部下一起喝酒的裘甫，听说王式将要领兵前来攻打，心中不禁有些紧张，闷闷不乐，半天说不出一句话。裘甫手下的一名大将长叹道："哎，我这里有许多军队，但是主将却踌躇不定，真是可惜啊。王式智勇无敌，过不了四十天一定会到达这里，我们应该抢先夺取越州，分兵守西陵，沿钱塘江筑垒设置防线，征集舟舰，然后长驱直入浙西，渡长江，取扬州货财，返取石头城而据守。另外派遣刘从简率领万人渡海，进攻福建。这样一来，国家的贡赋之地全部落入我们手中。"

他的战略主张扼尽天下财富之地，隔江与朝廷南北对峙，虽然听上去很好，但是这战略最后究竟能否成功，是无法证明的。裘甫没有胆魄，害怕会失败，就推托道："今天我已经喝醉了，明天再议吧。"大将听了十分生气，拂袖而去。裘甫的谋士说："这个策略是孙权所为，今天下还没有大乱，此策很难达成，不如据险自守，陆耕海渔，遇到危机就逃入海岛，这样比较保险。"谋士的战略比大将的战略更为保守，但是裘甫还是犹豫着没有采纳。积极的战略不采纳，保守的战略也不采纳。王式还没有到，裘甫已经成了惊弓之鸟。王式到来后，裘甫更是一筹莫展，只能消极地应战。

王式没有急于付诸军事行动，他到达浙东后，首先肃清了越州城内支持裘甫的势力。越州城的官兵害怕裘甫大军会来，全家性命不保，便主动和裘甫的大军联系，愿作内应。王式查清了情况，将这些人全部处死，又推出几项举措。他开仓放粮赈济饥民，收买人心，断绝裘甫军的兵源，不举烽火，稳定当地百姓，用老人和小孩做侦探，随时掌握裘甫大军的情报，招募居住在江淮的吐蕃和回鹘人组成骑兵队，增加攻击力，联络当地的土团共同作战。

一切准备就绪后，王式又向朝廷讨要了更多的军队，兵分东路、南路两军，全面向裘甫发动了攻击，裘甫只能作无谓的消耗战。王式大军如同风卷残云般地扫荡了各地的起义军。大将在全线失败后，指责裘甫当初不采纳他的战略主张，才落得这般地步。他根本就看不起投身起义军的那些进士，见他们穿着绿衣服，就污蔑他们为菜青虫。他将一腔的怨气全部发到了他们身上，把他们推出去斩首，愤恨地说："把我的计划打乱的，都是这些菜青虫们！"起义军内部起了矛盾，所以军心涣散，节节败退。

裘甫带着剩下的军队，重新退到了剡县。王式步步紧逼，对这里进行了合围。前后三天，打了八十多战，起义军累得体力不支，官兵们也打得精疲力尽。裘甫为了能够突围出去，假装投降，但是被王式识破，又打了三场大战。

最后，裘甫等人被擒，被押往长安，斩于东市。裘甫起义，前后的时间只有七个月，却拉开了晚唐农民起义的帷幕，为之后的几次农民起义作了先声。

桂林戍兵起义，埋下祸根

桂林戍兵起义，又称庞勋起义。这次起义是唐朝灭亡的真正导火线，对于当时已经千疮百孔的唐王朝来说，要比裘甫起义的性质严重得多，因为裘甫起义属于民间起义，而这次起义则是爆发在军队中，说明了朝

第十一章
末世长安，风雨飘摇的唐王朝
· · · · · · ·

廷统治发生了严重的问题。

唐懿宗李漼时期的大唐已经病入膏肓，内忧外患，危机四伏。再加上李漼任用奸佞、赏罚不明，当时仅宰相一职，他就一连换了二十一位。这时，边陲要塞也拉响了紧急的警报。

咸通四年（863年），南诏国接连三次派兵进攻安南，攻陷了交趾。李漼虽然昏庸，却也知道不能丢掉国土。于是，李漼命令徐州节度使孟球召募了数千人前往救援。援军中的八百人负责驻守桂林。按照约定，这些驻守桂林的徐州士兵三年之后就可以返回苏北老家。

到了咸通六年的时候，这支驻守在桂林的部队，本该被通知返回家乡，但是时间到了却无人问津，虽然当初约定的三年期限已满，但是始终没有人来换防。中国人自古就把乡土看得比什么都重要，背井离乡的时候最为思念家乡，于是回家就成了压倒一切的首要任务。一年又一年，士兵们翘首以盼、望眼欲穿，就这样到了咸通九年。他们已经在桂林驻守了整整六年，但是依然被告知不能返回老家。

士兵们不死心，多次向将领请求返回徐州。当时的观察使是崔彦曾，士兵们能否回家，全靠他一句话。崔彦曾犹豫不决的时候，其他几位将领尹戡、杜璋、徐行俭却异口同声地要求士兵们再多驻守桂林一年。

苦苦等待了六年的士兵们再也无法忍受了，他们愤怒了。士兵当中，许佶和赵可立等九人以迅雷不及掩耳之势杀掉了都头王仲甫，然后拥立庞勋为都将，成为了这支部队的领导者。庞勋从桂林起兵，竟然一路打回了徐州。

李漼闻讯后，下令赦免庞勋所带领的这支军队。但是庞勋认为朝廷之所以赦免，是害怕在路上消灭不了起义军，一旦到了徐州，必然会下毒手。于是，庞勋拿出了个人积蓄，打造了盔甲和旗帜，把部队武装起来，乘船东下，过了浙西进入淮南。淮南节度使令狐绹因为没有得到命令诛杀庞勋一行，所以还派人来慰劳，送来了军粮和马匹的饲料。庞勋乘机召集散落在乡间的银刀军，把他们藏在船中，部队一下子多了几千人。

庞勋等人行至泗州，来到徐城。庞勋和许佶等对士兵们说："将士们，我们擅自回来，无非是思念家中的双亲和妻子儿女，听说朝廷秘密颁下了命令，令徐州本地的军队等我们到达后就杀身灭族，大丈夫与其自投罗网，为天下人耻笑，不如同心协力、赴汤蹈火，这样不但可以免除灾祸，还可以谋求富贵，大家觉得如何？"众人都表示赞同。

于是，庞勋要求把都押牙尹戡、教练使杜璋、兵马使徐行俭这三个令大家深恶痛绝的军将罢职，让自己麾下的士兵别置二营、共为一将，以保持自己的独立。朝廷没有接受庞勋的要求，派都虞侯元密为将，率兵三千人征讨庞勋。庞勋在山下列假人疑阵，悄悄地带着部队向符离方向进发。直到天黑了，元密才发现中计了，但害怕有埋伏，就退兵到城南，等到天亮才去追赶。此时，庞勋的军队已经到达符离，和宿州的五百名官兵在濉水上奋战。官兵们很快就溃败了，迅速地撤离，庞勋趁势直捣宿州。宿州当时由观察副使焦璐代为管理，城中已经没有军队。焦璐见到起义军来了，只得仓皇逃走。

庞勋的部队进入宿州城后，给百姓散发财米，选募壮丁，部队一下子又增加了数千人。元密带兵赶到后，在城外驻营。庞勋把城外的茅舍点燃，火势蔓延到官兵的营帐，然后带兵杀出城来，歼灭了官兵将近三百人。到了晚上，城里的百姓协助守城，庞勋集中城里的大船三百艘，装满了粮草，顺流而下。天亮之后，官兵们才发现庞勋已经离开了，急忙去追赶，他们发现庞勋的军船列于堤下，岸上的士兵见官兵来了，纷纷躲入堤坡。元密见状，以为庞勋临阵畏缩，于是驱兵进击，不料庞勋带兵从舟中杀出，两路夹攻，官兵大败，元密等诸将死于乱军之中，官兵死了大概一千人，其余的都投降了庞勋。

庞勋带着六七千人的部队，杀到徐州城。他们得到了百姓的拥护和帮助，攻下了徐州城，庞勋的声名大震，徐州城中愿意追随的人多达万人。庞勋趁势又攻下了几座城池，自以为天下无敌。于是开始设宴游玩，谋士劝谏他不听，跟他在桂州起兵的将士们也开始骄傲蛮横，夺人钱财，掠夺妇女，无恶不作。

朝廷派康承训率领七万士兵攻打起义军。起义军分兵四路，徐州留守的不过几千人，形势危急，庞勋把其他几路义军调来保卫徐州。康承训从沙陀借来三千骑兵作为前锋，冲锋陷阵，这些沙陀骑兵骁勇善战，起义军连连溃败，康承训逼近徐州，起义军损失了两万余人。

康承训乘胜追击，将起义军围在柳子镇，时值大风，官兵四面纵火，起义军几乎全军覆没。庞勋闻讯大惊，于是更改了旗帜，重新选了三万名壮士，庞勋亲自率领士兵出城，夜入丰县城，杀了两千名官兵，剩下的官兵连夜撤退了。庞勋乘丰县的胜利，带着五六万士兵向西攻打康承训的部队，康承训暗设伏兵，起义军中了埋伏，不战而败，损失了数万人。

新上任的徐州南面行营招讨使马举率领精兵三万人支援泗州。围攻泗州的起义军不知道官兵的数量有多少，不敢轻举妄动，于是收兵观察。马举纵火烧了起义军的大营，起义军死了数千人。

马举从泗州出兵攻打濠州，起义军将领刘行和守卫在这里。起义军大败，损失了数千人，营寨也被夷为平地。这时，朝廷又让神策将军宋威作为徐州西北面的诏讨使，将三万官兵屯于丰县和萧县之间，进攻徐州。

另一边，康承训攻克了临涣，接连拿下了襄城、留武、小睢等地。在官兵步步紧逼的情况下，起义军内部的矛盾日益暴露，一些士兵叛逃，躲进山林，劫杀起义军。康承训乘胜长驱，拔第城，进抵宿州西，筑城围困宿州。庞勋派一部分人镇守在徐州，亲率起义军两万人西征。康承训带着官兵攻城，起义军死伤数千人。康承训派人在城下喊话招安。城中的起义军见官兵攻城日紧，宿州危急，于是举城投降。

康承训的军师向他献计，让他到徐州之后，围而不攻，先向城里发起政治攻势，再让潜藏在城里的奸细打开城门，引官兵入城。康承训采纳了他的建议，按计行事，将城中的所有桂州戍卒的亲族全部逮捕，斩尽杀绝，死了上千人。

庞勋率领两万士兵奔袭宋州，攻陷南城，渡过汴河向南攻打亳州。康承训带着八万步兵追到亳州，庞勋被迫向西，由于粮草耗尽，将士们忍饥挨饿，近万名起义军都战死了，其余的全部投水溺死。起义军占据的城池纷纷失守，庞勋在与康承训的作战中失利，连连溃败。朝廷继续增兵，进逼徐州。

此时，庞勋的大将张玄捻叛变投降了康承训，引官兵围攻徐州，引诱起义军投降，徐州失守。庞勋西攻宋州、亳州，想要牵制住朝廷的兵力。但是接连失利，途中又遭到了沙陀骑兵的追击，他想折道返回彭城，却被沙陀骑兵追上，全军覆没，庞勋在突围中战死。至此，桂林戍兵起义失败。这次起义就像一条巨大的导火索，虽然很快被熄灭，但它却引爆了规模更大的黄巢起义。

迎佛骨，唱响末世挽歌

唐武宗李炎执政期间，由于沉溺于道教的长生不老之术，他发动了称为会昌法难的灭佛行动，使佛教遭到了一次灭顶之灾，就是会昌法难。但是正在灭佛活动愈演愈烈的时候，李炎突然得病死了，深受迫害的佛教徒们无不拍手称快，到处宣扬这是由于李炎灭佛激怒了佛祖，是他的恶行所至。继唐武宗李炎之后登上皇位的皇帝是李炎的叔叔唐宣宗李忱，也许是因为听信了佛教徒们散布的因果报应论，李忱把唐武宗灭佛进行了全盘的否定，在武宗时期得宠的道教却不幸遭到了灭顶之灾，曾经鼓动武宗灭佛的道士赵归真、刘元靖等人被李忱毫不留情地处死了。从此，佛教又重新开始复兴。

唐宣宗李忱的儿子唐懿宗李漼也是一个崇佛之人，而且比他的父亲有过之而无不及。自从他临朝开始，就开始在深宫大院里大摆水陆道场，请来各个著名寺院的高僧们在皇宫内作佛事。李漼还亲自到各地著名的寺院去查看武宗时期破坏的情况，下令对佛寺的布施要加倍，重整被毁的寺院建筑、佛像等。

由于李漼整日都在忙着处理佛教的恢复与发展问题，所以朝政也渐渐荒废了。许多大臣见了十分忧心，给李漼上奏折，请皇帝远离佛事，专心处理朝政，关心国家的社稷大事。有的大臣甚至说："当年韩愈因为阻止唐宪宗迎佛骨，已经得罪于他，遭到了贬官，如今又出现了这样的事情，我都想拿自己的官位来劝谏皇帝了。"

但是李漼根本不给他们以死谏言的机会，闭门埋头在深宫中创作迎佛骨大典上要用的梵呗。李漼在佛教方面颇有造诣，他经常把佛事活动放在宫中进行，因为这样比较方便，而且显得更为庄重。李漼还很喜欢创作，他和宫廷内的伶人高手训练了一支由数百名宫人组成的四方菩萨蛮队，作菩萨舞，如佛降生。每逢佛祖降生的纪念日，宫中也会大肆庆贺，到处张灯结彩，香烟缭绕，诵经念佛的声音不绝于耳，僧人们遍布皇宫各处。

咸通十四年（873 年），唐懿宗李漼久病不愈，他觉得自己的身体每况愈下，十分焦虑，在寻医问药无果后，就准备把自己的命运托付给佛祖，想要将佛祖的舍利子迎到宫中，每日供奉。李漼刚下了诏书，就遭到了群臣的反对，纷纷来劝谏他收回成命。文武百官都觉得迎佛骨劳民伤财，而且唐宪宗李纯也曾经迎佛骨入宫，但是没多久就病死了，可见这个举动十分不祥。但是李漼根本听不进大臣们的话，依旧固执己见，他说："朕心已决，众位爱卿们不必多言，朕要真能活着见到佛骨，就算看完马上死了也没什么好遗憾的。"

于是，一场盛况空前的奉迎佛骨大典即将开始了。李漼在奉迎佛骨前，下令用金银制成宝帐，用孔雀羽毛装饰宝刹，用大量的珊瑚、珍珠、玛瑙缀为幡幢。宝刹小的有一丈高，大的高达二丈。在李漼的亲自安排下，整座长安城倾城而出，百姓们排着队，载歌载舞地前往法门寺。由于宝刹很重，抬着走要用轿夫数百人，随行的幡队、伞队也是数以万计，连绵了二十多里。从长安城的开远门到法门寺，一路上人山人海水泄不通，诵经之声响彻天地。整个长安城都沉浸在一片崇佛的狂潮中。李漼身穿华服，亲自到佛寺恭迎佛骨，顶礼下拜，看到佛骨的时候，甚至还泣不成声。佛骨先是被迎入皇宫，精心地供奉起来。三天之后，佛骨才从宫中请出，安放在安国寺里，供百姓们参观瞻仰。

在天子的感染之下，长安城几天内都沉浸在一片狂热之中。有一名城中的卫兵，为了表达自己对佛祖的崇敬，竟然在佛骨前砍断了自己的左臂，用右手拿着断臂，走一步，一叩首，血流满地；有个高僧头顶一堆燃烧的杂草，头部被烧得焦烂也不为所动，哭卧在佛骨之前；有的人用牙齿咬断了手指，在佛骨前发誓许愿；还有的人用手肘和膝盖着地，爬着迎送佛骨，衣服都被磨烂了。百姓们都互相比着谁对佛祖更为虔诚，做出了各种让人意想不到的行为，整座长安城都进入了一种癫狂的状态。

表面上，李漼打着为百姓祈福的幌子迎奉佛骨，但他的真实目的却是为被疾病缠身的自己祈求福气，希望自己能够恢复健康，平安长寿。但是佛祖的舍利子并没有给李漼带来福气。就在迎奉佛骨入宫之后的不久，刚满四十岁的李漼就离开了人世，如同这次场面豪华的迎佛骨活动一样，昙花一现，长安百姓崇佛的高潮终于告一段落。

此后，李氏家族的统治几乎名存实亡，耗资巨大的迎佛骨活动导致国库空虚，为了充盈国库，只能剥削百姓，加重赋税，各个地区的农民起义此起彼伏，藩镇割据愈演愈烈，李漼迎奉佛骨的活动成为了最后的辉煌表演。

昔日繁荣昌盛的大唐王朝已经不堪重负、摇摇欲坠，曾经的一代盛世只剩下残阳败柳。唐僖宗在位时，李氏政权已经处于风雨飘摇之中，为了避难，他两度逃离长安；唐昭宗在位十六年，最终迁都洛阳；唐昭宗最为凄惨，被宦官杀死在寝宫里。唐僖宗、唐昭宗、唐哀帝三位李唐王朝的末世天子，面对崩裂的江山，即使有心挽救也无力改变。至此，李氏王朝的统治彻底终结，天下开始改名更姓。

第十二章

丧钟敲响，李唐王朝终归西

第十二章
丧钟敲响，李唐王朝终归西
．．．．．．

王仙芝、黄巢揭竿起义

在裘甫起义、桂林戍兵起义失败以后，社会矛盾和阶级矛盾并没有得到缓解。唐懿宗并没有吸取教训，依然不思进取、骄奢淫逸，宠信那些善于溜须拍马的奸臣，贬谪那些直言进谏的忠臣。

后来，在位十四年的唐懿宗病逝，宦官刘行深、韩文约杀长立幼，拥立唐懿宗的第五个儿子，当时只有十二岁的普王李俨为帝，李俨就是后来的唐僖宗李儇。这个小皇帝整天沉溺在玩乐中，对朝廷事务根本不管不顾，把政事全都委托给他从普王府带来的左神策中尉田令孜。

在刘行深和韩文约被封为国公之后的不久，关东和河南发了大水。在前朝权倾朝野的两位宰相韦保衡和路岩接连被贬，韦保衡后来又被赐自尽。就这样，一个真正属于唐僖宗李儇的朝廷诞生了。

翰林学士卢携给皇帝写了一封奏折，他在奏折中满怀深情地诉说了从虢州到海边发生的大旱灾给百姓带来的苦难，百姓们辛苦种的粮食受到旱灾的影响几乎颗粒无收，饿殍遍野，槐树叶竟然也被当成了粮食，百姓们把树叶磨成粉来充饥。在这样的情况下，州县的官吏仍然催缴钱粮，但百姓就是拆卖房屋，卖妻卖子，能拿出的钱也仅能交上部分的税钱，而且在租税之外，还有繁重的徭役。卢携希望朝廷可以下令让受灾的州县暂时停止一切租税和徭役，让百姓休养生息，尽快采取措施缓解当前旱灾造成的惨状。尽管朝廷采纳了卢携的建议，但是州县并没有采取行动，朝廷也没有去跟进建议的实行情况，所以卢携的建议成了一纸空文。

于是，平地一声雷，很多被逼得走投无路的贫民百姓纷纷揭竿而起。其中，王仙芝在长垣率领三千民众起兵，攻破了曹州、濮州，俘虏了数万人，名声大振。王仙芝是濮州人，以贩私盐为生，常年奔走各地，为了抗拒官府的查缉，他练就了一身武艺。他发出檄文，自称均平天补大将军、兼海内诸豪都统，将矛头直指朝廷的那些贪官污吏和繁重的赋税、徭役，他和之前的裴甫一样，也是希望可以建立一个公平的社会。

随后，冤句人黄巢也率领数千人起兵，响应王仙芝。黄巢家中世代以贩卖私盐为业，家境十分富足。他善于剑术、马术、射箭，很有诗才。黄巢五岁的时候，父亲以菊花作诗，黄巢的祖父想了半天都没有思绪，黄巢随口说道："堪于百花为总首，自然天赐赫黄衣。"父亲责怪他插嘴，没有礼貌，想打他。黄巢的祖父却说："不要责怪他，既然孙儿能作诗，那就再让他写一首吧。"黄巢出口成诗："飒飒西风满院栽，蕊寒香冷蝶难来。他年我若为青帝，报与桃花一处开。"祖父和父亲听了都觉得写得很好，对这么小的孩子就能出口成诗感到十分惊讶。黄巢成年后曾几次应试进士科，但最后都名落孙山，他气愤地写了一首《不第后赋菊》："待到秋来九月八，我花开后百花杀。冲天香阵透长安，满城尽带黄金甲。"写完后便离开了长安，继承祖业成为了盐帮首领。

王仙芝和黄巢的两支队伍汇合之后，转战山东、河南一带，接连攻下了许多州县，名声越来越大，赢得了很多百姓的支持和响应。

进攻山东的时候，由于那里很久没有过战乱了，士兵们都不熟悉战争，面对突然爆发的起义军，节节退败。起义军就这样纵横山东，无人能敌。朝廷看到这种局面，十分恐慌，任命宋威和曾元裕一起统帅河南诸镇的兵马剿杀起义军。起义军的人员都是普通的平民百姓，并没有受到过正规训练，所以在面对真正组织起来的正规军队后，在沂州遭遇了惨败，王仙芝和黄巢等人逃到了别的地方，不知去向。但是朝廷的军队打了胜仗之后，没有继续乘胜追击，宋威向朝廷报告说王仙芝等人已经被杀死了，剩下的起义军残余已经不足为患，还下令让麾下的士兵返回青州休息。

没想到，几天之后起义军再次出动，朝廷马上下令让在青州休息的士兵们去剿灭起义军，士兵都不想再打仗了，有的士兵逃走了，有的甚至还想到了叛乱。于是，起义军趁此大好时机，迅速转战河南，出击郏城，不出十天就攻破了八个县，接着攻破汝州，围攻郑州，东都洛阳因此受到了很大的威胁，洛阳的文武百官都纷纷出逃，朝廷派出了大批的军队驻守在洛阳。

起义军的力量虽然得到了壮大，但进攻洛阳还为时尚早，也不足以和朝廷的军队一决胜负，只得采取流动战术，避开朝廷军队的主力，转战于邓州一带，分兵多路，四处出击，面对朝廷军队的追击，起义军又向南转战到申州一带，分兵攻击随州、舒州等地，起义军的队伍越来越壮大。

在唐懿宗执政的中期，镇守在桂林的官兵因为长期不能更换而滞留在那里，官兵回不了家，因此意见很大，在庞勋的率领下，北上返回中原，占据徐州、宿州一带，康承训率军与庞勋对峙苦战了几个月，朝廷甚至向沙陀李国昌、李克用父子借兵，才最终平定了这场兵变。然而，康承训在平定叛乱后不久，却因为作战不力的原由被贬。朝廷对待功臣的态度让宋威等人心惊胆寒。于是，当起义军纵横南北的时候，宋威一边向朝廷上奏说起义军不成气候，没什么好担心的，一边跟随在起义军的后面，不再积极作战。宋威私下里跟曾元裕说："当初庞勋被平定后，康承训完成了任务之后没有用了，就被判了罪。如果咱们成功平定了这帮叛贼，以后遇到祸事还是无法幸免于难啊，还不如留着这些叛贼，要是王仙芝或者黄巢等人以后有幸改朝换代，成了天子，那咱们也算是功臣呢！"

朝廷看到叛军一直十分猖狂，自然也猜到了缘由，不久之后便用崔安潜、李琢、张自勉统帅军队追剿起义军，让他们取代了宋威和曾元裕。

王仙芝和黄巢率领的叛军进攻到蕲州、黄州一带，蕲州的刺史裴渥无法抵抗，连连溃败，于是他答应为王仙芝上表朝廷求官，让他们答应暂停战争，邀请王仙芝和黄巢等人一同赴宴。没过多久，朝廷就封王仙芝为左神策军押牙，王仙芝觉得很受用，开始有些动摇了，甚至想要放弃起义，归降朝廷，接受官职。朝廷只封了王仙芝，却没有赏赐黄巢，黄巢十分生气，就对王仙芝说："当初我们一起立下誓言，要一起并肩作战，替天行道，现在你却想扔下起义军自己去当官，你真的忍心这样做吗？"王仙芝听了这番话没有一点反应，黄巢怒火中烧，打了王仙芝一拳。因为黄巢的强烈反对，以及士兵们的抗议，王仙芝只好拒绝了归顺朝廷。在这之后，黄巢与王仙芝分道扬镳，开始分兵作战。

后来，王仙芝兵败被杀，他的余众一部分南下，在江浙一带活动，另一部分则北上与黄巢会师。大家推举黄巢为黄王，号称"冲天大将军"，改元王霸，并设官分职。

好日子没过多久，黄巢就受到了重挫。他派去攻打江西的兵马被剿灭；进攻新郑、郏城、襄城、阳翟的兵马被打退；进攻浙西的兵马被攻击，死伤者众多，可谓是损兵又折将。黄巢感到十分沮丧，于是向朝廷乞降，被任命为右卫将军。

但是黄巢的野心很大，一个小小的将军根本满足不了他，于是他再次反叛。黄巢的起义军转战各地多年，在占领了广州之后，把那里作为反抗唐朝统治的根据地。但是这里忽然开始流行疫病，不少起义军将士染病而亡。黄巢率领军队离开广州，向西北进发，攻取了桂州，控制了岭南全境，并在江浙一带取得胜利。起义军渡过淮河，进抵洛阳城下。在攻占洛阳之后，黄巢继续向关中挺进，一举破关后，直捣长安。当时执政的唐僖宗仓皇而逃，黄巢带领的起义军没有受到任何抵抗就顺利进入了长安。黄巢进入太清宫后，在含元殿登基为帝，国号大齐，并大赦天下。

中和二年（882 年），朱温变节降唐，朝廷的军队从四面八方会聚而来，起义军节节败退，粮草也消耗殆尽，陷入了绝境。朝廷的军队攻入长安，黄巢数战不胜，连夜撤离。在泰山狼虎谷的襄王村，黄巢与朝廷的军队进行了殊死决战，却屡战不胜。绝望中，黄巢知道大势已去，便自刎而死，这场长达十一年之久的唐末农民起义就此画上了句号。

阿父掌权，山河日下

在大唐王朝最后的几十年历史中，宦官专权愈演愈烈，有的宦官甚至可以决定天子的废立。在唐僖宗李儇执政期间，就有这样一位权倾朝野的宦官，被李儇称为"阿父"的宦官田令孜。

刚入宫的时候，田令孜的地位十分卑贱，但是因为他读过很多书，很有智谋。所以，李儇还是普王的时候，与田令孜就十分要好，两个人经常在一起玩耍。

李儇即位后，马上就提拔田令孜当枢密使，田令孜就这样从一个微不足道的小宦官，摇身一变成为四贵之一，四贵就是两枢密使和两神策军中尉。没过多久，李儇又提拔田令孜为神策军中尉，也就是禁军统领。当时年仅十二岁的李儇，将政务全部委托给田令孜，称田令孜为阿父。田令孜凭借小皇帝李儇对自己的充分信任，成为当时朝廷里的中心人物。

　　田令孜手中掌握了大权，任命官吏或者赐予爵位，不需要向李儇汇报，自己就可以决定。所以，如果有人想做官，就得给田令孜行贿送礼。田令孜还竭力培植自己的党羽，让他们各统一军，号称随驾五都。田令孜有个哥哥叫陈敬瑄，地位十分卑贱，曾经是个卖烧饼的师傅。崔安潜镇守许昌的时候，田令孜为哥哥讨求兵马使的职务，兵马使可以掌握军队，十分有权力，但是崔安潜没有答应。田令孜就让哥哥在左神策军供职，只过了短短几年又把他提升到大将军的职位。田令孜为了培养自己的亲信，向李儇奏请让陈敬瑄和左神策军大将军杨师立、牛勖、罗元杲等人镇守三川。李儇喜欢玩乐，他让这几个人击球来赌三川，以赌球的输赢名次来任命封疆大臣。最后陈敬瑄得了第一名，被任命为西川节度使，代替西川节度使崔安潜的职务，杨师立为东川节度使，牛勖为山南西道节度使。陈敬瑄的任命消息传到了成都，人们都十分惊讶，不知道这个陈敬瑄是何许人也。

　　当李儇还在成都的时候，护驾的除了身边的侍卫，还有当地的蜀军。最初，田令孜对护驾的军队和蜀军同等看待，但是等到局势安定下来后，就不再看重蜀军了，很多恩惠赏赐都取消了，蜀军眼睁睁地看着自己的待遇越来越差，而护驾的军队不仅粮饷多，衣食住行也好，于是怨声载道，很多人开始抗议。为了稳定局面，田令孜特意为蜀军的将领举行了一场宴会，这次宴会的酒杯都是金子做的，喝完酒，田令孜把这些杯子都赏赐给了蜀军将领，想要收买他们。但是有一位叫郭琪的将领却没有收，而是跟田令孜建议提高蜀军士兵的待遇。田令孜十分生气，觉得他不识抬举，质问他有何功劳敢提条件。没想到郭琪竟然真的列举了自己的赫赫战功，让田令孜无言以对。田令孜怒火中烧，但是没有表现出来，而是假装热情地给郭琪倒了一杯酒，要他一定要喝下，郭琪知道这杯酒一定有问题，但是又不好不喝。喝完酒之后，他立刻借口去厕所，出去吐出了毒酒，才保住了性命。郭琪见田令孜如此狠毒，率领自己的部下造反，田令孜派军队反击，郭琪寡不敌众，逃出了成都，用计诈死，避开了田令孜的追击。

因为田令孜太过猖狂，一个叫孟昭图的大臣实在看不过去了，就给皇帝写了一封奏折，奏折里抱怨皇帝太过信任宦官却疏远外臣。但是这封奏折皇帝是看不到的，第一个看到的人是田令孜，田令孜暗中截下了这封奏折，把孟昭图贬出了成都，派人在路上害死他。

黄巢起义后的几年，在朝廷军队的联合进攻下，连连溃败，逃出长安。田令孜把收复长安的功劳记在宦官的头上，说是宦官杨复光请沙陀首领李克用进军长安，才把黄巢打败，长安才得以收复的。在平定叛乱中冲锋陷阵的中书令王铎却被说成是讨伐黄巢久战无功，贬为义成节度使。尽管田令孜向着宦官杨复光，但是又怕他的功劳太大，日后会对自己产生威胁，所以故意减少对杨复光的奖赏，夸大自己的功劳，说是自己一直悉心保护传国玉玺，对保卫大唐江山起到了决定性的作用。他还指使宰相和藩镇为自己请功加赏，于是李儇就大大赏赐了田令孜，给他升官进爵。

大权在手的田令孜骄横跋扈，连皇帝都敢管，李儇不能有自己的决断，事事都得听从阿父田令孜的指令。李儇忍无可忍，终于意识到自己只不过是个傀儡而已。

黄巢之乱平定后，唐僖宗李儇回到了长安。当时的藩镇割据局面已经在战争中形成，藩镇不再向朝廷上供，朝廷的庞大开销与财政收入发生了严重的矛盾。田令孜想通过剥夺藩镇的利益来解决矛盾，但是却激起了藩镇与朝廷的更加严重的冲突。河中节度使王重荣独占境内安邑、解县两盐池之利，每年只献盐三十车以供国用。田令孜建议李儇将两座盐池收归国有，让他当盐使，把所得的利润供应军队的开支。但是王重荣不愿意交出盐池，于是上书抗辩，说田令孜离间君臣关系，列举了田令孜的十大罪状。田令孜派出军队讨伐王重荣，王重荣向李克用求救，两个人一起上书李儇请求处死田令孜，但是李儇没有同意。李克用率领军队攻入长安，大肆烧杀抢掠，长安城在被黄巢焚烧后，又一次遭到了严重的破坏。李克用与王重荣再一次上书，以退兵为条件请求李儇处死田令孜。李儇见情况越来越糟糕，重新起用了杨复恭为枢密使。虽然李儇因为过去的情谊没有杀了田令孜，但是已经不再信任田令孜。

田令孜此时已经势衰力孤，但是仍然想继续控制李儇，作为保护自己的屏障，所以劫持他逃往宝鸡。大部分的朝廷官员都很痛恨田令孜，于是率兵进攻宝鸡，田令孜又带着李儇逃往汉中。光启二年（886年），襄王李煴被挟持到长安立为傀儡皇帝，改元建贞，唐僖宗李儇被尊为太上元皇圣帝。失势的田令孜知道自己已经不为天下所容，只好让位给杨复恭，到成都去投靠哥哥陈敬瑄。

文德元年（888年），唐僖宗李儇因病驾崩，年仅二十七岁。杨复恭立寿王李晔为帝，就是唐昭宗。杨复恭代替了田令孜担任观军容使，把田令孜的干儿子王建调出来担任壁州刺史。可是王建夺取了利州，自命为防御使，又攻占了很多地方。唐昭宗李晔无法阻止，只好在这些地方设置永平军，任命王建为节度使。

田令孜想和王建联合对抗朝廷，就写了一封信给他，王建很高兴，但是不知为什么，田令孜后来又反悔了。王建对此十分愤怒，就率兵包围了田令孜所在的城池。田令孜登上城楼向王建道歉，问他为什么要把城围困住。王建说："我也不想这样，只要义父您改变自己的打算，那么我们父子之间仍然可以像当初一样和谐相处。"田令孜要求和王建面谈，王建答应了。当天晚上，田令孜来到了王建的军营，王建却把田令孜和陈敬瑄抓起来，关在了碧鸡坊。

两年之后，田令孜和陈敬瑄在同一天被处死。临刑前，田令孜把丝绢撕成条，结成了绳索，交给行刑的人，教行刑的人如何用绳索行刑。田令孜叹了一口气说："哎，我曾经风光一时，担任了十军的观军容使，现在虽然要赴死了，但还是要有一定的规矩。"一个曾经权倾朝野的大宦官，就这样死在了自己亲手扶植起来的干儿子手里。

宦官干政的终结

在唐昭宗李晔即位之初，除了藩镇势力的扩大，最主要的问题就是宦官干政，此时的宦官头目就是力排众议拥立他登上皇位的杨复恭。

杨复恭是枢密使杨玄翼的养子，宦官杨复光的堂兄，他家世代都是十分有权势的宦官，从小就进入宫中任职。唐僖宗李儇在位期间，爆发了长达十几年的农民起义。王仙芝和黄巢领导起义军攻克了东都洛阳，又拿下了长安，宣布建立大齐政权。李儇在田令孜的挟持下，仓皇逃往成都。此后，田令孜专权，杨复恭称病退隐。在田令孜失势后，杨复恭又重新复出，他惩处了一批田令孜的心腹和爪牙，深得民意军心。后来，朱玫、李昌符等朝官拥立襄王李煴为帝，在杨复恭的周旋下，他的养子杨守亮率领军队与王重荣和李克用共同讨伐朱玫，朱玫最后被自己的部将王行瑜斩杀，李煴被王重荣所杀。

唐僖宗李儇驾崩后，杨复恭拥立李晔登基，但是李晔并没有像唐僖宗李儇信赖田令孜那样信赖杨复恭。李晔表面上对杨复恭十分尊敬，但是又尽量回避与杨复恭的接触，更不会和他商议政事。李晔还经常和大臣们探讨如何才能限制宦官，提高自己的权力。

有一次，李晔的舅舅王瑰要求出任节度使，李晔问杨复恭能否予以任命，杨复恭对李晔说："陛下，吕产、吕禄败坏了汉朝，武三思败坏了唐朝，所以外戚一定不能当封疆大吏，您可以封他个闲职，否则怕他有了地盘之后，不再听朝廷的指挥。"但是李晔还是让舅舅王瑰出任了黔南节度使，杨复恭担心王瑰会和自己争权夺势，在他赴任的途中，派自己的亲信把王瑰所乘的船弄沉，王瑰一家和仆人全部淹死。事后，杨复恭对皇帝说王瑰是因为船出了故障所以不幸遇难的。当李晔得知了王瑰的真正死因后，对杨复恭深恶痛绝。所以无论是对权力的争夺，还是私人恩怨，杨复恭都成为了李晔心中的最大敌人，因此李晔下决心要将他除掉。

杨复恭为了巩固自己的权力，通过收干儿子培养了很多党羽，他将几百个宦官干儿子派往各地做监军，牢牢控制住军队，又认了很多朝廷官员当干儿子，将他们派往各地担任刺史，从而把持地方政权，号称外宅郎君。为了除掉杨复恭，李晔对杨复恭的干儿子们进行拉拢，用离间计挑拨双方的矛盾，以便趁机除掉杨复恭。

杨复恭有个干儿子叫杨守立，本名胡弘立，是天威军使，脾气十分火爆，士兵们都很害怕他。但是杨守立对义父杨复恭十分尊敬，两个人的关系非常好。唐昭宗李晔想利用杨守立来打压杨复恭，他对杨复恭说："你的义子杨守立英勇善战，我想让他来宫中担任守卫，你带他来吧。"杨复恭见自己的干儿子受到皇帝的赏识，十分高兴，很快就把杨守立领进宫。李晔封杨守立统领六军，赐姓李，赐名顺节。杨守立为了博得皇帝的欢心，经常向李晔打小报告，揭发义父杨复恭的种种不法行为。杨复恭发现自己的干儿子开始和自己争权夺势了，心里十分气愤。

有一天，李晔和宰相们正在大殿上商量镇压藩镇的事情，杨复恭有事要面见皇帝，他说自己的身体不好，不能走太多路，让轿夫把轿子抬到了大殿上，到皇帝跟前才下轿。宰相孔纬看不过去了，便对李晔说："陛下，您身边就有反叛之人，何况那些鞭长莫及的地方？"李晔听到后假装吃惊地问："爱卿，我不懂你的意思，你说的反叛之人在哪里呢？"孔纬指着杨复恭说："陛下，此人近在眼前，就是他！"杨复恭惊慌失措，连忙说："臣对陛下忠心耿耿，岂是叛逆之人？"孔纬接着说："陛

第十二章
丧钟敲响，李唐王朝终归西

下，杨复恭不过是个奴才，竟然坐着轿子直接来到大殿上，这是对你的不尊敬，而且他还广结党羽，到处认干儿子，其中有很多人掌管禁军或者担任节度使，这不是明显的要造反吗？"杨复恭辩解道："我收养义子是为了广收人心，更好地辅佐皇帝，怎么能说是要造反呢？"李晔厉声说："你说是为了收拢人心替国家着想，但是为什么让他们姓杨而不姓李呢？"杨复恭无言以对，面红耳赤。从此，杨复恭和唐昭宗李晔之间的矛盾就公开化了。

杨复恭看皇帝对自己的态度越来越不好了，恼羞成怒，写信给在各地的干儿子们，让他们拥兵自立，不再给朝廷进贡。龙剑节度使杨守贞和洋州节度使杨守忠听了义父的话，开始不向朝廷进贡，还上书攻击李晔昏庸不作为。李晔作为报复，夺了杨复恭的兵权，派他到凤翔去做监军。杨复恭违抗圣旨，留在长安不上任，上奏要求回家养老，本来他只打算用这个理由要挟李晔收回成命，谁知李晔竟然同意了他的请求，免去了他的官职，只给他留了一个上将军的空闲职位，让他回家颐养天年。杨复恭要挟不成，反而失去了兵权，异常痛恨李晔，派人将传旨的使臣杀死在归途中，然后逃到山中隐居。不久之后，耐不住寂寞的杨复恭又回到长安的官邸，他的官邸距离玉山军营很近，他的干儿子杨守信是玉山军使，经常到家中来探望他，于是他把杨守信叫到家中，一起商议下一步的计划。杨复恭还给他的侄子兴元节度使杨守亮写信，说唐昭宗李晔对不起自己，忘恩负义，不仅不知道知恩图报，还百般刁难他，后悔当初拥立他登基。他指示杨守亮要囤积粮草，积极练兵，不要给朝廷进贡，公开和李晔对抗。

有人得知了杨复恭的动向，向李晔密报了杨复恭同杨守信和杨守亮合谋造反。李晔把以往搜集到的关于杨复恭的罪证连同谋反的消息一同公布，派人带兵去逮捕杨复恭。杨复恭违抗圣旨，抵抗官兵，杨守信也带兵前来助战，双方大战了一天一夜。守卫城门的禁军想趁乱打劫，李晔对此早有准备，命令宰相刘崇望率领兵马守护财物，防止有人抢劫。刘崇望看到禁军的所作所为，厉声斥责道："如今圣上正在亲自督战，你们都是拿朝廷俸禄的守卫之人，应当前去杀贼立功，你们趁火打劫，难道不觉得羞愧吗？"将士们听了之后都表示愿意跟着刘崇望前去助战。

杨复恭看到刘崇望带兵增援，知道自己再继续对抗下去如同以卵击石，于是带领全家出逃到兴元。杨复恭出逃后，李顺节也失去了利用价值，李晔命令两军中尉铲除李顺节，两军中尉以皇帝的名义诏李顺节入宫，李顺节在宫门处被侍卫拦住，扣押了他随行的三百余名士兵，只让李顺节一个人进宫，李顺节一进宫，就被埋伏的士兵杀掉了。

杨复恭到了兴元之后，集中兵力向朝廷开战，李晔借助各地节度使的力量和杨复恭对抗。经过一年多的战斗，杨复恭的军队被节度使李茂贞打败逃亡到别的地方，在路途中被捉，当即被斩首。

杨复恭死后，唐昭宗李晔夺回了朝廷的政权，一鼓作气地狠狠打击了多年以来骄横跋扈的宦官们，使宦官势力遭到了重创，宦官干政得以终结。

初伐强藩，见欺茂贞

唐僖宗李儇执政时期，中央禁军已经被彻底摧毁了。所以到了唐昭宗李晔执政时期，藩镇的势力已经极度猖獗，几乎到了失控的局面。面对这种情况，李晔意识到朝廷孱弱是因为没有一支足够强大，可以用来震慑藩镇的军队，所以才导致藩镇各自拥兵，不把朝廷放在眼里。因此，他即位之后，就开始招兵买马、扩充禁军，召集了十万兵马，想要通过武力来收回李唐河山。

第十二章
丧钟敲响，李唐王朝终归西
· · · · · · ·

在禁军初步组建好之后，李晔便开始集中兵力对抗藩镇。他下诏剥夺了陈敬瑄的官爵，任命韦昭度担任行营招讨使，让他率兵出征，让山南西道节度使杨守亮、东川节度使顾彦朗协助韦昭度，同时新设了永平军，让王建担任节度使和指挥使。

讨伐西川的战斗开始了，但是这次战斗进行得并不顺利，杨守亮和顾彦朗各自有一方领地需要镇守，所以抽不出太多的兵力，负责领兵的韦昭度又是个文人，不懂得调度兵马、安排战局，再加上禁军刚刚组建，没有进行过系统的训练，所以人数虽多，却不堪大战。在这种情形下，王建成为讨伐西川之役的主力军，但是王建已经得到了朝廷的封地和奖赏，所以并不急着和陈敬瑄速战速决，他一边扩充自己的兵力，一边四处游说、收买人心，他将这些人收拢在自己的麾下，兵力和声势大大增长了。经过几年的征战，除了成都，整个西川基本上都被王建掌控了。当朝廷召回征讨西川的军队时，王建的羽翼已经丰满，所以没有跟随韦昭度回长安，而是选择留在了西川，自立门户。

除了西川之役，同时进行的还有河东之役。朱温、李匡威、赫连铎联手打败了当时的河东节度使李克用。李克用出身沙陀贵族，他曾经帮助唐朝消灭了黄巢的起义军，为兴复唐室立下了汗马功劳，也曾经带兵攻打过长安，逼迫唐僖宗李儇再度流亡他地，唐昭宗李晔也为此饱受颠沛之苦，而且当时对朝廷威胁最大的几股藩镇势力中，李克用的军队最为强大。李克用的兵马不仅数量多，而且士兵都训练有素，兵强马壮，实力不可小觑。

李晔即位后一直想要削弱强藩势力，首先就将李克用列为了攻打的对象，但是当时的中央禁军不仅人数不多，也缺乏训练，根本无法与李克用的军队相抗衡，只能借助其他藩镇的力量。所以这次战斗的胜利，令李晔十分欣喜。

第一次战斗结束后，朱温、李匡威、赫连铎三人上书李晔，表示希望继续攻打李克用，李克用不除终是大患。李晔接到奏章后很高兴，李克用是他的一块大心病，如果真的能把他彻底铲除那是再好不过的事情了，但是李晔也有一些担心，毕竟李克用在黄巢起义中为李唐王室立下了赫赫战功，这次趁着李克用大败而归再次去讨伐，有点趁人之危的感觉，更重要的是，这次能否再像上次一样打败李克用还是个未知数，一旦李克用胜利了，那李晔将会落入非常不利的境地。李晔一时难以决断，就召开了殿前会议，让三省和御史台的四品以上官员一起商讨这件事，没想到除了个别大臣同意之外，绝大部分的大臣都反对再次攻打李克用。但是胜利的诱惑实在是太大了，李晔最终还是决定再次讨伐李克用。他任命宰相张浚为行营都招讨，又任命了几个节度使为招讨使，组成了一个讨伐联军。

李克用听说了这件事，他觉得张浚所率领的中央禁军是乌合之众，根本不足挂齿，朱温虽然实力比较强，但是由于敌人众多，无法全力进攻，也不会构成重大的威胁，只有李匡威和赫连铎所率领的军队才值得留意。李克用派了少数人马去对付张浚和朱温，自己则率领主力部队抵御李匡威和赫连铎。张浚好大喜功，他生怕被同去的几个节度使抢去功劳，于是不顾自己率领的中央禁军实力微弱，莽撞向前，遇到了号称河东第一猛将的李存孝。李存孝带的军队不多，但是面对比自己数量多十倍的禁军却丝毫没有惊慌，他设下了一个圈套，诱使张浚的前锋中了埋伏，于是轻而易举地活捉了张浚的前锋官。张浚军的失利，大大挫伤了联军的士气，朱温的军队也接连打了几个败仗，李匡威和赫连铎虽然一开始还算顺利，但是李克用率领的主力部队赶到后，他们就难以抵挡了，狼狈逃走，损失了一万多的兵马，李匡威的儿子和赫连铎的女婿成了李克用的俘虏。打败了李匡威和赫连铎之后，李克用率领大军击溃了张浚的军队，河东战役就这样结束了。

中央禁军在这一战中损失殆尽，唐昭宗李晔面对这样的结果十分懊

第十二章
丧钟敲响，李唐王朝终归西
· · · · · ·

悔，自己即位后为了削藩所做的所有努力全都付之东流了。西川之役虽然消灭了田令孜，但是却失去了西川，让王建在那里建立了自己的独立王国。朱温在战役中坐收渔翁之利，帮助李晔打仗提高了声望，李克用被削弱也解除了一定的威胁，朱温得以集中精力去消灭周围的其他势力，从此实力一天天壮大起来，成为了中原的霸主。

这两次战役的失败使李晔的威望损失殆尽，攻打李克用的失败使藩镇对朝廷更为藐视，其中最为可怕的对手就是李茂贞。李茂贞是陇西郡王，势力很大，甚至有当皇帝的野心。朝中一些大臣认为他太过狂傲，便对他加以指责，李茂贞则会立刻反击。还有一些大臣为了巩固自己的权势，和李茂贞联合对抗其他大臣，这使得李茂贞更为骄横，根本不把唐昭宗李晔放在眼里。

李茂贞曾在给唐昭宗李晔的信中嘲笑了朝廷对藩镇的软弱态度："未审乘舆播越，自此何之！"李晔看了勃然大怒，召来宰相杜让能一起商议如何惩罚李茂贞，杜让能说："陛下，您登基不久，现在国难还没有平定，李茂贞近在咫尺，我觉得不应该跟他结怨，万一打不败他，到时候后悔都来不及了。"李晔很生气，对杜让能说："现在王室的威望越来越低了，自从打了几次败仗，将士们都万分愤痛，朕不能因为失败就任人侮辱，你只管为朕调兵输饷，朕自会委托诸王用兵，就算失败了也与你没有关系，你不必多虑。"

于是战争打响了，但是朝廷的军队最终还是以失败告终，李茂贞领兵来到长安兴师问罪。宰相杜让能站出来，用性命为唐昭宗李晔顶罪，让他逃过了一劫，但是自此大臣们和李晔更为疏远了。

李茂贞在杀死了宰相杜让能之后，更加肆无忌惮，指使宦官杀死了另一个宰相崔绍纬，再次移师长安，唐昭宗李晔被迫逃往河东去寻求李克用的庇护，但是走到半路却被李茂贞的盟友华州刺史韩建追上，韩建恐吓李晔说："你的车马一旦渡过河去，就再也回不来了。"李晔在韩建

的挟持下抵达华州，被幽禁了将近三年，其间皇室宗亲覃王嗣周、延王
戒丕、通王滋、沂王禋、彭王惕、丹王允、韶王、陈王、韩王、济王、
睦王等十一人都惨遭杀害。

朱温占据了东都洛阳，局势发生了巨大的变化。李茂贞、韩建和李
克用三人为了抵御朱温，暂时建立起了联盟，他们宁可让唐昭宗李晔重
新回到长安，也不能让他落到朱温手里。于是李茂贞、韩建、李克用三
人将李晔接回长安，同时宣布改元光化。

回到长安之后，宦官和官僚们之间的旧矛盾又引起了另一场危机。
中尉刘季述等宦官策划要废黜唐昭宗李晔，拥立太子登基。他们将李晔
关在了少阳院，为了防止李晔逃跑，又将铁溶化后浇在锁上，每天的饭
食从墙跟挖的小洞里送进去，从此李晔就与世隔绝了。宦官们害怕李克
用、李茂贞、韩建等人会兴师问罪，就将包袱抛给了朱温，但是朱温不
想在残酷的宫廷政治中使自己陷得太深，他派人将实行政变的宦官们一
个个都暗杀了，拥立李晔复位，改元天复，朱温被封为梁王。李茂贞听
说唐昭宗李晔复位了，特意从凤翔赶到长安，厚颜无耻地请求加封岐王。

宰相崔胤想借朱温的力量诛杀宦官，于是宦官韩全诲和李茂贞联合，
让李茂贞将兵马驻守在京城，保护长安。半年后，朱温领兵讨伐韩全诲，
韩全诲带着李晔逃到了凤翔。朱温紧追不舍，将凤翔城包围起来长达一
年多。李茂贞的粮草耗尽，城里每天饿死和冻死的就有上千人，吃人的
现象很普遍，李晔也只能靠喝粥勉强维持，浑身乏力，那时人肉每斤值
百钱，犬肉值五百钱，御膳房没有别的原材料，就用这些肉做御膳给李
晔补充营养。

天复三年（903 年），李茂贞再也守不下去了，把韩全诲等二十多名
宦官全部杀掉，将他们的首级送给城外的朱温，同时把李晔也交给了朱
温，朱温带着到手的皇帝撤兵东去。

朱温发迹，挟天子以令诸侯

朱温是宋州砀山人，父亲朱诚是一位乡下的教书先生，一家人的日子虽然不怎么富裕，但是也其乐融融，谁知天降横祸，朱诚忽然得了一场病，连后事都没来得及交代，就撒手而去，留下了妻子和三个孩子。朱温的母亲独自抚养三个孩子，日子过得十分艰难，为了养活他们，她到萧县的一个大户人家去帮佣。朱温小时候不喜欢耕田，但很喜欢打猎，经常带着弓箭去山里打猎，打到野兔山鸡等野味就带回去给家人改善生活。

朱温二十多岁的时候，关东地区连年遭遇饥荒，黄巢在曹州、濮州地区发动农民起义，有成千上万的饥民们自愿追随他，朱温跟他的二哥朱存也加入了黄巢的起义军，因为冲锋陷阵十分英勇，所以被提升为队长。黄巢攻陷长安后，派朱温领兵驻扎在东渭桥。正好赶上夏州节度使诸葛爽率领部队驻扎在栎阳，黄巢就命令朱温去招安诸葛爽，诸葛爽在朱温的劝说下也投奔了黄巢。黄巢觉得朱温办事得力，又任命他为东南面行营先锋使，让他带兵进攻南阳，朱温不负众望，成功地攻下了南阳，朱温得胜回到长安，黄巢十分高兴，亲自去迎接他并设宴慰劳他。在这之后，黄巢派朱温向西到兴平抵御邠、岐、鄜、夏等地的军队，每到一地朱温都立下战功。接连打了胜仗的朱温，又乘胜追击，从丹州南下，去攻打左冯翊郡，成功拿下了那里，占据了全郡。

当时，河中节度使王重荣屯扎了数万军队，想联合其他诸侯收复左冯翊。朱温与王重荣所占据的土地边界相接，多次被王重荣打败，于是向黄巢请求支援。但是朱温上奏了十次都没有回应，其实是被黄巢的监军使所隐瞒，没有送给黄巢。朱温同身旁的心腹商议，杀了黄巢的监军使，率领全郡的军民一起投降王重荣。王重荣当天就高兴地写成奏章上报朝廷。唐僖宗李儇看了奏章说："真是个令人振奋的好消息啊，这是上天赐给我的，我不能辜负上天的旨意。"于是李儇下诏让朱温担任左金吾卫大将军，兼任河中行营副招讨使，又给他赐名为全忠。

朱温率领他的部下以及河中的士兵一起行动，所到之处全部成功攻下。李儇龙颜大悦，命令朱温等候时机收复京城长安。等到黄巢军队从蓝关撤走，朱温便同诸侯们的部队一起去收复长安，率领部下捧着符节东下，进入梁苑。当时的蔡州刺史秦宗权同黄巢的余党联合，一起包围了陈州。由于汴州、宋州连年遭遇饥荒，百姓都很穷困，连饭都吃不饱，国家也十分拮据，钱库和粮库都空了，外面被强大的敌人攻击，内部又有难以控制的军队，简直就是雪上加霜。朱温领兵到达鹿邑，与黄巢一伙狭路相逢，他英勇抗击叛军，杀敌两千多人，然后带着队伍进入亳州，兼并了谯郡。

之后，朱温和许州田共同收复了瓦子寨，杀死叛军数万人。在陈州有叛军的营寨，那些人惨无人道，因为缺少粮草，就劫持当地的老百姓，把他们编列户籍，杀了当作粮食。朱温分兵消灭他们，经历了四十余次战斗，最终攻取敌营，敌将骑着马逃奔到别处去了。

朱温同李克用的军队班师回到汴州，把李克用安置在上源驿客馆里，又安排了周到的犒劳宴，李克用喝醉酒借机大发脾气，说了朱温很多坏话，朱温十分气愤，当天夜里就命令部下围住李克用的住地攻击他。由于下起了雷阵雨，李克用趁机翻墙逃走了，朱温只杀了李克用的几百个部下。

黄巢死后，蔡州的秦宗权继黄巢之后成为了最大的祸首，拥有数万兵马，杀害抢劫官吏和百姓，残暴的程度甚于黄巢，朱温于是带兵攻击他，杀死秦宗权的部下几千人。局势稍微稳定后，唐僖宗李儇从蜀地回

第十二章
丧钟敲响，李唐王朝终归西
· · · · · ·

到长安，改元光启。但是没过多久，河中、太原的敌军就攻入长安，田令孜带着李儇离开长安抵达凤翔。

唐昭宗李晔即位后，任命朱温为检校侍中，增加食邑到三千户，将朱温的故乡改叫衣锦乡。朱温认为已经拥有了洛、孟地区，解除了对西部的忧虑，准备大力整顿军队，尽力诛除蔡州贼寇。在短短五天之内，朱温派人按照天上的二十八星宿建起了二十八座兵寨包围了蔡州城，亲自冒着敌人的弓箭炮石在前线指挥战斗。一支飞来的箭射中了朱温的左臂，鲜血浸透了衣服，但他对部下说："不要让别人知道这件事，否则会军心大乱。"朱温忍着痛继续指挥。因为粮食运输供应不上，朱温暂时撤回了军队，他知道秦宗权的余孽已经不足以构成祸害，就放心地转移部队去攻伐徐州，他派朱珍率领军队在吴康镇与徐州时溥交战，时溥的兵马被打得大败，时溥带着剩余的骑兵逃到了彭门。朱温派出一支兵力去攻打宿州，宿州刺史张友带着符节印章投降。

为了得到更大的权力，宦官刘季述等人幽禁了唐昭宗李晔，立太子李裕为帝。与朱温关系密切的宰相崔胤与孙德昭等人杀了刘季述，使李晔得以复位，改年号为天复，进封朱温为东平王。此后，崔胤想借朱温之手杀宦官，而韩全海等宦官则以凤翔李茂贞、邠宁王行瑜等人作为外援。崔胤矫诏令朱温带兵奔赴京师，朱温乘机率兵从河中攻取同州、华州，又来到长安的郊外。韩全海等人劫持了李晔到凤翔投靠李茂贞。朱温追到凤翔城下，要求接回李晔。韩全海写了一封假的诏书命令朱温离开这里。意识到事情不太对劲的朱温，再次围攻了凤翔。前来救助李茂贞的鄜坊节度使李周彝也被拦截，最终归降了朱温。

李茂贞将唐昭宗李晔软禁在凤翔，城中食物缺乏，又遭遇灾害天气，饿殍满地，简直就是人间地狱。走投无路的李茂贞杀了韩全海等人，与朱温议和。朱温挟持李晔回到长安，李晔从此成了朱温夺取政权的傀儡。

恶贼篡权，李唐王朝灭亡

在挟持了唐昭宗李晔后，朱温变得更加为所欲为，决心要篡取权力取代李唐皇室，自己坐拥江山。李晔也深知自己的境遇，他对朱温说："我现在能够重新成为皇帝都是爱卿你的功劳，朕十分感激。"

为了不让宦官拥有太大的权力，成为自己日后的绊脚石，朱温杀了七百多名宦官，因此使长期专权的宦官势力受到了彻底的打击。再次立功的朱温被进爵为梁王，并加赐"回天再造竭忠守正功臣"的荣誉头衔和御制《杨柳词》五首。

尽管排除了宦官这个障碍，朱温还有一个十分强大的对手没有摆平，这个人就是打垮黄巢起义军的李克用。李克用因为当年在一个酒宴上的傲慢言辞，激怒了朱温，两个人自此结下了梁子。

朱温先是出兵三万余人，消灭了李克用的女婿、河中节度使王珂，剪去了李克用的羽翼。李克用少了左膀右臂，实力大减，于是派人给朱温送去了重金，企图重修旧好，朱温记恨李克用曾对自己出言不逊，没有理会他的和解，而且派出五万大军进攻李克用的属地，李克用拼命抵抗，仍然处在了下风，后来因为连日的大暴雨导致道路堵塞，后方的粮草供应不上来，军营里仅剩的粮食又发了霉，士兵们吃了以后患了痢疾，腹泻不止，无法继续战斗，朱温才决定撤兵。

长安距离汴州路途遥远，不便于直接控制，朱温担心又生出别的事端，而且他急于获取权力，就决定强迫唐昭宗李晔迁都洛阳。李晔因为在朝廷中失势，无奈之下只能对朱温唯命是从，顺从了朱温的意思。于是朱温拆毁了建在长安的宫殿、房屋，将木料顺着渭水漂下，在洛阳重

第十二章
丧钟敲响，李唐王朝终归西
※※※※※※

新建造了宫殿。他还下令让长安的百姓按照户籍迁移到洛阳，大家得知后哭声一片，有的百姓咬牙切齿地骂道："都是逆臣贼子朱温背叛了朝廷，害得我们流离失所。"尽管嘴上骂，但还是被驱赶着离开了家乡。

从长安至洛阳的途中，李晔身边还有二百多个从长安带来的侍从，对于这些人，朱温很不放心，命人把他们灌醉后全部坑杀，然后换上年貌、身高相当的二百多个人顶替，李晔最初没有发现，后来才有所察觉。等到李晔到达洛阳时，唐朝宫廷本来的六军侍卫基本上已经处于解散状态了，在李晔身边负责保护的卫士和宫中之人全部都是朱温派来的。在这种情况下，李晔已经成为了真正意义上的孤家寡人，被朱温牢牢控制在手心中。

朱温强迫李晔迁都洛阳后，河东的李克用、凤翔的李茂贞、西川的王建、襄阳的赵匡凝等地方势力强强联手组成了一个联盟，以复兴唐室讨伐朱温为名，倡议天下。为了反击，朱温决定举兵西讨，又担心李晔会有所举动，于是决定杀死李晔，另立新君。他指示左龙武统军朱友恭和右龙武统军氏叔琮、枢密使蒋玄晖等人，乘着夜深人静，以入宫奏事为名，率兵进入宫内谋杀唐昭宗李晔，李晔惊醒后穿着单衣躲在殿内的柱子后，被发现后惨遭杀害，年仅三十八岁。朱友恭等人本来还要杀何皇后，她苦苦哀求才免于一死。

唐昭宗李晔死后，朱温另立李晔的第九个儿子李柷为帝，他当时只有十三岁，史称唐哀帝。第二年，朱温为了斩草除根，杀死了李晔的其余几个儿子。除了谋害皇室，朱温还觉得朝臣中还有不少忠于李唐家族的人，是自己建立新王朝的障碍，必须彻底铲除。朱温有个得力的谋士叫李振，早年屡试进士不中，因而对这些科举出身的朝臣非常痛恨，也极力主张将这些人全部杀掉。于是朱温在滑州的白马驿一举屠杀了裴枢为首的朝臣三十多人，李振意犹未尽，对朱温说："这些人总自称是清流，应当把他们的尸体投入黄河，变为浊流！"朱温哈哈大笑，立即命人把这些尸体投入滚滚的黄河中。李唐王朝经过这一变化，已经完全失去了统治基础，唐哀帝虽然仍旧在位，但实际上已经等于亡国了。

朱温做了这些之后，改朝换代的想法更加迫切了，派人日夜修建新的宫殿，并秘密嘱托亲信讨论传禅的大小事宜。亲信们说从魏晋以来都是先封大国，加九锡、殊礼，然后再受禅。但是朱温想快点当上皇帝，根本等不及按照这些次序一一进行，于是大发雷霆。亲信们不敢违抗朱温的心意，于是简化了程序，准备将唐哀帝李柷的诏书带去见朱温，但是朱温因为觉得自己的亲信办事不得力，没有接受诏书。何太后见朱温生气了，心中十分恐惧，哭着派人去求朱温放过她和李柷的性命，朱温听了更加生气，把何太后和使者都杀了。

天祐四年（907 年），经由宰相张文蔚率领百官劝谏之后，朱温正式即皇帝位，更名为朱晃，改元开平，国号大梁。升汴州为开封府，建为东都，以唐朝的东都洛阳为西都。朱温就这样从一个起义军的头目，一步步地篡夺了李唐王朝的江山。至此，统治了中国将近三百年的唐朝就这样寿终正寝了。